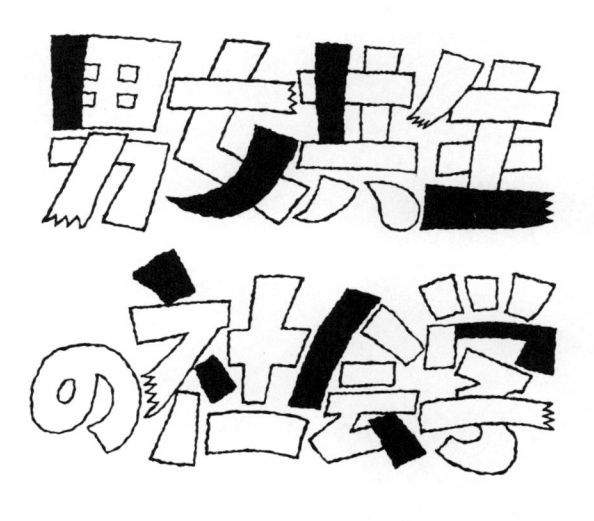

男女共生の社会学

森　典子
上松由紀子　編著
秋山　憲治

学文社

編著者紹介（執筆順）

* 森　　典子　横浜市立大学　（第1章，第11章，第12章）
* 秋山　憲治　静岡理工科大学　（第2章，第8章）
　 森　　俊太　静岡文化芸術大学　（第3章）
　 柄本三代子　法政大学　（第4章）
　 永井　広克　富山国際大学　（第5章）
　 西野　理子　東洋大学　（第6章）
* 上松由紀子　神奈川大学　（第7章，第10章）
　 今井　千恵　早稲田大学　（第9章）

＊印は編者

はしがき

　このたび,『新版　おもしろ男女共生の社会学』を増補改訂し,『男女共生の社会学』として刊行することになった．この版でも,狙いあるいは基本的な枠組は従来と変えず,次の点を留意して編集・執筆に当たることにした．

　その第1点は,「男女共生」の問題を日本全体,さらに広げて世界全体の変動と問題の中に位置づけられる点である．現在のところ,この変動は「経済の国際化」と「大衆文化の国際化」とが共に手を携さえて進行している様相を呈しているといえよう．その中で,人間が丸ごとの"生",丸ごとの人間,丸ごとの自然,丸ごとの物と関係を結べなくなり,自閉的に孤立化し,アイデンティティ・クライシス（自己確認,自我統一性の危機）に陥っている．いいかえれば,この変動の内実は,経済（カネ）による「生活世界」（ハーバーマス,J.）の植民地化,解体をもたらしているといってよいだろう．このような問題意識から「男女共生」の問題を社会全体の変動と問題の中に位置づけ,経済・労働・社会・文化・政治・行政などの諸領域でどのような問題状況にあり,またその変革や再生の上で,どのような意味をもつのか,を明らかにしようとした．

　さらに第2点として,「男女共生」の問題を,男女の自立と男女間の共同性や共生的関係をどのようにして形成していくか,に留意して執筆していくことにした．このことは,従来の男女間の社会関係の無批判的容認あるいは郷愁的な再現を決して意味する物ではない．そのようなことが許されないほど問題が多いからである．だからといって「女（男）ひとり,自立できればよい」というわけでもない．それでは男女の自然的生物学的性の差異や本来豊かな内容を含んでいるはずの社会的文化的性のちがいに基づく「共同性」や「共生の関係」がぬけおちてしまうからである．もちろん,この場合,「共同性」は「自立」を内包したものであり,「自立」は「共同性」を内包した関係にある．「自

立と連帯」という用語はこの意味で用いているが，その内容としての「平等性」と「共助性」を明確化したものである．こうした点を含んで，男女間の「共同性」「共生の社会関係」をとりあげることに留意した．

　主に改訂にあたっては，その後の法律・制度の改変，制定や最新のデータを補充し，それにあわせて論文の記述をより充実することにした．

　なお，巻末に新しく年表を掲げた．その内容は，男女共生を中心とする内外の動きと主要な著書である．これは，激変する内外の社会情勢の中にあって，読者の方々のよりいっそうの学習や研究，教育に役立つことを願ったためである．本文の叙述とあわせて，活用していただきたい．

　このような点が生かされているかどうかは，読者の方々の判断を待つほかはないし，またこの視点が編集・執筆者の「価値観」にかかわることから批判もあるであろう．しかしこの点も含めて，当書が読者の方々に自己の生き方，他者，社会との関係のあり方，社会のあり方を考える一助になれば幸いである．

　最後になってしまったが，旧版『おもしろ男女共生の社会学』の編集者，故井上　實　元関東学院大学教授に，先生の「志」がこの版でも受けつがれていることを確認しつつ，本書を捧げたい．

　なお，執筆して下さった先生方と編者の労さえもとってくださった学文社の田中千津子社長ならびに関係者の皆様に心から感謝と敬意の念を表したい．

2003年7月

編著者一同

目 次

Part Ⅰ　男女共生社会をめざして

第1章　男女共生社会の課題と考え方……………………………………2

強迫的，固定的な性別役割分業……4／　今日の転換期の特徴……5／　性って何？——自然的生物学的性（セックス，sex）——……7／　男女の関係性の社会的文化的刻印——ジェンダー——……11／　戦後の男女の関わりあいの歩み……14／　今日の男性と女性の問題……17／　男女共生社会と現代社会の転換……20

第2章　人生の成熟期における女と男……………………………………24

高齢者とジェンダー……26／　働く/働かない，高齢男女の生活形態……26／　家庭にまつわる男の年輪・女の年輪というくびき……29／　職業にまつわる男の年輪・女の年輪というくびき……31／　交友と社会参加にまつわる男の年輪・女の年輪というくびき……33／　社会を映す高齢男女……34／　社会を変える？高齢男女……37

Part Ⅱ　学校教育とマスコミにみる女と男

第3章　学びの場での女と男………………………………………………42

男子が家庭科学べばすべて解決？：隠れたカリキュラム……44／　教科書，クラス，クラブ活動にもジェンダーの影……47／　偉い先生はやっぱり男？：学校組織とジェンダー……48／　ジェンダーと社会化，自己意識……49／　ジェンダーと進路……51／　ジェンダーを学習し，実践する場としての学校……53／　「ジェンダー・フリー」教育と男女共生教育：抑圧から解放，連帯へ……54

第4章　マスメディアと，この身体を生きる私たち………………………59

マスメディアと'受け手たち'……61／　二分された私たちのアンバランス——女性学におけるマスメディア研究……62／　「なくてはならないテレビ」，その中の女たち男たち……64／　送り手たちを縛るもの……66／　「マスメディアに異議あり！」という読み……67／　「理想とは異なるあなたの身体」——私のこの身体への気づき……68／　マニュアルとしてのポルノグラフィ——アダルト

ビデオは気持ち悪い？……70／　マスメディアの中の揺らぐジェンダー……74

Part III　家族における男と女

第5章　女と男の恋愛・結婚　……80

チャペルウエディングは花ざかり……82／　結婚とは何だろう……83／　恋人が夫婦に変わると……85／　恋愛結婚と核家族化……86／　どこで相手と知り合ったか？……88／　配偶者を選ぶ基準……90／　シングルも素敵……92／　結婚の利点と不利益……95

第6章　夫として，妻としての二人三脚　……99

夫婦の絆とは……101／　男子厨房に入る？……102／　男が稼いで女が使う？……106／　愛は必要不可欠か？……109／　夫婦を取り巻くネットワーク……111／　子どもが巣立った後に向き合う夫婦……113／　ライフサイクルの中の夫婦……114

第7章　母として，父としての日本の子育て　……117

手放しで楽しめない，日本の子育て……119／　追い詰められる母親たち：育児不安……120／　増加し続ける相談処理件数：児童虐待……122／　母性強調からの解放……124／　まだ多い，「子どもを預けてまでも……」……126／　豊かな時代の子育て：問われている家庭の教育力……127／　意識調査にみる現代日本の親子関係……130／　やはり，男の子は男らしく……　131／　変わり始めた父親たち……133

Part IV　職場における女と男

第8章　女・男の働き方，男女共生の働き方　……138

働く男女のとまどい……140／　就業者男女の現在……140／　職業労働の光と影……143／　家事労働に賃金を!?……146／　有償の労働と無償の労働……149／　"新しい働き方"のゆくえ……151／　労働全体の分かち合い……154

第9章　雇用者男女の共生　……157

男も女も昔から働いていた！：雇用労働力の女性化……159／　女性の主婦化，そして専業主婦から兼業主婦へ……160／　低成長期に一層進んだ雇用の女性化……162／　男女雇用機会均等法と新人事制度……163／　非正規化する女性雇用労働……165／　職場でのセクシャル・ハラスメント……166／　日本的雇用慣行とジェンダー（その1）……166／　日本的雇用慣行とジェンダー（その2）

……169／　パートタイマーの間接差別問題……171／　雇用者の男女共生に向けて……173

第10章　共に働く時代の支援策……………………………………176

人口学的視点から，行く手は安泰か？……178／　少子化は社会を映す鏡……179／　生まれ変わった育児・介護に関する法……182／　活かされているか，育児・介護休業制度……184／　再雇用制度は強い味方……187／　期待される，多様な保育サービス……189／　介護保険制度：超高齢化に向けて踏み出された初めの一歩……191／　暮らしやすい社会の実現：学ぶことの多い，人に優しい国ぐに……193

Part V　地域・政治の場における男と女

第11章　地域における女と男
──市民的・自発的活動を中心に──……………………198

ゆれる地域社会とライブリー・グループ……200／　住民の自発的共同的活動……201／　ボランティア活動とNPO（民間非営利団体）……203／　自己発見・自己変革・自己実現……206／　性別役割分業からの脱却……208／　肩書きなしの男性と女性たち……209／　組織的行動と自発性……210／　ヨコ型社会関係の形成とネットワーク……211／　生活価値の転換と「生活世界」の再生……213／　ボランタリー・コミュニティと男女の自立と共生……214

第12章　政治の場における女と男………………………………217

低い公的分野への女性の参画……219／　議会や行政機関での女性の参画状況……220／　「会社人間」と国家を結ぶ政治構造……224／　「55年体制」の崩壊と政治の原始化状況……228／　「生活者」と「市民」による自治の形成──住民投票と代理人運動──……230／　"地元利益"から"政策選択型"へ……233／　政党活動の機能不全……235／　現代的公共性の構築と男女共同参画社会……236

年表……………………………………………………………………243
索引……………………………………………………………………257

Part I

男女共生社会をめざして

第1章　男女共生社会の課題と考え方

とりあえず，女は天国・市民，男は地獄・奴隷!?

男子学生「女はイイね．就職してもしなくても，どんな就職でも給料が安くても，いいし．その上，結婚すればすべて良し．親も教師も社会もそれを認めているし，期待もしている．そこへいくと，男は逆だもの．」

女子学生「そうね．私の友達も，就職の時に差別されて悔しいと思ったけど，男性が夜の10時まで残業手当なしで働いているのを見ると，複雑な思いになる，といっていたね．それに，母親をみていると，パートだ，趣味だ，勉強だ，ボランティアだ，コンパだって，生き生き．あれは天国だよ，ローマの一級市民だよ……．」

男子学生「それに比べて，男は地獄だよ，奴隷だよ．僕の先輩に今年就職した人がいるけど，職場に何の仕事も与えられず部屋の掃除をしている中年の男性社員がいるけど，その人が前のNO.2の幹部と聞いてショックを受けたって．親父や自分の将来の姿を見るようだって．」

女子学生「なんだか，話がネジレちゃったわね．でも，女が職場で男と比べて差別をうけたり，共働きで家事，育児を全部引き受けさせられたり，いろいろ問題があるのよ．」

男子学生「いや，男だって職場だけでなく，いろいろ問題をもっているよ．なんでネジレながら，男も女も問題をもっているんだろうね．」

学生の会話より

第1章 男女共生社会の課題と考え方 3

🗝 **キーターム**

自然的生物学的性（セックス，sex） ヒトの性は種を保存させる生殖のための機能であり，またその役割を担う生殖腺（卵巣と精巣）を含めた身体構造をもった女と男の特徴である．第1次性徴期と第2次性徴期の2期にわたって形成される．今日では環境ホルモンによって第1次性徴の形成が破壊されていることが問題となっている．

ジェンダー（gender） 社会的文化的性．男らしさ女らしさや，それに基づく関係性にみられるように，その時代，社会や文化に規定された性の特徴をいう．その場合，男性と女性の関係性において，1) 支配-服従あるいは対等の関係にあるか，2) 経済的技術的分業とどのようにつながりがあるのか，3) さらに性的社会関係とどのようにつながりがあるか，という点からみていく必要がある．

性別役割分業 性別によってつくられた男女の経済的技術的分業関係をいう．したがって，生産労働のレベルから家事・育児の分担にいたるまで幅広い内容をもつ．とくに家父長制家族では，この分業関係が男性と女性の支配-服従関係の基礎となっている．近代的家族でも「男は仕事，女は家事・育児」で分業が固定されている場合，男性と女性の対等関係はとかく女性にとり，もろいものになる．

男女共生社会 政治のレベルから家族生活にいたるまで男女の対等・平等関係が貫かれた自立と連帯の社会をいう．しかしこの場合，自然的生物学的性や夫や妻，父親と母親などの社会的文化的性の豊かさを否定や無視したりするものではない．

強迫的，固定的な性別役割分業

冒頭のコラムは大学在学中の男子学生と女子学生との，今日の日本社会での男性と女性の状況をめぐって交わされた会話の一部を採ったものである．何よりも目につくのは，男子学生の強迫的固定的な性別役割分業意識である．それは，とくに職場の厳しい状況認識とかかわっており，同時に「男は外で働くもの」という社会的期待やまたそれを内面化して自らを縛りつけて，逃げるに逃げられないという状況認識と重なりあっている．こうした状況認識からみれば，「男は地獄・奴隷」であり，これに対して「女は天国・市民」ということになる．もちろん，女子学生の側からみれば，「お茶くみ」程度しかさせてもらえない不満や，就職時での女子（学生）排除，さらに家事や育児のおしつけという被差別意識があり，男女の間の差別・不平等が意識されざるをえない．しかし同時にまた，女子学生の側でも，男性の「地獄・奴隷」状況もわかるし，こうした男性の上にのって，しかも被差別・不平等状況に目をつぶれば，「とりあえず，女は天国・市民」という状況もあることを意識することになるのだろう．ここには従来の男性と女性の関係性とは違って，いわば「ネジレ」ている点が意識されているのである．つまり，従来は「男に生まれて良かった，得をした」という状況がひっくり返って「地獄」となっており，逆に「女に生まれて損をした」という状況が「天国・市民」と意識されている点である．つまり，従来は（あくまでも相対的なことだが）男性は女性に比較して自由な選択度合いが高く，そこから「男は得，女は損」という状況や意識が生じていたが，それが逆転する状況（女性の賃金は男性の65％，性暴力という現実があるように，これもまたあくまでも相対的にだが）が生まれはじめているのである．

このような例にみられる，今日の男性と女性のあり方についての意識や認識に対して，さまざまな意見や批評があるだろう．しかし，その中で見逃してはならないのは，女性と男性の関係性のあり方が重要な問題として，ともども意識されている点である．マートン，R. K. などが強調したように，「社会問題」の成立にはそのような問題を生み出す客観的な社会のしくみの欠陥と同時に，

そうした問題を多くの人たちが重要と意識し認識することが必要なのである．そうした意味からいえば，男性と女性の関係性の問題はいまや「社会問題」となっているのである．

今日，このような「社会問題」になっているものは，女性と男性の問題だけでなく，年齢（高齢者，児童虐待など）や身体（障害者など），人種や民族（とくに宗教や言語などの社会的文化的要因によって歴史的に形成）といった，より多く「自然的」な部分とかかわる問題群が重視されてきているのである．

もちろん，これらの問題もこれまで社会構成の基本的原理とみなされてきた資本や階級の論理，国家の論理などとかかわっており，それとの関連性を無視することはできない．たとえば，「男は得，女は損」といっても，その男性が具体的にどのような階級，階層や人種，民族，障害者に生まれ生きているかによって，同じ男性といっても異なり，「男は得」という意識も通じないこともある．したがって，資本や階級，階層や国家などの問題群の論理が，性や年齢や人種，民族や障害者などの領域を組み込んで貫いているし，また逆に性や年齢や人種，民族，障害者などの問題群の論理がそれに反発・対立・変革しつつ，社会を動かしてきたといってよいだろう（このことを鋭くえぐりだしたのがフェミニズムである）．これらのことは，2つの問題群が相互に関連性をもちながら，なお相対的な独自な領域や論理をもっていること，また今日では性や年齢，人種または民族・エスニシティなどの問題群がその重要性を帯びていることを示しているのである．

今日の転換期の特徴

同時に，いま1つ注目しなければならないのは，資本や階級や国家という問題群のなかで変動が生じ，さまざまな問題点が噴出しはじめている点である．

こうした状況を端的に示しているのが，脱工業化社会の到来や経済の国際化である．つまり，最大利潤の獲得・追求を原理とする資本・企業にとって，先端技術の開発力（知的労働の組織化）と情報の独占化（知的所有権も含める）

が企業の収益を最大限に保障する新たな条件となっており，また，企業の多国籍化・超国家化と資本・技術・労働力の国際化（国際的分業化．先進国では「産業空洞化」をひきおこす）が進んでいる．そして，金融市場の国際化・技術化は，世界経済の構造的連関性を強めると同時に，激しい企業間・国家間競争をひきおこしているのである．国家のあり方も，サッチャーイズムやレーガノミックスに代表されるように，これまでの福祉国家政策を捨て，新自由主義，市場の自由化（規制緩和），競争を原理に，巨大資本（どこよりもアメリカの）が各国（とくに国民・労働者・農民・中小零細企業）の事情を無視して自由な企業活動を可能にする単一の世界市場の形成を強制（規制強化）するものとなっているのである（左手に核・軍事力，右手に IMF や為替・株式市場の操作介入）．その中でワールド・マネーが実体経済を攪乱，壊滅状態に導く事態を招いていることはよく知られている．また旧ソ連崩壊後の旧ユーゴスラビアのように諸民族の分離・独立国家の形成と武力紛争や戦争がある．先進資本主義国とその他の国ぐにで貧富の格差が極大化し，そのことが 2001 年 9 月 11 日の同時多発テロ事件のようなものを噴出させているのである．いまや，人間の社会生活にとり経済やそのグローバリゼーション，企業・国家さらに国連などの国際機関はいかなる意味をもつのか，またもつべきか，を考えざるをえない事態となっているのである．

　また，こうした経済や国家のあり方とかかわって，社会が人格的関係を喪失し，機械的な関係・機構が前面へと出ることによって，人間性・人格の解体まで生み出していることは大きな問題だといってよいだろう．

　これに加えて，自然・生態系の破壊が可逆性の限界に達するほどに深刻化しているという問題が存在する．とくに 1990 年代に入り"オスのメス化"（"メスのオス化"もある）という生殖異変（性分化，生殖器官の異常，生殖機能不全）をひきおこす環境ホルモン（内分泌攪乱化学物質―環境中に存在して生体にホルモンの作用を与える化学物質のこと）汚染が注目されだし，われわれに大きな衝撃を与えている．これと同時に，クローン人間の実験などがすでに行

われている段階では，医療の次元を越えた生命の操作が許されるのかどうかという生命倫理の根幹が問われているのである．いまや自然は，経済・社会・文化・生活のすべての領域，とくに研究開発，生産，廃棄物処理過程で，保護・維持から再生への努力をしなければ破壊は免れない状況になっているといえよう．それは単に「外なる自然」の問題だけでなく，自然の，生物の一員にすぎないヒトたる人間の「内なる自然」も含めてである．

こうして，いまや性や年齢，人種，民族などの問題群の重要性の発見と，資本・階級・国家などの問題群の変動とさまざまな問題の噴出，さらに自然・生態系の破壊が加わって，それらが相対的に独自な存在理由と論理をもちながら深く関連しあって，転換期を形成しているところに，今日の時代の特徴があるといってよいだろう．

性って何？——自然的生物学的性（セックス，sex）——

男性と女性の関係性の問題も，これまで述べてきた広い視野の中においてみなければ，その問題の意味するところをとらえそこなってしまうだろう．しかし，このような前提の上に立って，女性と男性の関係性の問題を，まず自然的生物学的性の次元からとらえることにしよう．

雌ねじとか雄ねじとかいうように，性は人間にとり，人と人（集団や社会）ばかりでなく自然や物のあらゆる関係性や構造のモデルになってきた．逆にいえば，集団や社会のあり方が，男女のあり方，男らしさ・女らしさ，性のあり方・性の認識のあり方を規定することにより，その秩序を自然なるもの，不変なるものと正当化しやすいし，また事実そのようにしてきたことを表す．したがって，そうした逆転したとらえ方や，またそれを否定するのに急なあまり男性と女性の自然的生物学的性の差異を無視することも避ける必要がある．

自然的生物学的にみれば，ヒトの性は種を保存させる生殖のための機能であり，またその役割を担う生殖腺（卵巣と精巣）を含めた身体構造をもった女と男（雌雄）の特徴といってよいだろう．

この自然的生物学的性は次の2つの時期にわたって発現する．第1期は第1次性徴の形成期であり，これは受精から誕生までの胎児期である．第2期は第2次性徴期で，生殖機能の発現や性意識のめざめの時期である．

　以下，主に第1次性徴期についてみてみるが，4つの段階に分かれる．

　第1段階——受精卵の段階で，性分化は性染色体で決まる．よく知られているように，ヒトは23対，46本の染色体をもっているが，その中の1対が性染色体で，女がXX，男がXYである．X染色体には生存に不可欠な遺伝子が満載されている．Y染色体は非常に小さく，Xが進化時に短時間で変化して出来上がったもので，男をつくる遺伝子があるだけである．Y染色体の短腕にはSRY遺伝子という精巣化（男型への切り換え）を決定する遺伝子がのっている．受精のときY染色体をもった精子（Y精子）と受精した卵子は男に，X精子と受精した卵子は女になる．このとき，X，XXX，XXY，XYYなどの異常を生ずることもあるが，Yがあれば男として成長することになる．しかし，実は性別はこれですべて決まったわけではなく，遺伝子的に条件づけられたというだけなのである．

　第2段階——男女の分化にとって，もっとも根本的な精巣と卵巣への分化の段階である．一度分化しだしたものは決して後戻りできず，XY（男）の場合，SRY遺伝子が発現して精巣をつくらせる．この遺伝子が正常に働かないと自動的に女の方に分化してしまうのである．精子をつくる際の減数分裂のときに間違ってSRY遺伝子がXの上に乗ってしまった精子が受精すると，この段階で，XXなのに精巣さらにペニスができて外見が男のようになるXX男型，XYなのに外見上は女のようになるXY女型ができる．XX（女）の場合，自動的に卵巣が形成される．

　第3段階——他の生殖器の形成，男性ホルモンの刺激による男性生殖器の形成，分化段階である．胎児ははじめミュラー管とウォルフ管の両方をもっている（生殖腺原基）．精巣ができるとすぐに男性ホルモンをつくり，これとミュラー管抑制因子の働きで副精巣，前立腺などの内生殖器，さらにペニスや陰の

うなどの外生殖器ができる．XXの場合，卵巣はホルモンを出すことなく，自動的にミュラー管が発達し，女の内生殖器たる卵管，子宮，膣上部など，さらに外生殖器たるクリトリス（これは男のペニスの原基），膣前庭（男の前部尿道），小陰唇（男の尿道海綿体），そして大陰唇（男の陰のう）をつくる．この段階で標的の細胞が男性ホルモンの受容体を欠損していると（正常でも環境ホルモンが結合している場合，欠損状態となる．この時期が環境ホルモンの臨界期であり，この時期を過ぎると環境ホルモンは作用しない），性染色体も精巣も男だが外見上は女のようになる．

　第4段階——男性ホルモンのシャワー効果による脳の男性化がなされる段階である．つまり，男性ホルモンが脳のある神経核に作用して将来，男特有の行動（何よりも精子をつくる，次に女に関心をもつなど）をさせるように脳をつくり変える．ホルモンの脳へのシャワー量の多少，また脳の受容体の欠損状態によって脳の男性化の度合いが異なり，脳は女から男への連続的な多様性をもつ．女の場合は自動的に女の脳になる，ただし胎児あるいは母体の異常でこの時期に男性ホルモンを出してしまうと，女の脳も男性化する．今日，脳の男女の差異（形態，機能，機能のメカニズムなど）が明らかになってきているが，脳が学習するものであり，社会・文化的要因の大きさと同時にこの分化の要因が遺伝子ではなく性ホルモンであることが注目されている．男の場合，誕生直前に陰のうに精巣（睾丸）が降りてくる．そして誕生．今日一般に105対100の割合で男と女が誕生する．誕生以降，学習思考する脳と性ホルモンが決定的な役割を果たすのである．これらのことは，性の自己同一性に悩む人の中には，社会文化的要因によるものもいるが，以上の生物学的基礎に基づく人も少なからずいることを示す．

　以上みてきたように，ヒトの体の基本型は女であり，女から男が分化する．そして女と男は連続的多様の中にあり，単純な対称性，異質性では割り切れない．しかし，にもかかわらず，この異質性は生物が無性から有性生殖へ変化した意味，つまり環境の変化や偶然の影響から多様な遺伝子の組み合わせによっ

て種の保存をはかる，という重大な役割機能を担っているのである．

　第2期は，第2次性徴期で生殖機能の発現や性意識のめざめの時期である．女の場合，卵子を月に1回つくり，月経がはじまり，受精，妊娠，出産，授乳の性としての女の身体ができる．男の場合，精子を毎日つくり出し，夢精，射精，交接器としてのペニスの機能たる勃起がおこり，膣へ精子を送り込む男の身体ができる．身体が女より大きくなり，筋肉質に変わり，腕力，脚力，敏捷性が強くなる．男女とも異性や"性"を意識する．性欲は本能か，という問いの答えは，まず本能であり，男女ともにある．なぜなら，それによって生殖ができ，生命の鎖をつないできたからである．しかし性欲は，食欲や睡眠，排便などと異なり，充足されなくても個体として立派に生を全うできる，子孫を残すことができないだけという特徴をもっている．問題なのは，人の"性"には

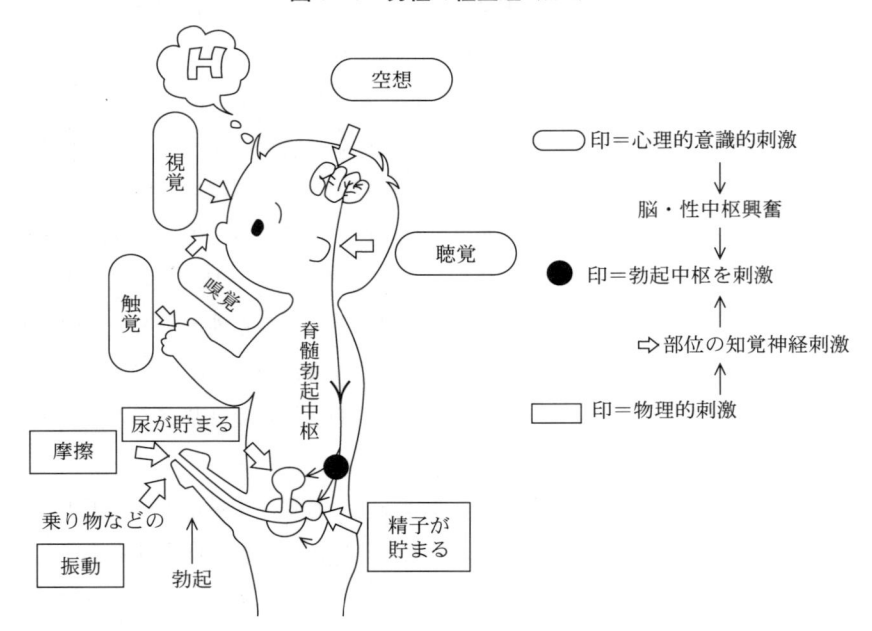

図1-1　男性の性生理（勃起）

出所）松山栄吉監修『女性の医学小事典』池田書店　1994年参照作成

交尾期がなく（大昔にはあった），生殖だけでなく快感・快楽をともなうことである．しかし，そのことは性を意識的に快楽の対象とすることを意味するとともに，その性欲や快楽の質が慣習・メディアなどを媒介として学習や倫理といった文化によって規定されることになるのである．

　虚しい性行為もあるだろう．それはすぐれて"孤独の問題"とかかわる．人間は人間を求めるのである．快感だけならば，本能という精子の放出欲だけならば，自慰行為だけでよいはずである．いやその自慰行為ですら，アダルトビデオや「写真」や「空想」が必要なのである．そのような意味でも"性"は社会的文化的欲求である．"性"は人と人とを根源的に結びつけ，その共同性を拡大する機能を有している．"性"は"コミュニケーション"である．キャッチボールである．どのような人とどのような性的関係を結ぶのが喜びとなるのであろうか．性とはもはや単に自然的生物学的なものでなく，字の如く"心"と"生"が結びつく，深く人間の生命，生活，人生，人格の質にかかわる社会的文化的なものなのである．

男女の関係性の社会的文化的刻印──ジェンダー──

　以上の性の自然的生物学的基盤は人間一人ひとりの肉体として結実しており，それに基づいてさまざまな行動や関係を結ぶことになるのである．しかし同時に，そのような性の自然的生物学的基盤に対する意味づけや，まして行動や関係性は，性の社会的文化的刻印によって強く規定されている．そうした社会的文化的刻印を社会的文化的性＝ジェンダー（gender）と呼んでいるが，日常的な表現でいえば「男らしさ，女らしさ」といってよいだろう．そして，この男らしさ，女らしさの具体的なあり方や理想は，時代により，社会により，また階級により，文化とくに宗教により異なっている．それは誕生と同時に親や周囲の者たちの接し方，あやし方，遊び方を通して，また父母の関係性や立ち居振る舞いをみて，男子は男子として，女子は女子として育てられることによって獲得される．通常このような性的同一性（自分は男の子，女の子という性の

自己認識）はまず2~3歳頃までに獲得されるといわれている（もう一度，第2次性徴期に獲得しなおされる）．こうして，男性には男性期待の，女性には女性期待の，行動様式や道徳意識が植えつけられ，またそれと並行してその時代や社会独特の男性と女性との人間関係が形成される．こうした中では，女性に対しては女らしさを，男性に対しては男らしさを求める社会的期待の力は，それに違反したときの罰は，嘲笑であり，社会的落伍者のらく印であろう．その罰は，法的強制力とは異なるが，場合によってはそれ以上に強い力をもつ．この男らしさ・女らしさ，つまりジェンダーについて，とくに次の3点が留意されるべきであろう．

その第1点は，男らしさや女らしさの特質やその関係性が，男性と女性との間の支配―服従の関係，あるいは平等な関係と，どのような関係があるのかということである．通常，女性に一方的に服従，自己犠牲，自己表現の抑制などが強要されるのは，男性―女性の関係が支配―服従の関係にあるときである．そして，この支配―服従の関係が，尊―卑，公―私，所有者―隷属者，主人―従属者，保護者―被保護者，清浄―不浄，強者―弱者，能力者―無能力者，合理―非合理（情緒），文化―自然など，さまざまなバリエーションをともなってあらわれることになるのである．もちろん，その特質や関係性は，社会により時代により異なるから，ある特質や関係性を人類普遍の性格とすることはできない．

第2に，それらの特質や関係性が，女性と男性との経済的・技術的分業とどのように結びついているかということである．女性が男性とともに平等に働く必要があり，またその力が大きな意味をもつような，あるいはそうした慣習が強いところでは，"男まさりの"女性を多く生むし，また女性はかなり「男性化」される傾向が生じてくるし，経済的な隷属性も弱まり，社会的発言力も強まる．典型的な例として，漁村の成年女性があげられるであろう．このような傾向は都市の自営業者にもみられる．しかし，一般に財産の所有者は夫であり，公的な代表者が世帯主としての夫なのである．また女性の職場は，産業，業種，

職種を問わず男性より，低賃金であると同時に，組織の序列，命令系統の下位，周辺部分に集中的に配置されている．つまり権力，権限，権威という意思決定や稼ぎ，社会的評価の高い所から排除されているといってよいだろう．（たとえば，「料理は女の仕事」の典型といわれているが，板前やコックは「男の世界」など）．だが今日注目されてよいのは，機械化，ハイテク化が進んで肉体労働における男女間の区分が消えたり，また女性の高等教育の普及により知的労働部門においても男女の互換性も進み，また機会を与えられるならば，男性に優るとも劣らないすばらしい能力を発揮して活躍している女性たちが多くみられてきている点である．これに対して，都市の中流サラリーマン家庭などのように，女性がほとんど家事・育児だけしか受けもたないところでは，女性は「家庭的で女らしく」になるし，経済的隷属性は強まる．しかし，こうした女らしさが典型的あるいは一般像として流通したため，今日急激にそれとは異なる状況の出現によって，その典型が破壊されたと感じるイメージが強くなるが，それはもともと一部の典型でしかなかったのである．

　第3に，こうした特質がその社会における男性と女性との性的な社会関係と，どのようにつながっているのかという点である．一般的にいって，男性が多くの特権をもつ社会では，女性は男性の好みに合わせて自分を魅力的にみせようと努力するだろう．女性は，他の多くの女性と競争して，男性を獲得しなければならないから，化粧にしても服装にしても，肉体美にしても競うことになる．こうした社会では，結婚の条件は女性にとって不利な場合が多い．またこうした中では，女性を性的快楽の対象，商品としてみる傾向も強まるであろう．もちろん，女性が男性よりも多くの特権をもっている社会では，これと逆の現象が生じるのである．

　以上のように，ジェンダー，つまり男らしさ・女らしさの特質と男女の関係性は社会的文化的刻印を押されているが，これとはやや異なったレベルの概念をも発展させてきたことにも注目してよい．つまり「人間性」という概念である．ここでは，女性であれ男性であれ「人間らしさ」「人格」が強調されてい

るのであるが，ここには2つの意味がこめられている．1つは人類が長い歴史の営みの中で獲得してきた他の動物とは異なる精神的肉体的諸能力の全体を指しており，女性と男性の差異を包みこんだ概念といってよいだろう．もう1つは，そのような事実を前提にして，男性と女性とが同じ人間としてもつ，あるいはもつべき特性や諸権利を示す場合である．基本的人権などはその典型的な例といってよいだろう．実際，「女性の権利は人権である」と1995年第4回国連世界女性会議で宣言され，採択された．そして，こうした2つの意味をこめられた「人間性」という概念が，時と場合によっては革命的な力として登場してきた事実を見逃してはならないであろう．

戦後の男女の関わりあいの歩み

ここで，戦後日本社会における社会的文化的性および男性と女性の関係性について整理しておこう．

1945年8月15日，第2次世界大戦で敗北したことを契機に，政治・経済・社会・文化の領域で日本は大きく変化した．それを方向づけたのが，「日本国憲法」（新憲法）の制定をはじめとする一連の「戦後改革」であった．まず政治の領域では，それまでの天皇主権から主権在民へ，男女平等，基本的人権などを柱とする民主主義を支える法制度がつくられ，あわせて戦争の放棄，軍事力の非保有が理想とされて，ここに「平和と民主主義」が戦後社会のシンボルとなったのである．経済の領域では，地主―小作関係の解体（自作農化），旧財閥の解体，労働者の諸権利の保障がなされ，それまでの隷属的な経済関係の一掃がはかられた．これによって，男性もまた天皇を頂点とする身分階層的な秩序，村落秩序に位置づけられた「家格」から解放されることになる．さらに社会の領域では，とくに「イエ」を法制度的に支えていた明治民法の改正が大きな意味をもったのである．福沢諭吉をして「女は地獄だ」といわしめた旧民法では，男尊女卑，長幼の序という性差別・年齢差別を原理に絶対的権力をもった戸主権（家長権―祖先から子孫へ連続していくものと観念されたイエの長

として，家産の管理，祖先の祭祀，家族員の教育・指揮・監督，家業の維持・発展などの権限），親権，夫権のもとに妻は無能力・無権利・禁治産者として位置づけられていた．新民法では，長男優先の家督相続を核とした身分階層的な家父長制的直系家族制度たる"イエ"の解体によって，夫と妻さらに男と女の関係性を主従関係（君臣関係）から対等平等・共同関係へと転換させる法的基盤がつくられた．さらに占領軍指令で戦前の公娼制度が廃止された（その後，特殊飲食店として赤線復活．売春防止法ができたのは1956年，さらに1966年には風俗営業取締法が改正され，トルコ，ソープランドなどが復活）．このような社会領域での改革はとくに女性（と子ども）にとって福音・解放であったといってよい．また文化の領域では，「教育勅語」にみられるように戦前の天皇制国家，軍国主義そして家族主義を内面から支えた「忠君愛国」「富国強兵」「忠孝一致」イデオロギーが無効とされ，個人の尊厳，個人の自由，平等が価値体系の上で重視されることになった．

　戦前では，「男は外・公，女は内・私」「男子厨房に入るべからず」という性別役割分業の上に，女性は一個の人間としても，また公的な場面においても低くあつかわれた．そのことは農家の長男の"嫁"に典型的に現れていた．女性は何よりも働き者で（地域によっては"嫁"のことを"手間"と呼んだように，牛馬なみの労働力として扱われた），丈夫で跡継ぎの男児を生み，口応えせず素直に可愛いく，舅や姑のいうことをよく聞き，仕え，ストレスのはけ口の暴力に耐え夫によく尽し，また夫の弟や姉妹の面倒をよくみることが求められた．さらに本家や分家などの同族の人びとを大切にし，村のしきたりをよく守り，近隣村人の付き合いを愛想よくこなすことを期待された．このことは，都市部にあっても自営業主と家族従業員からなる小さな商店や町工場が多い下町地域などでもみられた．したがって，階級・階層によってさまざまな度合いをもちながら，一般的にいえば，夫と妻に代表される男性と女性との関係性は，夫は「一家の主」「一家の大黒柱」「一家の長」として立てられ権威をもち，妻は陰からそれを支える役割，「内助の功」を期待されたのである．そしてその上に，

軍国主義的イデオロギーによって，男は「ますらお」，つまり強い兵士をイメージする「男らしさ」が強調され，女はすべてに耐え忍び，従順で温順な「銃後を守る」「良妻賢母」という「女らしさ」が強調されたのである．女性は社会全体の下水処理場，浄水場の役割を担ったといえよう．このような女性が，長男との密着，嫁いびり，うわさと陰口の"井戸端会議"，宗教に自己の救いを求めがちになったのである．

したがって戦後改革は，戦前社会にあっても大きな力を発揮していた女性の力や役割を正当に評価するとともに，公的私的な場面において男女平等を当然のこととする法制度的基盤をつくったといってよい．しかし，実際にそれが実現されていくのは，1950年代後半からの高度経済成長期以後のことであり，そこには法制度とは異なる社会的要因があった．大づかみにいえば，男女共学，中学校までの義務教育，さらに女性の高等教育の普及と会社勤めに代表される社会的進出である．戦後の男女平等の理念のもとに行われた男女共学は，男女が共に学び，共に語り合い，共に協力し育ち合う場を提供することによって，男女の相互認識・理解を深め，それまでの"弱い馬鹿な女"，"強い賢い男"というステレオタイプ化した女性観・男性観から，"男もいろいろ，女もいろいろ"という個性のきらめき，さらに"性的存在"としてだけでない友情関係さえも成り立たせるような協力，協働をする対等・平等な人間・人格という認識・意識を醸成する基盤となった．それはさまざまな世論調査に具体的にあらわれているように，戦後男女共学世代とそれ以前の教育を受けた世代とでは，男女にかかわる意識差は明確である．

さらに高等教育の普及は女性に限ったことではないが，しかし女性のそれは，戦前における女子に，教育は"じゃま"（生意気になる，理屈っぽくなる，可愛いげがない，口応えする，お嫁にいけなくなる）というたとえと対比すると，1個の人間としても，また男性と同様の能力をもつ上でも大きな意義をもった．そしてその上で男性と同じように企業に就職したが，それは戦前の家族主義的小企業と異なる状況，つまり合理的機能的役割の遂行，広い人間関係の保持や

接触を可能にし，広い社会のしくみを知り，女性を1個の「社会人」として訓練させ，また経済的自立への自信をもたせていったのである．こうしたことが，冒頭の男子学生と女子学生の会話にみられるような女性と男性の関係性をつくり上げたといってよいだろう．なお，戦後の男性と女性の関係性をみる上で，国連を中心とする積極的精力的な国際的運動，フェミニズム運動が大きな影響を与えてきたし，また与えていることを忘れてならない（たとえば，1975年の第1回国連世界女性会議以降，1979年の女子差別撤廃条約の採択，1994年の女性に対する暴力撤廃宣言の採択，1995年の北京宣言の採択，それに伴う日本政府の1986年の男女雇用機会均等法の施行，1999年6月男女共同参画基本法の公布，施行，さらに2000年12月男女共同参画基本計画を閣議決定，2002年現在35都道府県政令指定都市56市区町において男女共同参画に関する条例の制定など）．

今日の男性と女性の問題

しかし，高度成長期以後に女性と男性の関係性に実質的な平等・対等の要素が大きく作用しはじめたとはいえ，そこにはさまざまな問題点が生じていることも事実である．しかもその問題点の多くは，男性優位の下で女性が一方的に不利益をこうむっていることだけでなく，男性自身がそれまでのあり方を自ら問わざるをえない立場に立たされており，男性も女性もともども男女の共生，自立と連帯関係をいかにして形成しうるか，という地点にきていることに注目すべきである．おうおうにして，男女平等というと，何ごとも男を基準とし考えがちであるが，女を基準として考える視点も重要である．

そうした問題点の中で，まず第1に取り上げられるべきことは，職場の問題である．

先にみたように，ハイテク化と国際化の急激な進展にともなって，学歴別年功序列賃金体系や終身雇用という日本型経営の根幹が解体し，しかも"バブル経済"崩壊後の長い厳しい不況の中では，雇用やその形態，賃金や所得という人間生活の基礎的な部分で多くの問題が生じている．いまその問題は，中小零

細企業だけでなく大企業の従業員においても，子どもの学資や住宅ローンをかかえた中高年齢層ばかりでなく，大学や高校の新規学卒者層においても生じている．さらに労働基準法・派遣法など労働法制の改悪も加わって，企業が解雇を比較的しやすくすることや，雇用期間の契約制・夜勤規制の撤廃や裁量労働制の導入など，非正社員化が図られている．男性の過労からくる心身症，過労自殺，過労死の増大，また母性保護規定（これは差別ではない）を撤廃してしまった男女雇用機会均等法施行以後，若年女性の生殖器官・機能の異常に代表されるリプロダクティブヘルスライツの根源さえも侵される状況の増大がみられる．女性の働きやすい労働条件，それは女性だけでなく男性もひとりの人間として自己実現，仕事も，家庭も趣味もそして自発的な市民活動も大切にできるような働き方でもある．こんにちワークシェアリングをもとに短時間正社員，長時間正社員制なども論議されている．経済とは，人びとを生かすもの，労働はその根本的な人間の行為である．こうしたことが，男は外で働き所得を得て家族を養うという男性に対する女性も含めた社会的期待や，一流企業への就職をめざすという社会的価値を現実が裏切ることになり，また女性の職場内差別や働きにくさが広がって，男性も女性もそれぞれ自らのあり方を深く問う姿勢を生じさせているのである．いまや，女性も男性も，誰のための，何のための経済や労働であるのかを問わざるをえないといってよかろう．

第2に，家族や家庭における男性と女性の問題があげられる．

ここでの問題は，一方では経済や労働のあり方，マスメディアのあり方，地域社会の解体化状況など，家族をとりまく社会の全体状況と，他方では自然的生物学的要素を深くもつ家族の機能や家庭内の人間関係の変化と深くかかわっており，それだけに，問題が集中的に噴出すると同時に複雑な様相を帯びることになる．そうした問題の1つとして家事や育児の問題があるが，それはもはや女性（母親）だけの問題ではなく男性（父親）の問題ともなっている．この問題は日常的ではあるが，家族生活を成り立たせる基本的なものであり，男女とも「男は仕事，女は家事・育児」の意識は強くあることから，とくに共働き

の母親の負担は大きく「男は仕事，女は仕事と家事・育児」で"燃えつき症候群"を呈してきている．もちろん，男性も過労死，過労自殺がある．子どもも含めて，忙し過ぎることは「心」を「亡くす」，滅す，「心」を「忘」れることになりがちである．またこれと並んで，老親の介護の問題も生じている．これらの問題に対しては，家族内の仕事分担や共同と並んで，企業や行政さらに地域社会のネットワークなどの社会的な条件づくり，つまりDEWKS支援体制の整備や介護保険法の制定を核にした一層の公的社会的支援体制の充実・整備が不可欠である．

　しかし同時に，制度面での整備とともに，家族内の人間関係つまり夫婦・親子関係の問題がある．端的にいって，従来だけでなく今日でもなお日本の夫婦関係にはパートナーシップ意識に基づくコミュニケーションが欠如している（あるいは弱い）という問題が横たわっている．一方的，幻想的な「一心同体」ではない，また制度だけでない生きている自立と連帯，共生関係が求められている．この点とかかわって，とくに問題となるのは，日本の成人男性の多くは成人女性と対等に交際できない．女性といえば自分が甘えることができる母親か，あるいは地位や金や経験で自分が優位に立てる若い女性が念頭に浮かぶ点である．セクハラやDV，買春もそのあらわれでもある．いいかえれば，成人男性は人間的にも男性としても成熟度が低く，自信もあまりないといってよい．こうしたことは男女の関係，夫婦の関係が年齢的にいえば中高年の段階になって急ごしらえで出来上がるものではないことを示している．また今日問題になっている親子の関係，それとかかわって父親・母親のイメージや役割がある．それを拒否したり回避したとしたら，かえって家族生活は貧弱なものとなるであろう．

　さらに第3に，教育やイデオロギー上の問題があげられる．

　学校教育の現場では，ジェンダー・フリーの教育や性教育が進みつつあり，これからもその推進が望まれる．しかし，その当の教育現場で，またマスコミを通じて，そうした教育が「無効」にされてしまう状況があり，そのことを直

視すべきである．メディア・リテラシー教育ということも必要である．本来，生徒の生き生きとした自主性と自己規律と連帯性・友情を形成する場であるクラブ活動の中で「3年天皇，2年兵隊，1年奴隷」という旧帝国陸軍内務班のごとき権力・序列関係が横行している．その中で，家庭で「女の仕事」とされる家事を下級生に強要したり，卑わいな「芸」を強制しているのである．しかも，テレビ，週刊誌などのマスメディアの提供する，女性または"性"のイメージ＝性の商品化，暴力性が強い影響を与えている．いまやマスメディアは，立法・行政・司法に続く第4の権力といわれているように大きな力をもつに至ったが，男性と女性の関係性にとっても見逃すことのできない力と内容をもっているのである．またジェンダー・フリーという言葉や内容自体を敵視する状況も無視できない．

　第4に，地域社会や政治における男性と女性の問題があげられる．

　地域社会における市民的活動や住民・市民運動の中心に，女性（主婦）が活躍しており，そこでは新しい価値観が生じている．こうした活動のネットワークが，とくに1990年代以降の女性の政治への進出と政治の地殻変動をもたらしている．もちろん，男性もリストラ，失業，倒産，就職難や会社人間からの脱却を反映して，政治への不信を強め，インターネットなどを駆使しながら新たな市民活動・運動の展開をしはじめている．今後はこうしたことが，戦後政治（55年体制）にかわる新しい政治理念と政治体制をもたらすまでに大きくなるかどうかが，男女ともに最大の問題といえよう．

男女共生社会と現代社会の転換

　以上，男性と女性の関係性の問題を，自然的生物学的性と社会文化的形成に基づく性の双方からとらえ（もちろん，この2つの面は具体的な男と女の中に分ちがたく一体化している），戦後におけるその関係性の歴史的特徴や今日における問題点について述べてきた．そうした中で浮かび上がってくるのは，男女が対等・平等の関係に立ちながら，いかにして「男女共生社会」を形成して

いくかの問題であろう．

　そのさい，注意をしなければならないのは，自然的生物学的差異や社会的役割や社会文化的特性を否定する必要はないということである．今日，具体的な男性像や女性像，母親像や父親像を否定あるいは拒否するあまり，そうしたことまで否定する考えもある中では，とくに社会的役割や社会的文化的特性については，そうした注意が必要なのである．男性であれ女性であれ，人間は生まれてからさまざまな経験をし，立場を変えることによって新しい社会的役割を取得していくが，そのことは性が固定的でなく，「性の豊かさ」をも示すものなのである．たとえば，母になること，父になることは，一方では独身（主義），子無し（主義）の場合と異なった自己犠牲や断念を多くの場合ともなうが，しかし他方ではそれと引き換えに子育てや子どもに対する責任をもつことを通じて，それまでにない「世界」を手に入れさせることにもなろう．こうしたことは年齢の場合にもいえるのである．ただし，「断念」のおぞましさをともないながら．このことは，男性と女性の関係性が夫婦関係の上に父親と母親の関係性をも新たに取得し，つけ加わることを意味する．この新しい社会的役割の取得を通じての新しい関係性の形成は，性を固定的にとらえるのではなく，社会的文化的な豊かさを含むものとしてとらえることができることを示している．

　しかし，この性の豊かさとともに，「男女共生社会」が形成されるか否かには，女性と男性の関係性において，2つの回路が必要なのである．男性がそれまでの男性像や父親像を反省や批判するとき，相手の女性の立場を考えるかどうかにかかわる．女性の場合も同じである．こうした男性像や女性像，母親像や父親像に結実している社会的刻印や社会文化的特性の質を変革することが大切なのである．もちろん，そのことと男女の自然的生物学的性（sex）や人間が長い歴史を通じて努力してつくり上げてきた「人間性」（それに基づく「人権」）といったレベルとの回路の確保も必要なのである．男女の「共生」あるいは「共同」といっても，それは単なる無葛藤・無矛盾状態を意味するわけで

はないし，そこには常に矛盾や葛藤が生起するであろう．だからその矛盾や葛藤を男女間の対立や闘争へではなく，討論・説得・妥協・合意のプロセスと寛容の精神（これはデモクラシーの合意形成と美徳といいかえてもよい）をもって，関係性の質を変革しながら男女の自立と連帯へと導くには，この2つの回路が不可欠なのである．

　こうした2つのレベルの回路の確保によって形成される「男女共生社会」は，しかし同時に資本や階級や国家という問題群と向き合わざるをえない．それは男女の現実的具体的な社会的役割や社会文化的特性が，この問題群によって強く規定されているからである．労働や職場，家族と家庭，学校教育，地域社会さらに政治・行政・司法，マスメディアとマスコミ，インターネットなどの具体的な場面での制度上，意識上の変革を抜きにしては，「男女共生社会」は絵に描いたモチになってしまう．しかも，その上に今日では，自然環境の破壊によって，男女の自然的生物学的基礎，いや生命さえ危険にさらされているのである．このような自然環境の破壊の問題もまた，資本や階級，国家の問題群と深くかかわって引き起こされているのである．したがって，「男女共生社会」の形成は，資本・階級・国家という問題群や自然の保護・回復という問題群と不可避的に向き合うことになるのである．このことは一見すると，「男女共生社会」の問題をこれらの問題群に還元させたり，拡散させたりするようにみえるが，しかしこれらとの関連性を考慮することによって，その意義の大きさを広く深くとらえかえすものとなるのである．

　「男女共生社会」の理想やあこがれは，長い人間の歴史において底流を形成してきた．そして，それはこれまで主に女性によって担われてきた．しかし，今日では男性自身もそれを求めはじめており，「男女共生社会」の形成は，歴史の底流から表舞台へと登場しはじめたのである．

参考文献

マンフォード, L. 著（久野収訳）『人間-過去・現在・未来』岩波新書　1984 年
三溝信『社会学講義』有信堂　1986 年
日高六郎『戦後思想を考える』岩波新書　1980 年
井口泰泉『生殖異変-環境ホルモンの反逆』かもがわ出版　1998 年
上野千鶴子ほか『ジェンダーの社会学』岩波講座現代社会学 11　1995 年
養老孟司ほか『女と男のかんけい学』学文社　1997 年
布施晶子『結婚と家族』岩波書店　1993 年
今西一『近代日本の差別と性文化』雄山閣　1997 年
カーソン, L. 著（青樹築一訳）『沈黙の春』新潮社　1987 年
内閣府編『男女共同参画白書（平成 14 年版）』　2002 年
スティグリッツ, J. E. 著（鈴木主税訳）『世界を不幸にしたグローバリズムの正体』徳間書店　2002 年
江原由美子・金井淑子編『フェミニズムの名著 50』平凡社　2002 年

第 2 章　人生の成熟期における女と男

老い強調するイラスト不快

　私は今，市の老人クラブ役員をしている．当然，高齢社会にまつわる年間行事のほか，福祉関係機関や交通安全，障害保険など県，市の外郭団体のパンフレット，チラシをうんざりするほどもらうことが多い．

　しかし，これら結構分厚いパンフの中身となると，最初から痴ほう症状の老人を前提にした古くさい内容のものが目立ち，健康な高齢者像への配慮が，いま一つ乏しいのは残念に思う．

　中でも幻滅を感じるのが挿入されているイラストである．試みに市町村役場の高齢者窓口に並べられたチラシを見ていただきたい．

　いかに老人の表現に最適とはいえ，男はツルツル頭，女は大げさにメガネを鼻の下までずらしている．時には，ご丁寧によだれ掛けまでしてある気配りようだ．どう見ても，ざっと八十五歳以上のよれよれ姿に描いてあるものが多い．

　一事が万事，こんな時代錯誤の配布物と思いつつも，役目上，単位クラブへは流しているが，ほとんど目を通す者はないという．

　今の老人クラブに老人の呼称はタブーなことは，関係者は先刻ご承知のはずである．老境脱却，若々しさづくりに励んでいる最中，だれが好きこのんで，こんなジジババくさいパンフを読むだろうか．

山崎一二(いつじ)「声」『朝日新聞』（投稿）1999 年 9 月 8 日朝刊

キーターム

役割移行　加齢過程の出来事や社会環境の変化に応じて，それまでの役割から離れて新たな役割を取得し，それに適応していくこと．

生得的地位　性別，年齢，人種・民族，身分など行為の達成に関係なく生得的に個人に付与される地位．獲得的地位の反対概念．

エイジズム（ageism）　年齢差別，とくに高齢者に対する差別のこと．レイシズム（racism），セクシズム（sexism）にならってつくられた．

新・性別役割分業　「男は仕事，女は家庭」という分業に対して，「男は仕事，女は仕事と家庭」という新しいタイプの分業．ただし「男は仕事，女は地域（社会参加活動）」を新・性別役割分業とよぶ場合もある．

サクセスフル・エイジング（successful aging）　心身ともに問題なく歳をとっていくこと．「模範的加齢」「上手な老い」などと訳される．

📞 高齢者とジェンダー

　高齢者になっても，男であること，女であることは，事実としての重みを失わない．重みを失わないのは，自然的・生物学的性（セックス）だけではない．社会的・文化的性（ジェンダー）の仕組みは数十年の人生の過程で累積し，高齢期に至っていちだんと明確化してくる．ジェンダーにからんで，職業や家事の経験の深浅，ライフスタイルなどの差異も加齢にともなって拡大し，高齢男女各人の間に多様な現象と問題をもたらしている．

　たとえば，職業だけが生きがいだった高齢男性がいる一方で，地域活動を生きがいとする高齢女性がいる．専業主婦を続ける高齢女性がいる一方で，職業引退後は趣味に打ち込む高齢男性がいる．就業したことのない高齢女性がいる一方で，再就職で働き続ける高齢男性がいる．

　すなわち，長い年月を社会のなかで過ごしてきた人びとを，"高齢者"と一括してしまえば十分なわけではない．元"会社人間"も現役の専業主婦もなく"高齢者"ではないのと同様に，男も女もなく"高齢者"なのではない．就業しているか否か，家事や介護をしているか否か，配偶者がいるか否かなどが，ジェンダーにからんだ形で高齢男女各人の生活の態様を少なからず規定している．

　つまりジェンダーの問題と高齢者の問題は，性別と年齢がともに生得的地位であるという原理のもとで，分かちがたく結びついている．そこで高齢期の生活をとおして，男女の共生の可能性を追究していく．なお高齢期の詳細な夫婦関係については第6章を参照してもらいたい．

📞 働く/働かない，高齢男女の生活形態

　人生の成熟期とはいえ，高齢男女にとってさまざまな問題が表面化することも事実である．それらの問題の背後には，長年の間に積み重なった性別役割分業が潜んでいることが少なくない．たとえば高齢男女の就業・不就業に関連して先鋭化する問題だけを取り上げても，それが明らかである．高齢者の労働力

表2-1 就業・不就業の条件からみたタイプ

必要性	希望	制約	状態	タイプ
有	有	有	不就業	A
		無	就業	B
	無	有	不就業	C
		無	就業	D
無	有	有	不就業	E
		無	就業	F
	無	有	不就業	G
		無	不就業	H

率は，60〜64歳55.5％，65歳以上22.6％であるが（総務省「労働力調査」2000年），高齢者にとって，職業への従事は規範的な同調を強いられる社会的役割ではない．すなわち，場合によっては就業しないという選択肢があり，それが規範からの逸脱とはみなされていない．

　表2-1は就業・不就業を，働かなければならないか否か（必要性の有無），働きたいか否か（希望の有無），および働けるか否か（制約の有無）という3つの条件の組み合わせから整理したものである．

　タイプA，C，Eの場合は，何らかの制約があって就業できない．就業できない理由をみると，たとえば60〜64歳では「適当な仕事がない」が男性の71％，女性の48％に，「本人の健康上の理由」が男性の18％，女性の21％を占め，さらに女性では「家庭の事情」が14％と続いている（厚生労働省「高年齢者就業実態調査」2000年）．制約の種類は多様であるが，これらのタイプには失業ないし潜在的失業としての不就業状態を含んでいる．とくに男性60〜64歳の完全失業率がいちじるしく高いだけでなく，高齢者は仕事が見つからないと，求職活動を諦めがちである．その結果，統計上は失業者として扱われず潜在化してしまう．

　ただし，タイプA，C，Eは，必要性の有無と希望の有無の面で異なってい

る．Aは顕在的または潜在的な失業状態にあって就業に関心をもち続ける生活，Cは息子・娘への依存，貯金の引き出し，不動産の売却などによって収入を確保する生活，Eは就業への希望が次第に失せていく生活という相違が現れやすい．

　タイプBとDの場合は必要性があって就業している．つまり就業以外の収入が不十分であることを物語っている．年金の受給開始年齢に未到達だったり，年金受給額が少なかったり，さしたる財産収入がなかったりすれば，就業する必要が生じる．ちなみに就業している理由として「経済的な理由」を挙げる割合は，たとえば60～64歳では男性の76％，女性の65％を占めている（厚生労働省　同上調査　2000年）．

　ただしBは積極的に就業し，職業を重視する生活を続ける可能性が大きいのに対して，Dは不本意ながら就業し，他の収入源の見通しが立てば引退する可能性が大きい．

　ところがタイプFのように，収入以外に得るものを期待して就業する高齢者もいる．就業している理由として，「健康によいから，など」または「生きがい・社会参加」を挙げる割合の合計は，60～64歳では男性の13％，女性の18％である（厚生労働省　同上調査　2000年）．生きがい目的の就業には，能力・適性の発揮や社会への寄与という職業の積極的な要素を体現する可能性を秘めている．しかし，このような高齢者の一部には加齢への不適応がみられる．それは，職業役割を継続することで壮年期のアイデンティティに固執する態度である．もちろん職業に生きがいを見い出すこと自体が問題ではなく，職業以外の選択肢をもてない自我態度が問題なのである．職業以外に，趣味，ボランティア活動などの選択肢もあるのだが．

　最後にタイプGとHの場合は，必要性も希望もないゆえに就業に無縁になる．

　これらのタイプは，もちろん相違を際立たせて描いたものであり，実際には中間的な態様や複合した態様が成り立っている．それでもAからHまでの8

第2章 人生の成熟期における女と男　29

つのタイプの中には，次の述べるとおりジェンダーにかかわる問題がいくつもみられる．それらの問題は，就業・不就業に関連すると先鋭化しやすいが，もちろん就業・不就業にかかわりなく表面化する場合もある．

家庭にまつわる男の年輪・女の年輪というくびき

　それらのうち家庭については，妻に集中する家事と介護，および夫婦間の精神的な隔たりとして現れている．家事と介護の問題はタイプAにおいて，年金の問題はタイプCにおいて先鋭化する．

　家事ついては，高齢期に至っても，そして夫が職業から引退しても，ほとんどの妻は"主婦"であり続ける．この点は，表2-2において男女間で家事の行為者率と平均活動時間に大差があり，60歳以上の女性が"主婦"を継続していることからわかる．就業者が少ない70歳以上でも，男女間で家事の行為者率，平均活動時間に大差がある．男性70歳以上では，就業者はほぼ4人に1人の割合であるが，家事を担う割合は平日でも2人に1人程度にすぎない．

表2-2　活動別生活時間（2000年）

（上段：行為者率%，下段：全体平均〈時間 分〉）

性別	男性				女性			
年齢	60～69歳		70歳以上		60～69歳		70歳以上	
活動　　曜日	平日	日曜	平日	日曜	平日	日曜	平日	日曜
仕事関連	61.8 〈4.37〉	33.9 〈2.05〉	29.0 〈1.26〉	27.4 〈1.20〉	34.8 〈2.01〉	20.9 〈1.05〉	21.9 〈0.53〉	15.0 〈0.31〉
家　事	37.7 〈0.56〉	50.3 〈1.18〉	51.4 〈1.09〉	39.5 〈1.00〉	97.8 〈4.52〉	95.9 〈4.42〉	86.9 〈3.37〉	84.4 〈3.09〉
社会参加	5.8 〈0.11〉	15.2 〈0.35〉	9.8 〈0.13〉	12.1 〈0.25〉	9.0 〈0.13〉	16.3 〈0.35〉	9.9 〈0.18〉	15.0 〈0.30〉
レジャー活動	44.2 〈1.26〉	57.0 〈2.19〉	52.2 〈1.37〉	60.5 〈2.01〉	41.6 〈1.01〉	51.2 〈1.44〉	38.7 〈1.06〉	42.8 〈1.19〉

　注）　他の活動，土曜日は省略
　出所）　NHK放送文化研究所「国民生活時間調査」より作成

そして男性が炊事，洗濯，掃除などをすることについて，女性 60〜69 歳の 32％，女性 70 歳以上の 38％ は「必要ない（全く必要ない＋あまり必要ない）」と考えている（内閣府「男女共同参画社会に関する世論調査」2000 年）．すなわち長年の間に累積した家事役割が，行動の面ではほとんどの高齢女性に，意識の面では一部の高齢女性に根づいている．

介護についても家事と同様の傾向がみられる．介護保険法によって認定された要介護・要支援の配偶者に対して，おもに介護を担っている人の割合は妻が夫のほぼ 2 倍の割合であり，要介護・要支援の親に対しておもに介護を担っている人の割合は女性（実娘・義娘）が男性（実息・義息）のほぼ 5 倍の割合である（厚生労働省「介護サービス世帯調査」2000 年）．そして介護してほしい人として配偶者を希望する割合は，複数回答制で，男性 60〜69 歳，70 歳以上では約 70％ であるが，女性 60 歳〜69 歳では 36％，女性 70 歳以上では 20％ である（NHK「『少子・高齢化社会と生活』調査」1999 年）．

もちろん介護については，男女の平均寿命の差と夫婦の年齢差を考慮して夫を当てにしない意識が，家事については主婦の"聖域"を守りたい意識が，高齢女性にあると推測できる．しかし能力や規範の面で，家事や介護は女性にふさわしいという自明視が，家事や介護の担当が女性に偏る状況をもたらしていることは確かである．

「主婦の仕事には停年が無く延々と続く訳ですから，男性も退職したらやはり家事も協力してほしいです．（中略）一緒に旅行・散策にと出掛けるのは大変結構な事ですが疲れて帰ってきたら，すぐに食事の後かたづけと追われるようでは……と考えてしまいます」［62 歳，女性］（ライフデザイン研究所『高齢男性の夫婦関係』1999 年　p.25）

このような状況は高齢夫婦の間に微妙な影を落とすことになりかねない．たとえば老後いっしょに暮らしたい人として夫婦だけを希望する割合は，男性 60〜69 歳，70 歳以上では 50 数％ であるが，女性 60〜69 歳では 44％，70 歳以上では 21％ である（NHK　前掲調査　1999 年）．もちろん夫に先立たれる可

能性が大きいため女性のほうが低い割合になる面があるが，もっとも理解してくれる人が配偶者である割合は，男性60〜69歳では85%であるのに対して，女性60〜69歳では59%であることがすでに指摘されている（経済企画庁「家庭と社会に関する意識と実態調査」1994年）．長年の間に積もり積もって精神的な隔たりや溝を生じた夫婦関係のもとで，職業引退後に"粗大ゴミ"や"濡れ落ち葉"扱いされる夫が出現し，極端な場合は"熟年離婚"へと至るのである．近年では"熟年離婚"，すなわち婚姻期間が長い夫婦の離婚件数の割合が明らかに上昇している（厚生労働省「人口動態統計」）．"男の年輪""女の年輪"は，場合によっては家庭生活におけるくびきとして作用するのである．

職業にまつわる男の年輪・女の年輪というくびき

職業については，職業引退への不適応が男性に特徴的な問題として現れ，壮年期以降の就業経験の欠如が女性に特徴的な問題として現れている．不適応の問題はタイプFにおいて先鋭化する．

加齢にともなって社会的な役割がある程度変化することは避けられない．具体的にいえば，職業からの引退，末子の独立，孫の誕生，家事専従からの引退，配偶者との死別などの出来事をとおして，就業者，夫・妻としての地位・役割の喪失，親，家事主宰者としての地位・役割の比重低下，また勤務先OB・OG，祖父母，老人クラブの会員としての地位・役割の取得などが生じる．

ところが一部の高齢男性には役割移行への不適応がみられる場合がある．すなわち高齢化の自覚を恐れ，打ち込むべきは職業しかないと思い込むことで自我防衛を行い，壮年・中年期のアイデンティティの維持に腐心する態度である．日本の高齢男性が経済的な理由がなくても高い就業継続意欲を示すことや，再就職に当たって退職前と類似の職種に執着することはしばしば指摘されているが，そこには役割移行への不適応という影がつきまとっている．不適応を生じる潜在的な可能性は，Fタイプの高齢男性に広範に当てはまる．長年にわたって職業を偏重してきた（偏重を強いられてきた）"男の年輪"がくびきとなっ

て，職業からの引退という役割移行への適応を妨げかねないのである．

　一方，少なくとも壮年期以降，就業せずに済んだのなら，それは幸福な高齢女性であり，就業しなかったことは個人の自由とみなすこともできよう．しかし，各人が家庭での役割，職業役割，および市民としての役割を偏りなく果たすことが，男女の自立と共生にとって必須であるなら，就業を経験することなく家庭での役割だけに閉じもってきた（閉じこめられてきた）ことは，社会学的にはやはり"問題"であろう．この問題は，男性のほうに多い職業引退後の不適応の問題と表裏一体をなしている．

　図2-1は，2000年現在70～74歳の女性の労働力率が，20～24歳（1950年）以降どのように推移してきたかを示したものである．この図からは，もっとも高い割合だった20～24歳においてさえ，64.1％だったことがわかる．2000年時点では，高等教育機関在学者の割合が当時より高いにもかかわらず，女性20～24歳の労働力率は当時より約9％高い．したがって1950年当時，結

図2-1　加齢にともなう労働力率の推移（2000年時点70～74歳女性）

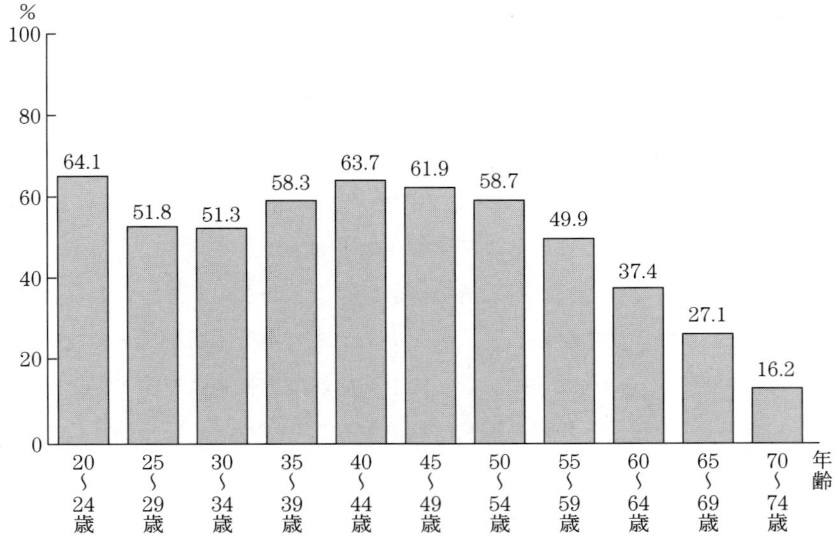

年齢	労働力率(%)
20～24歳	64.1
25～29歳	51.8
30～34歳	51.3
35～39歳	58.3
40～44歳	63.7
45～49歳	61.9
50～54歳	58.7
55～59歳	49.9
60～64歳	37.4
65～69歳	27.1
70～74歳	16.2

出所）　総務庁「国勢調査」より作成

婚までの間を"家事手伝い"として過ごしていた女性が少なからずいたと推測できる．

もちろんこの図から，それらの女性が2000年に至るまで一貫して就業しなかったとはいえない．それでも2001年時点で60歳以上の女性のうち，過去に就業経験のない人は22.6%である（内閣府「高齢者の生活と意識に関する国際比較調査（第5回）」2001年）．したがって，2000年現在70～74歳の女性のうち一定の割合の人々は，就業経験をもっていないと推測される．また図では，40～44歳において63.7%という第2のピークをなしているが，それ以後の順次的な低下からみて，高齢女性の30%程度は壮年期以降の就業経験がないと推測される．

壮年期以降，内職やパートタイマーなどの就業経験はあっても本格的な職業役割ではなく，つねに家事役割を優先してきた傾向は，ほとんどの高齢女性に当てはまる．長年にわたって家庭を偏重してきた（偏重を強いられてきた）"女の年輪"がくびきとなって，職業という人生の機会を狭めてきたのである．就業経験の欠如は女性の少ない年金受給額にも反映し，公的年金・恩給の平均年額は，65歳以上受給者の男性190万円に対して女性95万円である（厚生省監修『厚生白書（平成12年版）』2000年　p.50）．

交友と社会参加にまつわる男の年輪・女の年輪というくびき

職業引退への不適応は，形を変えて引退後のコミュニティと交友にまつわる問題としても現れている．これは男性に特徴的な問題であり，タイプFの裏の面でもある．

高齢男性にとって職業以外の役割へ重心を移すことには，一定の困難をともなう．60歳以上の男女で，近所の人と話をすることがほとんどない割合は，男性の32%，女性の20%であり，親しい友人がいない比率は，男性の29%，女性の21%である（内閣府　前掲調査　2001年）．また夫が60歳以上の夫婦で，何でも相談に乗ってくれる友人・仲間がいる割合は，夫の31%，妻の59%で

あり，友人・仲間との交流が週に 2〜3 回以上の割合は，夫の 16%，妻の 43% である（ライフデザイン研究所「高齢期の夫婦の関係に関するアンケート調査」1997 年，「高齢期の生活に関するアンケート調査」1998 年）．

こうしてみると，職業に代わる生活の重心を見いだしあぐねている高齢男性の姿が浮かび上がってくる．性別役割分業のもとで，長年にわたってコミュニティでの生活や職業関係以外の交友に対してあまり関与しなかったことが，職業引退後の適応を妨げるのである．

しかし社会参加にまつわる問題は，男性だけのものではない．なぜなら 60 歳以上の男女で，どのようなグループ活動へも参加していない割合は，男性が 43% であるのに対して，女性は 51% である．またフォーマルな性格の強い団体である町内会・自治会の活動に参加している割合は，男性が 30% であるのに対して，女性は 20% である．男女を比較すると，女性は趣味のグループ活動への参加率が高く，男性は町内会・自治会，健康維持，環境保護のグループ活動への参加率が高い（内閣府　前掲調査　2001 年）．

すなわち社会参加活動について，高齢女性は公ではなく私の性格の強いグループ活動に傾斜している．これは，高齢期に至るまでの間，女性がコミュニティ活動に参加していても，PTA と子供会以外にはフォーマルな団体の役職，特に上位の役職に就くことが少なく，運営や行事の裏方的な役割を担ってきた傾向を引き継いでいる．男が主で女が従という役割分業が，高齢期の社会参加にも現れているのである．

社会を映す高齢男女

"男の年輪""女の年輪"は，これまで述べたとおり，高齢男女各人の人生の可能性を狭めるくびきとして作用することが少なからずみられる．このくびきは，図 2-2 に示すとおり，男女（性別）特性論と「適性」の偏りと性別役割分業との三位一体という構造の中で生み出され，相互に補強し合ってきた．すなわち人生過程において性別ゆえのくびきを再生産する枠組みである．

第2章　人生の成熟期における女と男　35

図2-2　性別の"くびき"を再生産する枠組み

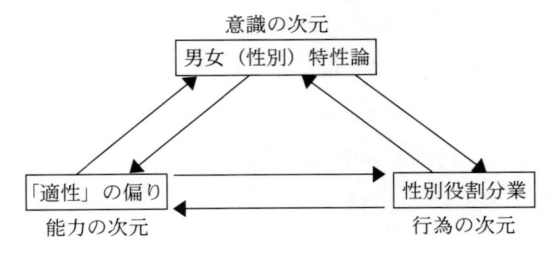

意識の次元
男女（性別）特性論

「適性」の偏り　　　　　　　性別役割分業
能力の次元　　　　　　　　　行為の次元

　男女（性別）特性論は意識の次元において，男女は先天的に相異なった特性をもっているという固定観念である．この観念に基づいて，能力の次元で男女の間に相異なった「適性」が幼児期から育成される．こうして育成された「適性」の差異に基づいて，行為の次元で性別役割分業が自明視され，受容される．さらに，こうして成立した性別役割分業は，行為の反復をとおして男女に相異なった能力を増長させ，「適性」の偏りを強化する．そして強化された「適性」の偏りが，あたかも男女の先天的な差異に由来するかのような錯覚をもたらし，男女（性別）特性論を正当化する．また男女（性別）特性論は行為の規範として性別役割分業を正当化し，性別役割分業は行為の累積という現象的な重みをもって，男女（性別）特性論を支える．

　このように男女（性別）特性論と「適性」の偏りと性別役割分業の三者は，相互に補強しつつ，高齢期に至るまでの年月をとおして，"男の年輪""女の年輪"ゆえのくびきを再生産してきたのである．そしてこの枠組みの中で高齢男女のジェンダーにかかわるさまざまな問題が発生している．その諸問題はすでに指摘したとおりであるが，他方，ジェンダーには直接の関連がないとはいえ，高齢者ならではの生活にまつわる諸問題を忘れてはならない．

　1つはタイプA，B，C，Dの高齢者に共通してみられる，就業以外による収入の不足という問題である．これらのタイプは，年金の受給開始年齢に未到達だったり，その受給額が少なかったり，さしたる財産収入がないゆえに，就業の必要性が生じている．就業以外の収入が多いほど，また年金の受給額が多

いほど，高齢男女の就業率が低くなる傾向は周知のとおりである．

2つめは失業という問題であり，タイプBの高齢者にみられる．就業による収入が必要だが不就業ということは，本人の病気や配偶者の看病などの場合もあるが，仕事が見つからないという状況を見落とせない．再就職の場合を含めて一般的に高齢者は雇用の不安定性が強い．とくに男性60〜64歳の完全失業率はいちじるしく高く，ここ10年間に限っても5〜10％前後に達している（総務省「労働力調査」）．

しかも高齢者は仕事が見つからないと，求職活動を諦めがちである．このタイプの高齢者の背後には，子どもたちへの依存などの方法で，生計を営む高齢男女が潜んでいる．このような高齢男女は，現象としては就業による収入は不要とみなされてしまう．

これらの問題と，ジェンダーにかかわるさまざまな問題の根底には，表面的な政策や個人の努力だけでは解消できないような，こんにちの社会を規定している仕組みを見いだすことができる．それは階層間の差異，労働力としての人間，および性別の原理という仕組みである．

階層間の格差は，就業以外の収入の不足という問題の有り様を規定している．就業以外の収入の差異は，高齢期までに各人がどの程度"老後の貯え"を準備できるかにかかっている．すなわち，長年にわたる収入の高低や稼働する資産の有無という階層間の差異が累積して，高齢者の間に経済的な格差をもたらしている．

たんなる労働力として人間を位置づける仕組みは，失業という問題を根底から規定している．高齢者は定年退職として失業を強いられ，劣った条件でも雇用できる，不安定雇用の安価な労働力として扱われがちである．各人の能力や実績に関係なく，高齢という生得的地位ゆえに不利な扱いを受けるのであるから，これはエイジズム（高齢者差別）に当たる．

性別の原理は，各人をそこに組み込んで人生の数十年を累積させることによって，高齢男女の人生の幅と可能性を狭めてしまう．したがって高齢男女にと

って，各自にふさわしい生き方・暮らし方を"選択"できるような条件づくりが大切であることはいうまでもない．ただし"選択"が，階層間の格差を拡大したり，〈人間＝労働力〉という構造を再生産したり，"新・性別役割分業"を定着させたりする危険性は否めない．したがって高齢男女各人が"選択"を可能にするための生計の水準と安定も不可欠といえる．それを欠くと，高齢男女も含めて社会構造的に不利な状況にある人びとは，制約された"選択"を強いられてしまう．

ここまで読み進んでくると，高齢者の問題とジェンダーの問題とは，重なり合う部分があることに気がつくだろう．こんにちの社会において，高齢者と女性は，その生得的地位ゆえに，低廉な労働力として扱われ，階層的に低く位置づけられ，エイジズム（年齢差別）やセクシズム（性差別）の対象になりうるということである．

社会を変える？　高齢男女

しかしながら，高齢男女は，たんにエイジズムに甘んじ，押しつけられた"選択"を受容しているわけではない．サクセスフル・エイジングは高齢男女各人にとって現実の課題だからである．こんにちの日本社会では，高齢男女が新たな生活像をつくり出すとともに，多様な"選択"を行う兆候がみられる．

それは，たとえば1970年代以降の高齢期のライフスタイルにかんする意識の動向のなかに見いだせる．具体的にいえば，これまで高齢期の生活像については，血縁または職業が重視される傾向だったが，そこからの脱却を含めて，生活像の多様化がみられる．

図2-3をみると，16歳以上の男女を対象とする1973年から1993年までの5回の調査結果では，老後の望ましい生き方について「子どもや孫」や「仕事」を重視する生き方の比率が明らかに低下する傾向にあり，「夫婦」や「趣味」を重視する生き方の比率が明らかに上昇する傾向にある．

とくにもっとも高率を占めた生き方が，「子どもや孫」から「趣味」へと 25

図 2-3 老後の生き方

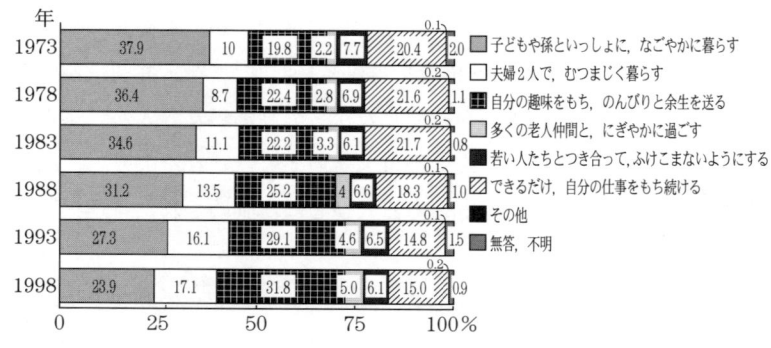

年	子どもや孫といっしょに，なごやかに暮らす	夫婦2人で，むつまじく暮らす	自分の趣味をもち，のんびりと余生を送る	多くの老人仲間と，にぎやかに過ごす	若い人たちとつき合って，ふけこまないようにする	できるだけ，自分の仕事をもち続ける	その他	無答，不明
1973	37.9	10	19.8	2.2	7.7	20.4	0.1	2.0
1978	36.4	8.7	22.4	2.8	6.9	21.6	0.2	1.1
1983	34.6	11.1	22.2	3.3	6.1	21.7	0.1	1.0
1988	31.2	13.5	25.2	4	6.6	18.3	0.2	1.0
1993	27.3	16.1	29.1	4.6	6.5	14.8	0.1	1.5
1998	23.9	17.1	31.8	5.0	6.1	15.0	0.2	0.9

出所) NHK「『日本人の意識』調査」より作成

年間にすっかり入れ替ったことが興味深い．たしかに1998年の調査では1943年生まれ（当時55歳）を境界として，それより前の世代の人びとでは，「子どもや孫」が「趣味」を上回っている．しかし，それより後の世代の人びとでは，確実に「趣味」が「子どもや孫」を上回っている．高校生以上の子どもをもつ段階の人びとでは，「子どもや孫」「仕事」「趣味」という生き方の分布の差異が，男女間で消えてきたといわれる（NHK放送文化研究所編『現代日本人の意識構造（第五版）』日本放送出版協会　2000年　pp. 69〜70）．世代交代が進むにつれて，"三世代同居"や"生涯現役"が高齢男女の代表的な暮らし方ではなくなっていくであろう．

　高齢男女がこのような多様な"選択"を行う兆候とともに，中年層以下では自立への志向性もみられる．たとえば高齢期の居住については，老後働けなくなった場合でも子どもと同居すると考える割合が，すべての年齢層合計で55％（1978年）から26％（1998年）へと低下し，また高年層に比較して中年層のほうが同居する考えが弱くなっている（経済企画庁「国民生活選好度調査」）．また年齢が低い者ほど，老後の収入源として公的年金や恩給に期待する割合が低い傾向がみられ，たとえば男女ともに20〜29歳では約30％，40〜49歳では約55％，60〜69歳では約65％となっている．青年層や壮年層では将来の公的

年金受給に対する不安もあいまって，自分の預貯金で高齢期の収入を確保しようとする意識が強まっている（NHK　前掲調査　1999年）．ただし収入面でのこの"自立"志向の裏面には，"選択"の余地のない厳しい生活を強いられる高齢者が出現するという危うさが感じられる．炊事・洗濯・掃除などの家事については，男性がかかわるべきだ（積極的にかかわるべきだ＋ある程度積極的にかかわるべきだ）と考える割合が，男女ともに若年層ほど高い傾向がみられ，たとえば男女ともに20～29歳では80％前後，40～49歳では80％弱，60～69歳では70％弱となっている．この割合はすべての年齢層合計でも次第に高まる傾向がみられる（内閣府　前掲調査　2000年）．

　もちろん，以上の例はいずれも意識についてであるから，実際の行動もそのとおりに変化するとは限らない．また，こんにちの社会を規定している3つの根本的な仕組みも解消するわけではない．しかし近い将来，人口の面でも，社会に対して働きかける力の面でも，高齢男女が大きな比重を占めるようになる．そのとき，選択と自立を求める高齢男女こそが社会を変えるかもしれない．たとえば本章冒頭のコラムに掲載したような偏見を告発する意識が，多くの高齢男女へと浸透していく可能性は十分にある．

参考文献

ボーヴォワール, S. 著（朝吹三吉訳）『老い』人文書院　1972年
樋口恵子『女と男の老友学』労働旬報社　1990年
嵯峨座晴夫『エイジングの人間科学』学文社　1993年
グループRIM編『親の老後　私の老後』NTT出版　1994年
フリーダン, B. 著（山本博子・寺澤恵美子訳）『老いの泉』西村書店　1995年
関西女の労働問題研究会編『男女共生社会の社会保障ビジョン』ドメス出版　1996年
浜口晴彦編著『エイジングとは何か』早稲田大学出版部　1997年
安川悦子・竹島伸生編著『「高齢者神話」の打破』御茶の水書房　2002年

Part II

学校教育とマスコミにみる女と男

第3章　学びの場での女と男

「共学反対」で署名27万人　埼玉県立高，別学存続に

　男女別学か共学か——埼玉県教育委員会は，第三者機関の県男女共同参画苦情処理委員が3月に男女別学の公立高校16校の共学化を求めた勧告を棚上げして，当面は男女別学を続ける方針であることがわかった．勧告以来，共学化に反対する別学校の生徒やPTAらの署名は27万人を超え，大きな論争になっていた．

　事の発端は，県民から「県教委は共学化に消極的だ」という苦情が同委員に寄せられたことだ．委員3人は「別学は人格形成からも，男女共同参画社会づくりの視点からも問題」とし，早期共学化を求め，3月に県教委に勧告を出した．

　ところが，別学校の生徒らが「異性の目を気にせず勉強，スポーツに打ち込める」「各校の伝統が無くなる」「外から強制されるものではない」などと共学化に反発．別学16校のうち11校のPTAらでつくる「共学と別学高校の共存を願う県民の会」が署名運動を始めた．11校の生徒代表も共学化に反対する決議文を知事に出した．

　こうした動きを受け，県教委は「現時点では別学校側の反対が思った以上に強い」と共学化を見送る方向だ．

　県内の公立高校164校のうち別学は16校で，内訳は男子校5校，女子校11校．別学16校には伝統と高い進学率の浦和高や浦和第一女子高などいわゆる県内の「ナンバースクール」が軒並み含まれている．

　全国では現在，埼玉県以外に男女別に募集している高校があるのは，栃木や群馬など少なくとも6県．うち福島県では来年度に全県立高校が共学化され，宮城県では10年までにすべての県立高を共学化することが決まっている．

『朝日新聞』2002年11月29日付朝刊

第 3 章　学びの場での女と男　43

🗝　**キーターム**

隠れたカリキュラム　　教員や親の言動，学校組織・運営，教科書，進路指導などから，固定的性役割なども含んだ社会的規範や価値観，「大人の本音」が子どもに伝達される働き．授業など通常のカリキュラムと対をなす概念．
特性教育論　　男女には個性差を越えた心理的・社会的差異があり，それを文化的，機能的な特性として教育で活かすべきとの考え方．良妻賢母主義教育や家庭科の女子のみの必修が具体例．
再生産　　階級・階層やジェンダーなどの社会関係，地位などが，相互行為で実践，維持，形成されていく働き．教育制度や学校は，社会階級・階層の再生産装置と考えられる．
ジェンダー・フリー教育　　固定的性役割概念を教育から排除する運動，またはそれが排除された教育．ジェンダーの否定や無視ではなく，個人が主体的に性役割やセクシュアリティを作り上げていくことを教え，援助する．
ポジティブ・アクション　　積極的差別是正策．長期間，構造的差別を受けてきた集団（少数民族，女性，障害者ら）に対して，機会の平等を実現するため雇用や教育で一定範囲内で優先的な処遇をする．アメリカではアファーマティブ・アクション（affirmative action）．

男子が家庭科学べばすべて解決？：隠れたカリキュラム

　現在，日本の法律では教育機会の平等が保証されている．第 2 次世界大戦後に制定された日本国憲法第 14 条は，女性と男性の平等を謳っており差別を否定しているし，教育基本法第 5 条には「男女は，互いに敬重し，協力し合わなければならないものであって，教育上男女の共学は認められなければならない」と記されている．しかし，つい数年前まで「家庭科」の学習内容は，性別により異なっていた．

　「家庭科」は，戦後の教育改革の流れの中で，家庭の民主的な運営を男女ともに学ぶ科目として始まった．しかし 1950 年代に，戦前の良妻賢母主義教育の考え方を引き継ぐ女子の「特性教育論」が復活し始め，1958 年には中学の「家庭科」の学習内容が性別により区分された「技術・家庭科」に改定された．高校では 1973 年に「家庭科」は女子のみの必修となり，男子はその時間に「体育」を履修することになった．文部省はこれらの改定の理由を，性別による差別ではなく「教育的配慮」であると説明した．このような動きの一方で，1975 年には「国際婦人年」が始まり，1979 年には「女子差別撤廃条約」（日本の批准は 1985 年）が成立し，多くの国々で学校における男女平等教育が進められていた．国内では 1974 年に「家庭科の男女共修をすすめる会」（1997 年解散）が活動を始め，いくつかの地域では実験的に男女共修授業が行われた．このような国内外の男女平等教育の流れの中で，文部省は「家庭科」を中学校では 1993 年度から，高校では 1994 年度から再び共修とした．体育に関しても，1994 年度から高校の体育で女子には武道，男子にはダンスの選択が可能になった．以上のような改定の繰り返しの結果，現在，現場での個々の教員による授業運営や，女子・男子校の場合は別として，男女の差はカリキュラム上ではなくなっている．

　それでは，カリキュラムが男女で同じになったことにより，教育の場での性別による学習内容の差は消えたのであろうか．学校では，体系化されたカリキュラムの下での知識の伝達の外にも，さまざまな教育・学習の「しくみ」があ

る．それは，意図せず目にみえない形ではあるが，教員の態度や行動，学校の組織・運営，教科書などの教材，職業指導などを通じて子どもが読み取り，子どもたちの世界観，価値観の形成に大きな影響を与える「しくみ」であり，社会学では「隠れたカリキュラム」とよばれる．この隠れたカリキュラムは，さまざまな社会構造や意味を子どもに伝えるが，ジェンダーもそのような構造・意味の1つである．つまりジェンダーは，教師の子どもに対する接し方，学校の組織，教科書などの教材，職業教育などを通じて子どもたちに感知され，体得され，実践されるのである．具体的には，教師の子どもに対する接し方では，授業中の視線，質問のし方，課題の与え方，子どもからの意見や質問に対する反応などの相互行為が隠れた役割を果たす．学校の組織では，教員および管理職の男女の割合などが関わってくるし，教科書などの教材では，性別による固定的な役割が記述，事例，写真，挿し絵などで強調されていないかなどが問題になる．そして職業教育については，性別により異なる職業指導や適性が強調されていないかなどが，隠れたカリキュラムに関連する．

　その隠れたカリキュラムの代表例として，男子が先に配置された出席名簿がある．学校生活では，朝の点呼からはじまって，入学・卒業式などさまざまな行事に名簿はつきものである．集団として男が先で女は後の区別は，名簿が使われるたび，営々と繰り返される．名簿を性別で区分する必要性は，保健関係などの限られた場合を除いてはまったくないし，男子を先にする必要性は完全といっていいほどにない．名簿の順序に関しては，文部省や教育委員会による正式な決まりや指導もなく，ただ，慣習として実行されているだけである．たとえば，兵庫県のある市議会で，学校の名簿を男子優先ではなく50音順の男女混合にする提案がなされたが，それに対して教育委員長は次のような反対の意見を述べたと報道されている．「男女間には体力的な差がある．学校現場でも，身体測定や体育の授業などは一緒にはできない」「（現在の名簿は）男女差別ではない．男女の機能には差がある．区別だ．」（『朝日新聞』兵庫版1996年3月14日付朝刊）このように男子優先名簿は，社会一般の性別に関する固定観念，

表 3-1　男女混合名簿の実施率　　　　　　　　(%)

	調査校数			実施している（全校で）			実施していない		
	1994年	1998年	2001年	1994年	1998年	2001年	1994年	1998年	2001年
幼稚園	456	448	423	9.2	59.4	72.8	60.5	39.3	24.6
小学校	9,534	10,913	12,275	12.9	41.6	61.5	60.9	48.9	31.0
中学校	3,894	4,653	5,361	4.5	24.3	40.2	69.0	66.2	53.3
高等学校	1,442	1,243	1,377	18.9	39.5	55.0	67.6	39.3	34.6
障害児学級	235	260	309	31.9	64.2	79.9	29.8	21.9	11.3
全体	15,561	17,517	19,745	11.5	37.9	55.8	63.1	52.4	36.9

出所　日本教職員組合女性部「男女混合名簿のとりくみについて」より作成（学年や教員別による実施しているとの回答および無回答は除いた）

つまりジェンダーが名簿順という形で構造化したものと考えられる．日常的に繰り返されるこの「単なる区別」(?) は，男子は優先されるのが普通，あたりまえ，当然という「差別」意識を主に無意識のレベルで作り，正当化し，維持するしくみである．

　男子優先の名簿を廃止して，五十音順などの無作為な順番の名簿に直す動きも近年進んでいる．表3-1は，1994年，1998年および2001年の男女混合名簿の学校種類別実施率である．この7年間で実施率は上がっており，2001年では全国的にみると約56％の学校において混合名簿になっていることがわかる．しかし都道府県別のデータによると，地域差がかなりある．混合名簿を実施していない理由として「検診，保健・体育が別になっているため」「管理職，教育委員会の反対」「今までの慣習から」「事務処理上不便」などが教員からあげられている．男女混合名簿にした学校では，男女区分が必要な時に面倒であるとの指摘もあるが，一般的に教員と児童・生徒からの反響はよい（『朝日新聞』神奈川版 1998年2月20日付朝刊）．

教科書，クラス，クラブ活動にもジェンダーの影

　出席名簿の他に，教科書や副読本などの記述，写真，挿し絵，表現などにも性差別が存在する．男性が働き手や指導者として登場する反面，女性は家庭中心で，職場でも補助役を担っている記述や絵が多い．また女教師，女校長，女性ドライバーなど，男性を基準として女性を特殊または例外的とするような表現も多い．絵本や児童書，子ども向けの漫画などにも差別的な表現は蔓延している．絵本では男の子が主人公であったり，積極的な役割を演じている話が圧倒的に多い．また，「白雪姫」などディズニーの定番的な童話では，美しいお姫様が悪い魔女に殺されかけて，それを王子様が救うというストーリーが多い．最近は「アリーテ姫の冒険」「長靴下のピッピ」「世界一大きな女の子のものがたり」など，女の子が主人公である児童書が少しずつ増えてきたが，割合としては少ない．少女向けの漫画でも，「セーラームーン」など女性が主人公として活躍していても，最終的には男性に救われる展開が多いし，「女の子のゆめは，しあわせな花よめさんよ」とのセリフが冒頭のページに大きく載っている小学生低学年向けの少女漫画さえある（『小学二年生』1998 年 2 月号）．

　学校における教育行為の中心である授業でも，男子は雄弁で女子は寡黙というパターンが支配的であることが報告されている（マイラ・サドガー＆ディヴィッド・サドガー著（川合あさ子訳）『女の子は学校で作られる』時事通信社　1996 年，木村涼子「教室におけるジェンダー形成」『学校文化とジェンダー』勁草書房　1999 年）．具体的には，教師による指名，子どもの質問への応答，自発的な発言，挙手などの相互行為において，男子が占める割合が圧倒的に多いのである．また，男子は教師からより多くの関心を得るのが当然であると思っており，実際には授業を支配していても，教師が女子に対して「甘く接している」と感じている．

　その他，課外活動の分野でも，さまざまな性差別がある．たとえば運動部では，選手は男性でマネージャーは女子であることが多い．マネージャーは，掃除，洗濯，スケジュール管理などの仕事をいっさい引き受ける．まさに伝統的

家父長制における男女別役割分担そのものである．また，選手は男子のみという暗黙の了解があるクラブも多い（井上輝子・江原由美子編『女性のデータブック：性，からだから政治参加まで』第3版　有斐閣　2002年　p.150）．学級委員でも，委員長は男子で副委員長は女子，美化や保健，図書，給食係など社会一般で女性向きとされる役割には女子が多い．全校の生徒会活動でも生徒会長は男子が多い．このような，指導的立場は男子で補佐的な仕事は女子というパターンは少しずつ減少しつつあるが，まだ根強く残っている．そして，このような子どもの世界の性別による役割分担は，おとなの世界の反映であると考えられる．

✎ 偉い先生はやっぱり男？：学校組織とジェンダー

教師たちの言動，態度，組織は，子どもたちに将来のモデルとして，意識的にも無意識的にも大きな影響を与える．学校の組織における，ジェンダーの現状をみてみよう．学校段階別に本務教員に占める女性の割合を調べてみると，1970年では，小学校50.9%，中学校26.5%，高校16.7%，短大39.6%，大学8.5%であったが，2001年には，小学校62.5%，中学校40.6%，高校26.1%，短大44.6%，大学14.1%であり，女性教員の割合は，小・中学校を中心に徐々に増加していることがわかる（文部省『学校基本調査報告書』）．表3-2は，校長，教頭など管理職における女性の割合である．2001年度の小，中，

表3-2　校長（学長），教頭（副学長）の女性割合　　　　(%)

	小学校		中学校		高　校		大　学	
	校長	教頭	校長	教頭	校長	教頭	学長	副学長
1980	2.0	3.3	0.2	0.5	2.6	1.1	4.6	1.7
1988	2.7	8.0	0.6	2.0	2.5	1.5	3.8	0.7
1993	7.2	16.9	1.2	4.1	2.5	2.0	4.0	1.7
1997	12.5	21.9	2.5	6.4	2.9	3.4	5.4	2.2
2001	16.5	22.4	3.8	7.7	3.8	4.4	7.4	3.8

出所）『学校基本調査報告書』より作成

高の校長と教頭の女性の割合は，平均で9.5%である．しかし，本務教員の割合に比べると，まだまだ女性の校長・教頭は非常に少なく，とくに中学校と高校で少ない．この現状から子どもが受け取るメッセージは，「子どもが小さい間は女の先生が面倒を見てくれて，成長するにしたがい男の先生が指導をするようになる．また，偉い先生には男の先生がなる」ではないだろうか．

また，学校におけるセクシュアル・ハラスメントが，近年マスコミでよく取り上げられる．具体的には，男性教員による女子児童・生徒に対するものと，男性大学教員による女子学生と女性教員に対するものが多い．職場でのセクハラと同じように，実際の行為と被害は以前から存在していたが，近年のフェミニズムや女性の人権意識の高まりにより，そのような行為がセクハラとして認識され，社会問題化するようになったと考えられる．学校におけるセクハラは，女性の教員，とくに管理職の少なさと密接な関連があると思われる．また，とくに大学の教員社会が，人事，組織，研究室の組織・空間などにおいて，企業や官庁に比べても非常に閉鎖的な「おとこ中心のムラ社会」になっていることも，大きな原因であろう．

ジェンダーと社会化，自己意識

この章ではこれまで，学校の場における隠れたカリキュラムや組織について検証してきた．次に，生徒の自己尊厳などの意識と，親の子どもの教育に対する意識に焦点をあてて考えてみたい．はじめに，子どもたちのジェンダー体験と自己尊厳について考えてみたい．自己尊厳とは，自分の存在そのもの，人格，能力などについての肯定的意識を意味する言葉である．ジェンダーに関する自己尊厳を調べる調査で，「今まで，男（女）に生まれてよかった」かどうかを東京都内の小学生700人に質問した結果，「たくさんある」と「時々ある」との答えの合計は男子では71.3%，女子では54.3%であった（(財)東京女性財団『ジェンダー・フリーな教育のために』1994年 p.56）．また，表3-3に東京都内の小学5年生と6年生を対象にした，「男（女）に生まれて損をしたと思

表 3-3　女（男）に生まれて損したと思った体験　　（単位％，無回答は省略）

		たくさんある	ときどきある	あまりない	全然ない
学校で (n＝700)	女子	6.9	25.4	21.1	46.5
	男子	1.1	4.8	8.2	85.8
家庭で (n＝688)	女子	3.6	17.2	16.9	62.3
	男子	1.4	5.6	5.6	87.4
友達と遊んでいて (n＝691)	女子	2.7	10.8	16.2	70.4
	男子	0.0	2.2	6.4	91.3

出所）（財）東京女性財団『ジェンダー・フリーな教育のために』1994 年

ったことがあるか」という質問の答えを示した．学校で「損をした」と感じたことがある女子は「たくさんある」と答えた 6.9％ と「ときどきある」と答えた 25.4％ の合計で 32.3％ になった．この数字は，男子の「男に生まれて損をした」との答えの 5 倍以上である．ちなみに 1995 年に全国の小学 5 年生に「女（男）に生まれて損をした体験があるか？」という質問をしたところ，「女に生まれて損をした体験」が「たくさんある」と「時々ある」との答えの合計が 49.7％ で，男子の同様の答えは 18.5％ であった（「ジェンダー・バイアス」ベネッセ教育研究所『モノグラフ・小学生ナウ』vol. 16-1　1996 年　p. 14）．このことから，女子が自分のジェンダーについて学校を含めた生活全般の場において，男子に比べて数倍も否定的な体験をしており，ジェンダーについての自己尊厳の度合いも低いことがわかる．

　次に，世界の異なる 4 都市に住む子どもの自己イメージを比較した調査結果を紹介したい（「都市社会の子どもたち」ベネッセ教育研究所『モノグラフ・小学生ナウ』vol. 12-4　1992 年　p. 85）．この調査では，中国の東北部のハルピン，アメリカ合衆国カリフォルニア州のサクラメント，スウェーデンのストックホルム，そして東京の小学校 5 年生の男女に対して「自分をどんな子だと考えているか」と質問をして，「スポーツが上手い」「人気がある」「勉強ができる」「正直」「親切」「良く働く」「勇気がある」というそれぞれの表現に自分が当て

はまるかどうかを答えてもらった．その結果，一般的に東京の子どもは男女ともに他の都市の子どもと比べて，これらの表現が「自分に当てはまる」と答えた率が少なく，とくに女子は低かった．さらに各項目で男女のどちらが肯定的な答えをしているかを比較してみると，他国の都市では女子が男子より肯定率で上回る項目が半分またはそれ以上であったのに対して，東京ではすべての項目で女子が男子を下回った．一般的に国際比較調査では，国や文化によって質問に対しての反応が異なるなど測定の信頼性が一定でないことが多く，数値比較は慎重にしなければならない．たとえばこの質問では，日本人の子どもは他の都市の子どもに比べ，本心よりも控えめに答えている可能性がある．しかしそれを考慮に入れても，東京の女子は他の4都市の女子と比べてきわめて自己否定的な自己像をもつことが明白にあらわれている．

ジェンダーと進路

　進路について，ジェンダーはどのように作用しているのであろうか．まず，高校から大学・短大への進学率の推移を考えてみたい．2001年の女子の短大進学率は15.8%で1980年から低下しているのに対し，4年制大学への進学率は1980年に12%，1990年に15%，2001年には32.7%と上昇している（文部省『学校基本調査報告書』）．女子の進学先としての短大の下降と4年制大学の上昇は，短大そのものの減少も大きな原因であるが，根本的には伝統的なジェンダー意識の変化の反映であろう．しかし「男は4大，女は短大」という高等教育の程度において差をつける意識は，まだ日本社会に存在する．親が子どもに望む教育程度を子どもの性別で比較した1997年の調査結果をみてみると，大学までの教育を望むとの答えが男子に対しては70%で女子に対しては40%，短大・高専までが男子8%で女子34%，高校までが男子15%で女子21%であった（経済企画庁国民生活局編『平成9年度　国民生活選好度調査』）．

　大学での専攻分野についても，家政学や薬学では女子が圧倒的に多いし，人文学分野の専攻も女子が半分以上を占めるが，その反面，社会科学と理・工学

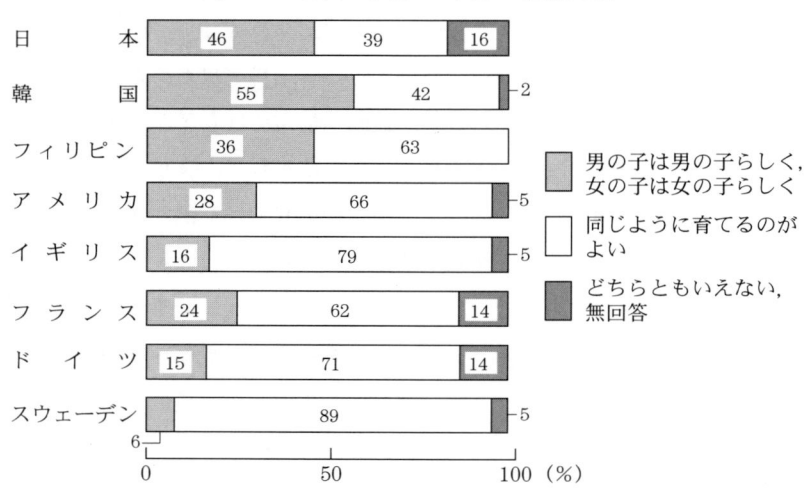

図3-1 女性の子育てに関する国際比較

国	男の子は男の子らしく,女の子は女の子らしく	同じように育てるのがよい	どちらともいえない,無回答
日本	46	39	16
韓国	55	42	2
フィリピン	36	63	
アメリカ	28	66	5
イギリス	16	79	5
フランス	24	62	14
ドイツ	15	71	14
スウェーデン	6	89	5

注) 日本のデータは,東京都生活文化局「男女平等意識に関する都民の意識調査」(1993年1月に面接法で実施,標本数は都内在住の20歳以上の男女個人1500人,有効回収数1025人)の女性データを使用.他の7か国については20歳以上の女性を対象とした1992年の個別面接調査によるデータを使用.
出所) 東京都生活文化局『女性問題に関する国際比較調査』1994年 p.98より作成

を専攻する女子は少ない.女子の大学院への進学率も非常に低く,大学教員の比率も低い.このような進路におけるジェンダー差の1つの原因として,図3-1で母親の子どもの育て方に関する国際比較のデータをみてみたい.「男の子は男の子らしく,女の子は女の子らしく」という育て方を望む母親は,日本では46%と韓国の55%に次いで多いことがわかる.男女ともに「同じように育てるのがよい」と答えた母親は日本で39%と,この調査で比較されている国々の中ではもっとも少ない.21世紀に入ってからも,以上のような進路におけるジェンダー差の現状がかわらないようであれば,ポジティブ・アクションと呼ばれる積極的差別是正措置を各教育機関で実施し,特定の学問分野や教員,学校の管理職などで,女性を恣意的に増やす政策が必要になるのではないだろうか.それとも,このジェンダー差は,日本社会の文化特性を反映したもので,とくに政策的に介入すべきことではないのだろうか.

ジェンダーを学習し，実践する場としての学校

　学校と教育は，階級・階層構造，雇用制度など社会の他のしくみと相互に関連している．また，どの国においても教育，とくに公教育は，何らかの形で国民の公的な社会化装置，管理機構として統制されている．したがって，学校と教育におけるジェンダーを論じる場合は，教師や子どもの間の相互行為に焦点をあてるミクロレベルの分析と，社会構造・国家権力との関係を解明するマクロレベルの分析の両方が必要となる．そしてさらに，両レベルの分析を繋ぎ統合する視点と力量が，研究者のみならず一般市民にも求められる．以下では，学校と社会がジェンダーという切り口でどのように関係しているかを考えてみたい．

　本章ではこれまで，学校と教育制度における性別による不平等を明らかにしてきた．データをみると，建前としては男女機会均等になっても，男女の機能的な差を強調する「特性論」が影響力をもち，隠れたカリキュラムの働きにより，性別による不平等は継続していることがわかった．それでは，この不平等を支えているのは何であろうか．ジェンダー差別というと，主に男性が優遇されている状態や男性による女性の支配が指摘される．しかし，構造的な原因は男性の意識と行動というよりも，男女両者の「相互依存関係」あるいは「共犯関係」であると考えられる．この「相互依存関係」は，歴史的，社会的環境により異なるが，基本的には固定的な性役割により利益を受ける一定の階層の男女により形成され，維持されてきた．現在の「相互依存関係」の基盤は，高度経済成長期（1955～1973年）に形成された．この時期には，重化学工業を中心とした産業の生産性を上げるため，労働力を効率良く吸い上げることが必要であった．そのために日本の指導層は，戦前からある家制度の名残や良妻賢母の価値観を変容させつつも男女の特性論として引き継ぎ，男性を職場に囲い込み女性を家庭に専従させる体制をつくりあげた．その体制とは，モノの生産は職場の男に，ヒトの再生産は家庭の女に任せる分業体制，すなわち，固定化された男女役割のしくみである．女性の多くは，性による分業体制により差別され

ていることに気が付きつつも，その再生産に加担してきた．この固定的性役割の再生産のしくみにより，相容れないジェンダー，ライフスタイルをもつ人びとは逸脱視され，排除されてきたのである．

それでは，学校と教育はこの構造にどのようにかかわっているのか．端的にいえば，学校と教育は以上のような産業構造とジェンダーを再生産しているといえる．つまり，ジェンダーは各学校段階において教育・学習の実践の場で意識的，無意識的に子どもたちに植え付けられているのである．小学校就学前のジェンダー意識がまだ未成熟な時期から，男の子，女の子という区分が使われ，「らしさ」の性別分業につながる価値観が示される．それは，学校，家庭やマスメディアで繰り返される．中等教育までは，進学率や明示的なカリキュラムでは男女機会均等になったが，隠れたカリキュラムにおけるジェンダー差別は相変わらず機能している．そして，小学校高学年頃から，学校，家庭，仲間集団などの相互行為において，子どもたちは主体的にジェンダーを演じ始める．

隠れたカリキュラムの影響は，高等教育においての女子短大の存在や専攻分野，就職パターンにはっきりとあらわれる．それは「隠れた結婚戦略」ともよべる，中流階層の男性との結婚とその地位の維持を目的として選択された戦略とも考えられる．成人後の人生が射程に入りはじめて，自分の社会的な価値や教育の投資効果を真剣に考え始めた女性は，職業社会の差別が根強く残る現状を見据えて，比較的「安全」で「幸福」な「生き方」として，結婚と家庭を選択するのである（関連する研究として，次の2編の研究がある：中山慶子「女性の職業アスピレーション—その背景，構成要素，ライフコースとの関連—」『教育社会学研究』第40集　1985年；天野正子「『性と教育』研究の現代的課題—かくされた『領域』の持続」『社会学評論』155号　1988年）．

✆　「ジェンダー・フリー」教育と男女共生教育：抑圧から解放，連帯へ

教育には，社会の再生産の他に，解放という効果もある．それは，個人が自分と社会の関係を学ぶことにより，主体性を回復しその関係を作り直すことが

可能であると理解し，実践することである．つまり認識，理解，変革の力としての知の授与と獲得である．この解放という教育の効果こそ，最近広く展開しつつある，「ジェンダー・フリー教育」の狙いである．「ジェンダー・フリー教育」は，固定的なジェンダー観により，個性の発現が妨げられない教育環境を実現していく運動である．フリーとは「既成概念にとらわれない」という意味で，性差，ジェンダーをまったく無視するのではない．固定的な性役割分担にこだわらず，一人ひとりの個人が自らがおかれた状況や条件を踏まえて，役割分担を主体的，柔軟的に決定できるようになるという意味である．

　「ジェンダー・フリー教育」とは，具体的にどのような行動に結びつくのか．第1に，子どもに大きな影響を与えるおとなたち，とくに教育に携わる教師と親が自らの性役割意識を反省し，固定的な性役割から解放され，子どもたちのよきモデルとなることである．おとなは子どもに接する時に，無意識にジェンダーの再生産に加担している．いくら建前としての男女平等を唱えても，本音に性差別意識があればそれが言動に反映され，子どもはそれを受け継ぐのである．第2に，上記の意識改革を，具体的に学校や家庭の組織・運営に，量的・質的，時間的・空間的に反映させることである．管理職に女性を増やす，職員室や教室などの場を変えるなどの方法で，おとなの世界がジェンダー・フリーになり，そこで女性と男性が生き生きとしていれば，それが何よりの教育となる．セクハラをなくす努力は，まさにこの意味で大きな課題である．第3は，教育内容と方法をジェンダー・フリーにすることである．すべての科目，とくに家庭科や社会関係の科目，道徳や性教育で，積極的に今までの男性中心の知識体系を正し，周辺に追いやられた女性の視点，社会貢献を取り入れる．また，教員は子どもたちとの相互行為において，男子を無意識に優遇しないように指導方法を工夫すべきであろう．第4に，学校や仲間集団，家庭など，子どもの生活場面全般で起きる性差別を取り除くことである．教師や親，地域の住人が，子どもが性別により不利益を被ったり本人の意思に反することを強制されているのをみつけたり，そのような行為を助長する状況をみつけたら，性差別は許

されないとのはっきりとした態度で指導することが効果的であろう．第5に，高等教育において性別による振り分けが起きている現状を改善する必要がある．これには，上記すべての努力が必要であるが，専攻分野の選択を入学後にさせることや副専攻を認めるなど，大学の授業システムの変革も有効と思われる．また，女性学，男性学関連の科目を増やすことも，広義のジェンダー・フリー教育の展開に含められるであろう．その他に，高等教育と生涯学習の制度を，女性の職業教育の拡大や多様化する男女のライフコースに柔軟的に対応させるなどの努力が考えられる．

　上記のようなジェンダー・フリー教育の具体的実践は，早いとはいえないが着実に広がりつつある．いままで積み重ねられてきた男女平等を実現する努力の成果が，とくに1990年代の後半になって教育の世界でかなりあらわれてきている．混合名簿や女性の校長の増加，そして男女別学の公立高校が次々と共学化されるなどの制度や組織の変化にともない，実質的な変化が着々とおきている．また，「学校をジェンダーフリーに・全国ネット」などの市民グループが1998年に結成され，各地でシンポジウムを開いているし，多くの地域で行政が男女平等教育を積極的に推進する機構がつくられている．政策としては，2000年に閣議決定された男女共同参画基本計画を受けて，全国の都道府県，市町村にて，男女共同参画に関する条例作りが進んでいて，教育においての取り組みの必要性も盛り込まれている．このような地域における条例制定の過程では，一般市民，各界の代表，専門家による議論があり，条例設定とともに，その問題提起と意識喚起そのものに，大きな社会的な意義がある．その過程の中で，さまざまな誤解や異論，反発も出てきている．以下に代表的な論点を載せる．

　　最近，学校教育の現場にも，ジェンダーフリーの思想が「男女平等教育」の名の下に，急激な勢いで入りこんできている．男女とも五十音順に並べて「さん」付けで呼ぶ男女混合名簿や，男女混合の騎馬戦，駆けっこ，健康診断などである．だが，これらの性差を無視した教育は，男

女平等の理念とは何の関係もない．むしろ"悪平等"を助長しているといえる．ジェンダーフリーは社会的・文化的につくられた性差をなくそうという思想である．職場などでの男女差別廃止を求める運動としてなら許されようが，公正・中立であるべき教育現場への過度の介入は見逃せない．社会的・文化的な性差の中にも，合理的なものがあろう．和歌の「ますらおぶり」「たおやめぶり」はもとより，「父性愛」と「母性愛」，「男の子は泣くな」「女の子はしとやかに」などである．それらをすべて否定するような教育には賛成できない．(「ジェンダーフリー　子育てへの浸透に警戒を」『産経新聞』2002年5月7日，東京朝刊　p.2)

また，本章のコラムに紹介したように，一部の地域に根強く残っていた男女別学の公立高校が共学化される流れがあるなかで，別学の維持を望む声が強いために，共学化を見送る埼玉県の例もある．

本章では，ジェンダーフリーの視点は「固定的な社会的・文化的性差の意識や制度によって個人の個性の発現，成長が妨げられない，社会的・文化的な環境を実現していくこと」であるとの前提から，教育現場にある具体的で固定的な社会的・文化的性差を作り上げるしくみを明らかにし，それが社会全体の男性と女性がおかれる環境にどのように関連しているかを述べてきた．読者は本章の論点と上記の批判をどのように考えるであろうか．さまざまな資料を参考に，自分自身で，また仲間と検討してほしい．

参考文献

小川真知子・森陽子編著『実践ジェンダーフリー教育』明石書店　1998年
金井淑子「ジェンダー・フリーな教育をめざして：フェミニズム・女性学からの提言」堀尾輝久・汐見稔幸他編『講座学校：変容する社会と学校』柏書房　1996年
亀田温子・舘かおる編著『学校をジェンダーフリーに』明石書店　2000年
木村涼子著『学校文化とジェンダー』勁草書房　1999年
キャンパス・セクシュアル・ハラスメント全国ネットワーク編『キャンパス・セクシュアル・ハラスメント「声をあげたい」あなたの支えとなるために』1998年
国立婦人教育会館女性学・ジェンダー研究会編著『女性学教育・学習ハンドブック

新版：ジェンダーフリーな社会をめざして』有斐閣　1999年
(財) 東京女性財団「あなたのクラスはジェンダーフリー？　若い世代の教師のために」1995年
ジェンダーに敏感な学習を考える会『ジェンダーセンシティブからジェンダーフリーへ　ジェンダーに敏感な体験学習』2001年
田代美江子編『ジェンダー・フリーの絵本6　学びのガイド』大月書店　2001年
日本社会教育学会年報編集委員会編『ジェンダーと社会教育』東洋館出版社　2001年
橋本紀子編『両性の平等と学校教育：ジェンダーという視点からのじゅぎょうづくり』東研出版　1999年
藤田英典ほか編『教育学年報7　ジェンダーと教育』世織書房　1999年

第4章　マスメディアと，この身体を生きる私たち

マスメディアと健康

（前略）テレビをつければ，様々な食品の健康効果が，「ポリフェノール」「リコピン」「プロアントシアニジン」「ギャバ」等で説明される．スーパーに行けば，あらゆる食品が怒濤のように健康やカラダへの効能をうたいながら購買を迫る．もっと積極的かつダイレクトに，しかもありがたいことに厚生労働省のお墨付きで，たとえば「食後の血中中性脂肪値が上昇しにくく，体に脂肪がつきにくい食品」と健康効果をうたう「ジアシルグリセロール」入り特定保健用食品もある．外圧による規制緩和で，医薬品から食品へと昨年華麗に転身した錠剤・カプセル状のサプリメントは，栄養機能食品として年四千億円から六千億円といわれる市場規模をさらに拡大しつつある．

健康増進法がこっそり成立し，食品の健康効果がテレビから日々あふれ出し，サプリメントが売れに売れる日本は，海外からしてみれば（もちろん国内の大企業にとっても）健康機能をうたう食品の格好のマーケットと今後ますますなっていく．健康のためには，どんな不健康な手段を使ってでも痩せる，脂肪を減らす，つまり「減肥」し「清脂」し「健美」する．そのような環境は着々と整備され，もはや「特別な一部の人たちの浅はかな過ち」の域におさまるものではない．体重コントロール，体脂肪減少は，すべての国民に求められている．国民の責務としての健康をめざし，その結果としての「健康被害」というリスクも自己責任として負う，そんな時代に私たちは今生きている．

柄本三代子「痩せ薬と国民の責務」
『中日新聞』2002年8月14日付夕刊文化面，『東京新聞』8月26日付夕刊文化面

🗝 **キーターム**

セクシュアリティ（sexuality） 単なる器官としての性器による性行為ではなく，性的存在としての個人の全人格をも包含する概念である．したがって，異性間（ヘテロ）の，同性間（ホモ）の，乳幼児の，高齢者の，自己愛の……といった多面性を有する．性現象，性行動，性的欲望，性意識，と訳される場合もある．

身体（body） 従来より，身体は自然科学あるいは心理学の領域で論ぜられるものという認識があり，社会学において十分に主題化されることは1970年代までほとんどなかった．社会学における身体の見直しは，第二波フェミニズムの勃興や消費社会の進行，先端医療を含めた近代医療の問題化等々，時代の要請が背後にあるといわれている．

コマーシャリズム（commercialism） 企業活動や事業等において，社会的責任，社会的使命，消費者の利益よりも，経済的利益の追求を優先させ，最大の目的とする傾向についていう．したがって，評価規範や価値判断が金銭的尺度に基づき，利益の有無に左右される．商業主義，営利主義ともいう．

アイキャッチャー（eye-catcher） 広告用語で人目をひくもの．すなわち，人目をひかせるのに効果的な絵やデザインのことをいう．beauty（美人），beast（動物），baby（赤ちゃん）は，アイキャッチャーとして大きな効果がある'3 B'といわれ，多用されている．女性男性を問わず，'beauty'が水着であったり裸体であったりすれば，アイキャッチャー度は当然高くなる．

対抗的読み（oppositional reading） 送り手の側が再構成しようとする「現実」を受け入れる優先的読み（preferred reading）に対し，視聴者が別の意味を読みとることを指す．部分的に修正して読むことは，交渉的読み（negotiated reading）という．このように，多元的に意味を読みとりうる「開かれたテクスト」は，受け手と送り手との双方の力が拮抗する場としてとらえられる．

マスメディアと'受け手たち'

　現代において，まったくマスメディアと接触せずに日常生活を送れるであろうか．私たちは生まれて間もない頃から，テレビを中心としたマスメディアの影響をからだ全身で受けてきている．その影響力は甚大なもので，流行のファッションや恋愛術，生き方を学んだりもする．「考え方に影響を与えたもの」を問われ，15～23歳の43.3%が「テレビ・ラジオ」と答え，次点の「友人・同僚」の14.7%を大きく引き離したことを示す調査もある（総務庁青少年対策本部「青少年の連帯感などに関する調査」1990年）．

　ところで，広い意味での情報やメッセージを伝達するモノや伝達する人，伝達する手段をひっくるめて，メディア（媒体）と称している．そしてマスメディアとは，電話や手紙といったようなパーソナルメディアとは区別されるものである．新聞・雑誌・テレビ・ラジオ・映画といったマスメディアを介して，不特定多数の人びとに大量に情報が伝達される過程・活動をマスコミュニケーションという．そしてマスメディア研究は，大衆を操作する恐るべき影響力に注目することから始まった．その背景には，ナチスによる映画，新聞，ラジオの掌握とプロパガンダによる大衆操作への関心があった．また第2次世界大戦中，他国間でも同様にマスメディアが利用された．このような状況下で，マスメディアの効果が大衆へと一方向的に最大限に近く発揮されることを指摘するのが「強力効果説」である．これは1940年代頃まで有力な論とみられていた．その後，時代の流れとともにテクノロジーとしてのマスメディアも変遷を遂げ，人びとの接触態度も変容していった．そして，マスメディアの絶大なる効果に疑問をさしはさむ土壌が整いつつあった．「限定効果理論」は，マスメディアと大衆との間でオピニオン・リーダーの果たす役割の重要性を指摘した．人びとは直接的にマスメディアの影響を受けるのではなく，身近な人間の意見，すなわちパーソナルコミュニケーションも参考にしつつ態度を決定する，というのである．しかしさらに時代が下り，マスメディア環境はさらなる展開を遂げた．現代においてテレビの所有は，一家に1台どころか今や1人に1台という

状況である．放送時間の拡大や多チャンネル化といった流れもある．マスメディアに依存する態度はますます現代社会に特徴的なものとなってきている．今やとりわけテレビは，われわれにとって「なくてはならないと思うほどに大切なメディア」なのである（総務庁青少年対策本部「第2回情報化社会と青少年に関する調査」1991年参照）．

　しかし，私たちはマスメディアのメッセージをただ単純素朴に丸ごと受容する，単なる受動的「受け手」でしかないのだろうか．そもそも「この私」と「あの人」は，「送り手」に対し「受け手」と単数形で一括されるような，同質性を前提としうる存在なのであろうか．フィスク（Fiske, John）はテレビ等を分析するにあたり次のように述べている．「かれらの社会的位置が異なること，さらに結果として異なる意味をかれらが受けとめているという点を，この『受け手』という用語は説明できない．それは，集中化し同質化する巨大な権力をテレビジョンとその制作者に帰属させ，その結果として，『受け手』を相対的に力のない，識別力をもたない，産業の大立者のなすがままになる者としてみなすのである．（中略）『受け手たち』という複数形の表現には，少なくとも，ある番組の視聴者の間に説明を要する相違が存在する，という認識がはたらいている」．(Fiske, J., *Television Culture*, 伊藤守他訳『テレビジョン　カルチャー』梓出版社　1996年　p.27）このように，テレビ番組等を分析する理論的方法論的出発点として，フィスクは送られる意味の「読み」は，「受け手たち」のさまざまに異なる社会的位置（年齢，性別，職業，人種等）や社会文化的経験によって結果として異なる意味を受け取っていることを説明する．このような，たとえばテレビの同じ番組（テクスト）からも，視聴者たちは異なる意味を読み取り生成しているという視点を胸中におさめつつ，以下考えてみよう．

☏　二分された私たちのアンバランス──女性学におけるマスメディア研究

　さて，マスメディアという領域でこれまでジェンダーはどのように問題化さ

第4章　マスメディアと，この身体を生きる私たち

れているのだろうか．大きな流れとして，女性学領域で蓄積された研究がある．

19世紀末以降に隆盛した参政権の獲得といったような，制度上の男女平等を掲げた第一波のフェミニズムの後を受け，1960年代以降の第二波フェミニズムの勃興は女性学と深く関連してきた．そこでは，文化や思想の隅々にまで入り込んでいるジェンダーの問題を顕在化させ論じることが主眼となった．そこで女性学は，女性を対象とした，女性による，女性のための学問（井上輝子「女性学のめざすもの」女性学研究会編『女性学をつくる』勁草書房　1981年）として，性差を前提として考察してきた．女性学の視点においては'女性と男性とに二分された挙げ句いかに女性が抑圧状況におかれているか'が最大の着眼点となる．そして，マスメディアに対するジェンダー研究と，その及ぼす影響の大きさについては，1970年代よりアメリカの研究者を中心として目が向けられてきた．日本でジェンダーとメディア（というよりもむしろ，女性とメディア，ではあるが）の研究が本格化したのは，1980年代後半に入ってからである．数々の研究が明らかにしたのは，①マスメディアが描く内容において，②マスメディア組織内部の送り手として，③マスメディアを受容する受け手として，女性の側が疎外され差別されている状況であった．

①と②については以下でより詳細に言及することにして，ここでは③について先に説明しておこう．受け手として疎外されるということで何が問題視されているのか．それはアクセスの問題であり，ある特定の内容への「囲い込み」である．歴史的にみて，雑誌や新聞はそもそも男性読者を想定し発行されていた．一般＝男性であり，特別視された女性は婦人雑誌や女性誌（1970年代以降「男性誌」も登場してきた）へ，婦人欄や家庭欄へと囲い込まれてきたのである．テレビ番組では，午前・午後のワイドショーやドラマ，勤めていては帰宅できない時間である夕方の主婦向けニュース，グルメや旅，美容，ファッション，子どもの教育の情報が，「奥さま」「お母さん」向けに放送されている．

「なくてはならないテレビ」，その中の女たち男たち

　テレビは今日において，さまざまな面でマスメディアの中の代表格といえる．先の調査でもみたように，「考え方に影響を与え」「なくてはならないと思うほどに大切なメディア」とみなされている．影響の大きさを認めざるを得ないテレビというメディアの中で，いかに女性が描かれているのか．加藤は，「性別分業批判」「らしさ固定批判」「性的対象物批判」の3点で端的に説明している（加藤春恵子『マスコミ市民』280号 1992年）．1点めの「性別分業批判」とは，女性は家事・育児を担い，働いていても男性なみではなく，一方で男性は家事などせず外で働き稼いでくる，という描き方に対する批判である．2点めの「らしさ固定批判」は，いうまでもなく「女らしさ」「男らしさ」を登場人物に表現させ，期待することへの批判である．ここでいう「女らしさ」とは感情的で従順な態度であり，「男性らしさ」とは理性的で支配的な態度を意味する．3点めの「性的対象物批判」は，女性を男性の性的欲求の対象物として表現することへの批判である．たとえば，なぜクイズ番組で賞品を運んでくるのがバニーガールだったり水着姿の女性でなければならないのか？　確かに，このような疑問に付すこともなく自然になじんでしまっている映像は多々ある．

　また，時間帯にもよるが，民放各局の全放送時間に占めるコマーシャル時間の割合は20％にものぼる．テレビ視聴のさいにはしたがって，否応なくコマーシャルも視聴することになる．本数もさることながら，1日2時間テレビを視聴した場合，そのうち約24分間はコマーシャルをみていることになる．そして，15秒，30秒といった時間内では，単に商品の宣伝をしているだけでなく，商品とは直接的には関係のない制作者らの価値観も反映している．時代を映す鏡でもあるこの短時間に，凝縮された意図が刺激的な音と映像でわれわれの感覚に訴えかけてくる．テレビコマーシャルは，今や単なる商品広告の域を抜け出し（商品はまったく出てこないものもある），企業と時代のイメージを売りつけてくるのである．このようなテレビコマーシャルの中でジェンダーがいかに描かれているか，1995年に流れたコマーシャルの興味深い分析を概観

しよう（村松泰子「テレビ CM のジェンダー分析」鈴木みどり編『メディア・リテラシーを学ぶ人のために』世界思想社　1997 年）．まず，洗濯機や掃除機，食品，洗剤等の家事に関わる商品のコマーシャルの場合，登場するのは女性であり，彼女は一手に家事を引き受けている．それらの商品を消費するのは女性であるという前提がある．一方で，ビールやたばこ等の男性向け（と思われる）商品のコマーシャルにおいては，女性は肌をあらわにしていたり，水着を着ていたり，セックスをアピールする存在として登場する．しかし，「家事にいそしむ女性」と「性的存在としての女性」との，この 2 種に大別される女性像を「旧来型の女性の姿」とするなら，「新しく見える女性の姿」をみせておくことも忘れない．それは，働く女性の登場であり，男のためではなく自分のために身体を磨く女性の登場である．しかし，家事の担い手として描かれる以外の女性は，いずれにしても性的な存在として描かれている，と分析している．すなわち，女性は注意を引くアイキャッチャーとして登場している，というわけだ．

　女性は皆，等しく性的対象物としてのアイキャッチャーとされているわけではなく，人種にばらつきがあることも報告されている（鈴木みどり「現実をつくりだす装置・イメージ CM」『テレビ・誰のためのメディアか』學藝書林 1992 年）．登場頻度も性的対象物化も共に，欧米系白人が，他の黒人系，アジア系，日本人，その他に比べ圧倒的に多い．女性をアイキャッチャーとみなすまなざしには，人種的偏見もからんでいるようだ．

　1985 年以降 10 年間の，テレビコマーシャルの中の家族像の変遷を追った分析もある（吉田清彦「テレビコマーシャルのなかの家族像の変遷」村松泰子ほか編『メディアがつくるジェンダー』新曜社 1998 年）．それによると，①定型的性別役割分業家族にはじまり，1985 年から 86 年にかけて増えてきた，②「家事をする男」の登場．1986 年雇用機会均等法施行を境とした，③「働く女」の登場．そして，さりげなく，当たり前に家事や育児もしていたりする，④「ほのぼのパパ」「仲良し家族」の時代へ，という大まかな変遷をたどっているということだ．しかし，これは比較的「新しい傾向」をもった作品の変遷をたどったも

ので，定型的な性別役割家族像の方が数としては依然として圧倒的に多い．しかし，定型的性別役割家族を脱した新しい家族像を模索する＜地殻変動＞は起きつつある，と分析されている．

送り手たちを縛るもの

　以上でみてきたように，マスメディアの送る内容において，女性と男性とで表現のされ方が異なってくるのはなぜだろうか．なぜそのように女性は表現されるのであろうか．言いかえると，男性の視点からの男性中心主義的な傾向にかたよるのはなぜだろうか．その理由として考えられる，2点についてみてみよう．

　まず考えられるのが，マスメディア組織内構造の不均衡である．アンバランスを生み出す，送り手のアンバランスな構造である．それは，全従業員数に占める女性従業員の割合に端的に示されている．たとえば1993年の調査によると，新聞社で8.9%，民間放送局で20.5%，NHKで7.1%である．年次推移をみてもこの値は，1986年の雇用機会均等法施行前後でほとんど変化していない（井上輝子他編『新版　女性のデータブック』有斐閣　1995年　p.207）．全体に対する割合は'この程度'であっても，制作・取材にあたる現場に直接かかわる女性の割合はもっと小さくなる．さらに詳細に検討すると，経営権や編集権といった意思決定機関の中核には，ほとんど女性がいない．放送局と新聞社の，上級管理職に占める女性の割合について，1993年のデータを元にした報告がある（村松泰子「マスメディアで語っているのはだれか」『メディアがつくるジェンダー』前出　p.27）．それによると，NHKと民放キー局3社では0.8%，新聞社（全国紙）5社では0.2%しか上級管理職に女性はいないのである．上にいけばいくほど女性はいなくなるのだ．

　このように，送り手である組織としてのマスメディアは，男性を中心として構成されている．これは送り出す内容のみならず，送り手たち自身も性別役割分業観に縛りをうけているあらわれである．男性中心に構成された送り手たち

からの情報では，男性の視点にかたよってしまって当然だ．一般＝男性であり，全人口において半数を占めながら，マスメディア組織内において女性はマイノリティ集団にすぎないのだ．その女性と男性の組織内構成比のアンバランスは，送る内容にもアンバランスをもたらす．

　送り手たちを縛るものの2つめは，過剰なコマーシャリズムである．高度に資本主義の発達した現代においてどの産業・分野にもこれはいえることではあるが，マスメディアの世界においてとりわけ蔓延している．発行部数の増減や視聴率の高低が評価の絶対的規準となっていく．組織間競争の激化においては，受け入れられやすい情報が選別される．現状肯定的な流れにのっていく方が無難には違いない．このように，送り手たちはコマーシャリズムの縛りを受けることになる．

　二重の縛りの意味するところは，ただ単にマスメディア組織内の女性の数が増えればいいわけでもない，ということでもある．これは他の企業にも共通するのであるが，男性も含め働き方の再検討が必要であろう．いずれにせよ，抑圧されているのは，受け手たち，女性のみではないことの認識がなければ現状打開にはほど遠い．

「マスメディアに異議あり！」という読み

　ここまでみてきたような問題視しうる状況が明らかになってくると，当然の流れとして，マスメディア告発へと向かう．改善していくためにどのような方策が考えられ，実行に移されていったのだろうか．1975年「国際婦人年をきっかけとして行動を起こす女たちの会」が，ハウス食品の「わたし作る人，僕食べる人」というテレビコマーシャルを告発し抗議を行ったのを皮切りに，「マスメディアへの異議」が唱えられてきた．このコマーシャルは「性別分業」を声高に叫ぶものであった．この会は「行動する女たちの会」とその後名称変更したが，1989年のバーボンウィスキー"ローリングK"（三楽）ポスター他全面撤去も記憶に新しい．問題になった広告はレイプを連想させるものであっ

た．このように，フェミニズムの立場からの性差別表現への抗議運動が先行し，その後，学者による女性学的視点からの研究，各地での市民研究グループの活動が盛んとなってきた．この流れをさらに後押しするのが，1995年に北京で開かれた第4回国連世界女性会議で採択された『行動綱領』の一項目「女性とメディア」である．その中では，女性の地位向上に貢献するものとしてのメディアへの，女性のアクセスの拡大とステレオタイプでない女性描写の推進等が掲げられている．このように，マスメディアと女性の人権に関する関心は今や全世界的規模となってきている．

　また，国や地域によって方法はまちまちではあるが，1980年代よりメディア・リテラシーなる取り組みが重要視されるようになってきている．独自性，特殊性のある各メディア環境における取り組みであるがゆえ，その定義はさまざまであるのが実状である．この点をふまえつつ，ここでは鈴木みどりによる以下の定義を参照しよう．「メディア・リテラシーとは，市民がメディアを社会的文脈でクリティカルに分析し，評価し，メディアにアクセスし，多様な形態でコミュニケーションを創りだす力を指す．また，そのような力の獲得をめざす取り組みもメディア・リテラシーという．」（鈴木みどり編『メディア・リテラシーを学ぶ人のために』世界思想社　1997年　p.8）要するに，メディア・リテラシーという概念の下，「受け手」はただ単純な画一的で受動的な存在ではなく，主体的存在としてマスメディアに関わっていく姿勢を確認し，マスメディアに対する批判的読解力の獲得を目指すのである．「受け手」と一括りにされない，マスメディアの意味を主体的に読み解く能動的読み手へのこのような着眼は，「読み」が実践的かつ多元的であることへわれわれを気づかせる．

「理想とは異なるあなたの身体」——私のこの身体への気づき

　ここでは，マスメディアとわれわれの身体イメージの深いつながりについて考えてみよう．その大きな一翼を担っているのが，雑誌の女性誌・男性誌なのである．雑誌は，テレビやラジオと違ってわざわざお金を払って読むものであ

り，新聞のように知らぬ間に届くものでもない．しかも，それぞれの雑誌で購読者，すなわちターゲットは絞り込まれている．女性/男性の別はもちろん，年齢・ライフスタイル・職業・経済力・趣味等々の違いで，セグメント化が進んでいるのが雑誌の特徴である．そして私たちは，欲する情報を自分で選択することが必要になる．

　女性誌における，芸能・美容・ファッション・恋愛・家事・育児への囲い込みは，女性誌誕生当初からの存在意義でさえあった．とりわけ，全誌面に対し美容とファッションに割かれる割合は高い．各誌の「ダイエット特集」は毎度繰り返されている．裏を返せば，そういう記事だと「売れる」ということであり，そういう記事を「買う」ということである．それにしても，なぜ美容記事は際限なく繰り返しが効くようになっているのだろうか．

　美容・ファッション記事においては，「理想とは異なるあなたの身体」というメッセージを繰り返し送っている．誌面に登場するモデルのからだが，無言のうちに「目指されるべき理想」を語っている．あるいは，「夏までにあと3kg！」「太ももあと3cm！」と直接的なメッセージも毎度繰り返される．記事内で紹介されているさまざまなグッズや服は，痩せていないと似合わないかもしれない．それに，痩せたり理想のボディを手に入れたりしたらカレシ/カノジョができるかもしれないし，今よりずっと楽しい生活がまっているかもしれない，とメッセージが送られてくる．

　「理想とは異なるあなたの身体」を私たちに気づかせるメッセージは，女性誌において先行していた．がしかし，男性誌の隆盛とともにこのメッセージは今や両誌共通のものとなった．それでも，どういう風になんとかしなくちゃいけないのかは，性別によって違う．たとえば，いずれにせよ痩せていた方がいいに決まっているけれども，女は女らしく胸は出ていなくてはいけないし，腰のくびれも必要だ．男はきゃしゃではいけない．男らしく筋肉をつけつつ，かっこよく痩せねばならない．このように現代において男性もまた，美容・ファッション・恋愛に頓着しないわけにはいかなくなってきている．

しかし，体型をどうにかするだけではまだまだである．髪型をキメル，髪を増やす，寝ぐせをとる，眉を切ったり抜いたり整える，眉を美しく描く，むだ毛を処理する，顔のてかりやよけいな脂をとる，からだの臭いを防ぐ，さりげない香りをつける，毛穴に詰まった汚れをとる，髪をおしゃれに染める，肌荒れを防ぐ，小鼻のまわりの黒ずみをとる，うるおいを保ちつつ洗顔する……といったメッセージは，今日において女性と男性の双方に送られている．ただし，同じ機能・内容であっても，商品としては「女性用」と「男性用」とに分けられているから共用はできない．そして，このような「理想とは異なるあなたの身体」へのメッセージは，雑誌のみならずテレビコマーシャルにおいても繰り返される．先にみたマスメディアのコマーシャリズムは，ここでうまく宝の山を見い出している．

このように「私のこの身体」は，理想の肌，理想の毛穴，理想の角質，理想のふくらはぎ，理想の二の腕，理想の足首，理想のヒップ，理想の眉……と，マスメディアによって際限なく分断されていく．そしてその理想の身体の獲得のためにはエステに行かなければならないし，化粧品やグッズを買わなければならない．あるいは，理想のボディにみせるような服や小物を買わなければいけない．あるいは，その何かを消費することだけで，理想へ一歩近づいた気にさせられたりもする．「理想とは異なるあなたの身体」を私たちに気づかせるマスメディアは，実にうまくコマーシャリズムと手を組むことになる．そして「理想とは異なるあなたの身体」として「私のこの身体」がよびかけられる限り，身体への投資は続き身体は消費の場と化していく．マスメディアのいう理想に，'あなた'とよびかけられた「私のこの身体」が到達することは決してない．そして美容・ファッション記事は広告と共に延々と繰り返される．

☏ マニュアルとしてのポルノグラフィ——アダルトビデオは気持ち悪い？

男性の身体ももはやコマーシャリズムの手から逃れることはできない．男性

も男らしくかっこいい身体であらねばならない．そして男としての性役割を果たさねばならない．「女はいつも男性主導の恋愛や性行為を求めているのだ」といわれれば，いろいろと集めねばならない情報もでてくる．そして，情報源として手近にあり重みを増してくるのがポルノグラフィである．ひとくちにポルノグラフィといっても，その範囲は時代や論じる立場によって異なってくる．その境界の曖昧さ定義の難しさは，「猥褻」か「芸術」かなどと繰り返される議論に明白だ．そうはいっても，アダルトビデオ（AV）に関しては今日において短期間で身近になったポルノグラフィといわざるをえない．1986年には，黒木香という自分の言葉できちんとしゃべれるAV女優がテレビ等を通してお茶の間にも顔を出し，アダルトビデオは一気にメジャーな存在となった．

そして今や，ある調査によると中学生男子の4人に1人，高校生男子の4人に3人が「アダルトビデオを見たことがある」という浸透ぶりだ．女子も中学生で10人に1人，高校生で4人に1人，という結果がでている（総務庁青少年対策本部「青少年とアダルトビデオ等の映像メディアに関する調査研究報告書」1994年）．しかし，アダルトビデオをみてさてどうなるか．おもしろいことに見方は女性と男性とで異なっているようだ（表4-1）．本来，性的に興奮させ

表4-1 「あなたは，アダルトビデオを見た後，次のような気持ちになったり，経験をしたことがありますか」（各項目独立質問）　　　　　　　　　　（％）

	女子中学生	女子高校生	男子中学生	男子高校生
興奮した	23.1	24.5	72.1	86.7
気持ちが悪くなった	53.8	61.3	26.9	26.8
マスターベイション（自慰）をした	10.3	9.4	40.4	79.1
もっと見たくなった	20.5	22.6	53.8	67.2
もう見たくなくなった	51.3	50.9	16.3	20.7
自分もしてみたくなった	17.9	16.0	52.9	74.6

出所）総務庁青少年対策本部「青少年とアダルトビデオ等の映像メディアに関する調査研究報告書（1994）」より作成

るものであるはずのポルノグラフィが，女性にはあまり機能していない．「気持ちが悪くなった」り，「もうみたくなくなった」りした女性は中学生，高校生ともに半数以上を占める．このことは何を意味しているのだろうか．

　アダルトビデオは，そもそもが男性を中心とした送り手たちによって男性のために作られたポルノグラフィであるのがほとんどである．そこで描かれているセクシュアリティは，社会的に規定された「男性のセクシュアリティ」をなぞったものにすぎない．

　たとえば，アダルトビデオの作った幻想の典型的なものに「顔面シャワー」なるものがある．一連の性行為の最終段階で男優が女優に馬乗りになり顔に精液をかけるというもので，アダルトビデオにおいて頻繁に登場するパターンだ．女優はけっしていい気持ちのするものではなく，プライベートでは女優はおろか男優もそんなことはしていないらしい．「ユーザー側も変わってきたよね．今はAVを教科書にしてる部分があるでしょ．だからね，いきなり顔面シャワーやるヤツがいるんだよね．オレたちプライベートでそんなことしているの一人もいないよ」(ベテランAV男優の談)(『別冊宝島　セックスというお仕事』124号　1990年　p.178)．しかし画面上女優は，かけられたと同時に突然うっとりとカメラ目線で恍惚の表情を演じるのである．

　他にもポルノグラフィには暴力と結びついていたり，レイプや女性嫌悪（ミソジニー）としか思えない場面も度々出てくる．なぜだろうか．その方が男らしいし，女の「いや」は「いい」のうちではないか．そして，「男性のセクシュアリティ」はしばしば本能的なもので，衝動的で抑えが効かないものとして描かれる．また「レイプされた女性がレイプした男に惹かれていく」というのは，男性向けポルノグラフィによくありがちなモチーフだ．要するに，セクシュアリティに関する規準が，「メスとされた女性」と「オスとされた男性」では異なっている．受け身で従順な「女性のセクシュアリティ」，能動的で支配的な「男性のセクシュアリティ」という単純な図式化は，社会によって規定されてしまったものにすぎない．私たちはまず，女性か男性かどちらかのカテゴ

第4章 マスメディアと，この身体を生きる私たち　73

リーに必ず属し画一化され，それぞれが「メスとしての女というものは……」「オスとしての男というものは……」，という社会的に規定されている，単純に二分されたセクシュアリティに沿うようにそれぞれ行為せねばならない．しかもそれを，「女のメスとしての，男のオスとしての本能だ」と思わされている．「ジェンダーは社会的に構成されたものであり，セックスは生物学的な事実である」という説明もこの図式を強固にしている．

　したがって，ポルノグラフィをマニュアルとして学習し，実行に移していく可能性も出てくる一方で，つくられた幻想と現実とのギャップに困惑する場合もでてくる．精力絶倫に描かれたAV男優と比し，わが身に打ちひしがれる男性もいよう．また，アダルトビデオをみて気持ち悪くなってしまうのは，彼女にしてみれば「私のセクシュアリティ」に応えるものではなかった，ということである．表4-1をみれば明らかであるが，男性でも気持ち悪くなったりする人もいるのだ．「彼のセクシュアリティ」にも訴えかけなかったのだ．小説やレディースコミック，性情報満載のレディースマガジンといった他の女性向けポルノグラフィでなら興奮する女子や男子もいるかもしれない．このように，単純な二分にあてはまらないセクシュアリティがあるのは，むしろ当然のことであろう．その本来多様に存在するセクシュアリティを，二分して固定的に縛りつけてしまうことにこそ，女性/男性双方にとっての最大の困難と不幸が潜んでいる．

　さらには，ヘテロ・セクシュアルなセクシュアリティが特権化される，という図式にも注目しておかねばならない．対するのはいうまでもなく，ホモ・セクシュアルである．「自然」とされる性に基づいてジェンダーが社会的に培われ，二分された人びとがお互いに引かれ合うヘテロ・セクシュアル……という構図がもっとも安定していて，国家等にとっては生殖するという意味で生産的であり受け入れられやすく，というより自明視されているのがわれわれの社会なのである．そこからはみ出す自分に，あるいは自分の感情に，あるいは自分の身体に気づく時から抑圧の罠に取り込まれていくことになる．「そんなこと，

こんなこと」は誰にも内緒にしておかなくてはいけないのだ．友人と一緒に見たアダルトビデオに自分だけ興奮しなかったことは秘密にして，興奮したふりさえしなくてはならない．

　実は，そもそもの「セックスは生物学的事実であるから」と，いかなる状況においても定数のままにとどまり，変数とはならないものとして自然的・生物学的性の本質性を自明視し，不問に付してしまうことさえ再考すべき地点に立っているのだ．これは，「女性」「男性」の実体性や，「女たち」「男たち」の経験の普遍性を粉々に砕く考え方ではある．しかし，このような自覚により，単純に対立的な関係に持ち込み，ポルノグラフィを一掃してしまうのではない方法を模索する段階にきている．ヘテロ・セクシュアルな対関係に基づいた，受動性と積極性，生物学的オスとメス，別種の性器の結合こそが性行為，というメッセージの自明視に対する，対抗的読みの実践である．それぞれにそれぞれの欲望を抱えた，性的主体としての私がここに，あなたがそこにいるではないか．

📞 マスメディアの中の揺らぐジェンダー

　先に述べたように，マスメディアにおいて描かれる女性像・男性像は，固定的なイメージを踏襲するパターンがほとんどである．性別役割分担はもちろん，性的対象物としての女性像の流布も後を絶たない．受け入れられやすいメッセージは送り手によって何度も選択される．しかしそれでもなお，私たちは日常の生活の中でジェンダーの揺らぎを感じることもままある．私たちは実は，描かれた像におさまりきれない存在の多様性を身をもって知っている．そしてその揺らぎは，実はマスメディアの中に垣間見られたりもする．

　たとえば，水着の女性が定番となっていた航空会社の毎夏の沖縄キャンペーンであるが1998年は違っていた．ANAがKinKi Kidsであり，JALが反町隆史である．本木雅弘のヌードが女性誌上で披露され話題になったのも記憶に新しい．ファッション系女性誌のSEX特集も人気の高い定番である．"SEXで

表 4-2　マスメディアにみる恋愛と結婚の変遷

タフガイ全盛	1956	映画「太陽の季節」で石原祐次郎デビュー
	1957	映画「嵐を呼ぶ男」公開
	1960	石原祐次郎と北原三枝が結婚
	1965	映画「エレキの若大将」公開
		映画「網走番外地」「昭和残俠伝」で高倉健がスターに
ナンパな遊び人登場、男くさい男と並び立つ	1966	加山雄三の「君といつまでも」が大ヒット
	1970	ドラマ「おさな妻」「おくさまは18歳」放映
		CM「男は黙ってサッポロビール」「マンダム・男の世界」が話題に
	1973	第一次石油ショック
		映画「仁義なき戦い」シリーズ第一作公開
	1974	「パンチDEデート」スタート
		ドラマ「寺内貫太郎一家」放映
	1975	CM「私作る人，僕食べる人」（ハウス食品）が抗議を受け放送中止
		「プロポーズ大作戦」スタート
女性の顔色をうかがう男が増加	1979	さだまさし「関白宣言」ヒット
	1980	松田聖子が「青い珊瑚礁」でデビュー
		山口百恵が三浦友和と結婚，引退
	1983	ドラマ「ふぞろいの林檎たち」放映
		「ラブアタック」スタート
		CM「カエルコール」スタート
		村上春樹「1973年のピンボール発表」
	1985	松田聖子と神田正輝が結婚
	1986	男女雇用機会均等法施行
		ドラマ「男女7人夏物語」放映
		CM「たんすにゴン」（亭主元気で留守がいい）
		雑誌『アンアン』で「寝たい男アンケート」始まる
	1987	「ねるとん紅鯨団」スタート
	1988	「しょうゆ顔」「ソース顔」が流行語に
男が女性に選ばれる立場に	1989	吉本ばなな『TUGUMI』がベストセラーに
	1990	「アッシー君」「メッシー君」「ミツグ君」が流行語に
	1991	ドラマ「東京ラブストーリー」放映
	1994	ドラマ「29歳のクリスマス」放映
		「恋のから騒ぎ」スタート
	1996	ドラマ「ロング バケーション」が大ヒット
		保坂尚輝と高岡早紀が結婚
		「あなあきロンドンブーツ」で「ガサ入れ」始まる
	1997	「失楽園」「不機嫌な果実」が小説，映画，TVドラマで話題に
		安室奈美恵とSAMが結婚
	1998	郷ひろみと二谷友里恵が離婚
		松田聖子再婚

出所　『BRUTUS』1998年8月1日号より作成

きれいになる"とばかりに，およそ男性向けポルノグラフィに登場する「女性のセクシュアリティ」とは別種のセクシュアリティが購読される．男性用下着のコマーシャルに商品を着用しつつ登場する篠原涼子や，生理用品のコマーシャルの草彅剛も揺らぎに一役買っているのかもしれない．表4-2にみられるように50年という流れでみるなら，確かに男女関係の描き方，描かれ方は変わってきているかもしれない．時の流れと共に価値も多様化してきている．しかしここでただちに，「男が女性に選ばれる立場に」なったと今を断じることにも躊躇が必要である．「新しい女」「強い女」像の，「気弱な男」「言いなりの男」像の'ちょっとした組み入れ'は，家父長制という支配的な秩序の下での，強力なイデオロギー上の防御機能でもあろう．「女は強くなった」ともっともよく口にするのは，家父長制に安穏とあぐらをかくおじさんたちである．

　しかし，私たちの感じる，そしてマスメディアにおいても描かれることがあるジェンダーの揺らぎは，イデオロギーの防御機能だけで説明しうるのだろうか？「女性」「男性」という単語で意味することは，果たしてどこまで有効であるのか．あるいは無効であるのか．というよりもむしろ，いちいち自分のことを「女性」であるとか「男性」であるとか意識する機会は限られているのが実際のところではないだろうか．

　いかなる視点からであれ，ある人びとを「女性」「男性」というカテゴリーに一般化できないということは，そもそもが一般化され得ない存在であることを意味する．そして，揺らぎ逸脱する存在は時として排除される．徹底的な迫害を受ける．しかしその存在は，「女性」あるいは「男性」というカテゴリーの意味の拡充を為す存在でもある．

　「女性」か「男性」に決定づけられたがゆえ求められる「女性らしさ/男性らしさ」に基づいた一体感を，ある時は意識しある時はものともせずにわれわれは生活している．その意識した時でさえささやかながら自分を裏切っていることにも気づく．だいたいは似ている．でも私の場合少し違う．あの生々しい体験の，私の感じ方は違っている．私はそのように思わなかった，感じなかった，

経験しなかった．マスメディアによって描かれた「女性らしさ/男性らしさ」とはずれる自分．少しずつ違う差異を互いに認めつつ，強力に二分化する力に対抗していかなくては，私たちは自分の身体を生きられない．そして，「理想とは異なるあなたの身体」とされたこの私の身体とも，妥協しつつ生きていく．

「女性」/「男性」，「理想」/「非理想」の二項対立を再考し，揺らがせ，乗りこえていかなくてはいけないのは，マスメディアのみならず，「読み手たち」である私たちでもあるのだ．そして現に「この」身体を生きている私たちは，その実践的知を手中におさめているのではないだろうか．2つしかない存在へとピン留めしようとする力には，それを無力化する身体的存在の力をアピールしつつ，対抗的に「読み」を実践していくことも可能だ．しかしそれは，「女性」や「男性」というカテゴリーを破棄してしまうことではなく，その意味するものの可能性を拡大していくことに違いない．

参考文献

宮淑子『メディア・セックス幻想』太郎次郎社　1994年
井上輝子・女性雑誌研究会『女性雑誌を解読する』垣内出版　1989年
フーコー, M. 著（渡辺守章訳）『性の歴史Ⅰ　知への意志』新潮社　1986年
フィスク, J. 著（山本雄二訳）『抵抗の快楽』世界思想社　1998年
ウィリアムスン, J. 著（山崎カヲル・三神弘子訳）『広告の記号論Ⅰ・Ⅱ』柘植書房　1985年
柄本三代子『健康の語られ方』青弓社　2002年

Part Ⅲ

家族における男と女

第5章　女と男の恋愛・結婚

変わる結婚式事情

―仲人を立てるケースが減っているが．

　結婚を家単位から個人単位へと変化し，「家と家の結び付き」という考え方はすでになくなっている．また，これまでは職場の上司に仲人をお願いすることも多かったようだが，若い人は公私を区別したがる傾向があるようだ．かつては仲人にこだわった親も，今はちょうど学生運動を行った世代に当たる．家制度への反発や個人を重視する考え方が，親の方にも強いのではないか．

―式や披露宴に，個性を出したいという人が多くなった．

　現在の結婚式や披露宴の多くは，女性が自分の好みや感性を表現する一つの場になっている．友人とは違う自分だけの演出をしたいという気持ちが強いようだ．従来のように，親が口を出す機会は減り，新婦の要望がかなり通っている．それだけで女性の地位が向上したともいえる．

―女性の結婚観に変化は．

　「相手の家に入る」「嫁に行く」という意識から，伴りょとして選んだ男性の「妻」となることが，結婚だというとらえ方に変わっている．

―家族のあり方に変化はあるか．

　家族関係で最も重視されてきたのは，親子のつながりである縦の関係だった．今は夫婦関係，横の関係が軸になっている．結婚に際しても，家名の存続にこだわる家が減ってきた．

富山国際大学助教授　永井広克のコメント
『北日本新聞』2002年6月2日

第5章　女と男の恋愛・結婚　81

🗝 キーターム

結　婚　社会的に承認された男女の性関係．一定の権利と義務がともなった継続的な関係であり，夫婦は全人格的な関係によって結ばれている．
見合い結婚　特徴は伝統的な形式性，主導性や判断における他者依存性，婚前交際の欠如，愛情の欠如だが，実際は，不完全な形式性，自主性の介入，求婚の介入，恋愛の介入となることが多い．
恋愛結婚　特徴は形式性に対する実質性，他者依存の逆の自立性，交際の欠如に対するデート，恋愛の欠如に対する情緒的没入だが，実際は，形式性の介入，他者の介入，交際期間が切りつめられた求婚，不完全な恋愛となることが多い．
パラサイトシングル　パラサイトとは寄生体のこと．それをもじって，親元でぬくぬくと独身生活を送る独身者を示す．夫婦関係よりも親子関係が緊密という日本の伝統的な家族関係の特質に加え，近年の少子高齢化がそれを促進している．
事実婚　婚姻届を提出する法律婚ではなく，事実上は家庭生活を送っている結婚のこと．夫婦別姓のため，あえて婚姻届を提出しないことが多いが，紙切れ一枚の形で自分たちの愛情を国家に管理されたくない，などの理由もある．

チャペルウエディングは花ざかり

　結婚産業は花ざかりだが，とおりいっぺんの結婚式ではなく，自分たちだけの個性的な結婚式をあげたいというカップルが増えている．これまでの定番だった神前結婚ではなく，教会で式をあげたいというカップルが増加している．そうした要望に答えるために，ホテルや結婚会館はチャペルを設けるところが増えている．

　チャペルであげる結婚式は，神前結婚に比べ格式ばらない．ほぼすべてが恋愛結婚で，家名ではなく，個人の名前で式があげられる．イエ同士の結婚ではなく，ひとりの男とひとりの女の結婚式である．チャペルウエディングを希望するのは男性よりも女性である．女性は白いウエディングドレスをまとい，新郎と並んでバージンロードを歩みたいと夢見る．家柄や家格ではなく，愛情によって結ばれたカップルにはチャペルウエディングがよく似合う．

　結婚式はふつうの女性が主役になる数少ない機会だが，神前結婚にしろチャペルウエディングにしろ，花婿よりも花嫁が参列者の注目を浴びる．神前結婚が文金高島田に角隠し，金らんどんすという重々しい花嫁衣装なのに対し，チャペルウエディングはベールに純白のウエディングドレスという軽やかな衣装である．こうした軽やかな衣装は，イエという足枷から解き放たれた女性の地位をあらわしている．教会で結婚式をあげる女性は，イエのしがらみを背負って嫁として生きるのではなく，愛する夫の妻として生きたいと願っている．

　嫁という字は「女」偏に「家」と書くが，それが示すように，嫁になると，イエのために牛馬のように働くことを求められる．嫁は夫よりもしゅうと・しゅうとめにつかえ，後継ぎとなる男の子を産むことが期待される．夫婦というヨコの関係よりも，義理であれ親子というタテの関係が重視され，しゅうと・しゅうとめに素直に従うことが嫁の務めとされる．家事をそつなくこなし，男児を産んで跡継ぎとして大事に育て，イエの繁栄と存続のために粉骨砕身することが義務づけられる．

　しかし昨今，農村の嫁不足にみられるように，イエのために自分らしさを押

さえ，嫁として生きたいと願う女性はほとんどいない．イエの嫁ではなく夫の妻となり，夫婦水入らずのなごやかな家庭生活を営みたいと若い女性たちは願っている．そうした願いがチャペルウエディングの人気を高めている．

結婚とは何だろう

　結婚式をあげ，ハネムーンから帰ってくると，2人の新婚生活が始まる．お祭り気分の儀式は終り，地味な日常生活が始まる．2人で築く新たな生活の出発である．

　それでは結婚とは何だろうか？　結婚とは第1に，社会的に承認された男女の性関係であり，第2に，その結合関係には一定の権利と義務がともない，第3に，継続性の観念に支えられた関係であり，第4に，夫婦は全人格的関係によって結ばれている．

　第1の，社会的に承認された男女の性関係というのは，結婚式を挙げて慣習による承認を受け，さらに婚姻届を役所に提出して法律による承認を受けることである．この2つの承認を受けていれば，問題なく夫婦であるが，法律婚主義をとる日本では，結婚式よりも婚姻届が重視され，結婚式を挙げなくても，婚姻届を提出すれば，入籍したといって正式な夫婦とみなされる．逆に結婚式を挙げても，婚姻届を提出していない場合は，内縁と呼ばれ，結婚式も婚姻届も行っていない場合は，同棲と呼ばれる．そして女性が名字を変えたくないので，あえて婚姻届を提出しない場合は，結婚式を挙げようと挙げまいと事実婚と呼ばれる．

　第2に，婚姻届を提出し正式の夫婦になると，一定の権利と義務が生ずる．結婚は性関係であるから，まず配偶者と性生活を営む権利が生ずると共に，配偶者以外とは性関係をもたないという貞操の義務が生まれる．配偶者以外の異性と性関係をもつと不倫とされ，場合によっては離婚沙汰にもなる．さらにたいてい夫が経済的に妻を扶養し，妻は家事を行い，子どもが生まれると親になる権利だけでなく，子どもを育てる義務が生ずる．また夫婦の同居や同姓など

が法律で規定されている．

　第3に，継続性の観念に支えられた関係であり，恋人時代と異なり相手が嫌いになったからといって簡単に別れることはできず，一生添い遂げることが理想とされる．これは子どもを一人前に育てるには長い年月がかかるために，夫婦が父親・母親として子どもを協力して育てなければならないためでもある．

　第4に，夫婦は全人格的関係によって結ばれている．夫婦は精神的関係，身体的関係，経済的関係，社会的関係などさまざまな関係によって結ばれている．打算を抜きにして，相手と丸ごと結びつき，夫婦であること自体に価値があり，互いにかけがいのない相手となる．

　それでは結婚の機能は何であろうか？　結婚には，個人の欲求を充足する側面と社会の期待にこたえる側面がある．前者が個人的機能，後者が社会的機能である．この2つの機能は表裏一体の関係にあり，密接に関連している．

　第1に，個人の性的欲求を充足し，社会の性的秩序を安定させる機能である．すなわち，結婚した夫婦の性関係だけが社会的に正当なものとされ，個人の性的欲求は結婚することによって満たされる．そして夫婦でない男女の性関係を否定することによって，社会の性的秩序が維持される．

　第2に，自分の子どもを欲しいという欲求を満たし，社会の成員を補充する機能である．夫婦の性関係によって子どもが生まれると，その子どもが社会の正式な成員として認められる．自分の子孫を残したいという欲求を充足することが，社会の次世代を担う成員を補充することになる．

　第3に，個人に社会的地位を付与し，社会関係を拡大する機能である．結婚すると，一人前の人間として認められ，社会的信用が増し，夫婦が1つの単位としてみられる．たとえば，日本の民法では，20未満の未成年であっても結婚すれば民法上は成年として扱われる．また日常生活では独身者は半人前扱いされ，さまざまな偏見や差別を受けやすい．また結婚は1人の男性と1人の女性の結びつきだが，それぞれ親・きょうだいを始めとする親族のつながりを持っている．したがって，たんに2人が夫婦関係を形成するにとどまらず，双方

の親族も姻戚関係に入る．結婚すると，夫婦だけでなく，それぞれの家族同士のつながりが生まれる．結婚によって配偶者の家族とのつながりも生まれ，親族関係が拡大され，それぞれの家族は互いに何かと協力し合う．（望月嵩『家族社会学入門』培風館　1996年　pp.98～100）．

　これらが社会学的にみた結婚の機能であるが，何となく違和感を感じる読者が多いのではないだろうか？　その違和感は，これらの機能は必ずしも結婚しなくても満たせるからである．第1の性的充足に関しては，婚前交渉が当たり前になっているし，不倫ブームにみられるように，婚外の性関係に対する抵抗感が薄れ，社会の性的秩序は揺らいでいる．第2の子どもが欲しいという欲求充足は，出生率の低下にみられるように，弱まりつつある．場合によってはシングルマザーにみられるように，結婚しなくて子どもが産める．第3の社会的に地位を付与する機能や，親族関係の拡大に関しても，結婚して一人前という考えは弱まり，結婚するもしないも個人の自由であり，結婚しない生き方も認められつつある．また長男の嫁が嫌われるように，配偶者の親族との付き合いに煩わしさを感じる女性が多い．勤め人が多数を占めるようになったので，親族関係が拡大しても農村のように助け合うことは少なくなり，かえって法事などの親戚付き合いに煩わしさを感ずるようになっている．

　このようにこれらの機能は必ずしも結婚しなくても充足することができるし，その機能自体も無意味になりつつある．したがって結婚離れが進んでいるのもうなずける．

恋人が夫婦に変わると

　今や恋愛結婚が大部分を占め，見合い結婚がますます減っている．赤い糸に導かれて2人が出会い，デートを重ねるたびに愛情が深まり，2人が固く結ばれゴールインすることが理想とされる．恋愛結婚は，誰の手も借りずに自分で相手を見つけ，結婚することを決めるのも本人である．知り合うきっかけも，最後の決断も主体的になされ，愛情が何よりも大事にされる．個人本位であり，

精神的な事柄が重視され，幸せな結婚生活が思い描かれる．

　しかし，みんなから祝福され，華やかな結婚式を挙げたカップルが必ずしも幸せになるわけではない．成田離婚のようにハネムーンから帰国してすぐに別れるカップルもいれば，何か月か結婚生活を送った後に別れることもある．それでは幸せにあふれて新婚生活を始めたのに，なぜ結婚生活が破れたのであろうか？

　その理由は恋愛の相手と結婚の相手は同じであっても，恋人時代と夫婦になった時とでは，2人の関係に変化が生じたことを示している．よく結婚式と結婚生活は混同される．結婚式は華やかに挙げられるので，結婚生活も幸せに包まれると考えられがちだが，浮かれ気分の結婚式が終りハネムーンから帰ってくると，地味な家庭生活が始まる．毎日が同じことの繰り返しであり，やがて子どもが生まれると，子育てにてんやわんやの日々が始まる．出産するとそれまで仕事を続けていた妻も，たいてい仕事をやめて家庭に入り，家事と育児に専念する．男は結婚しても子どもが生まれてもそれまで通り仕事を続けるが，女は自分が主役になる結婚式が終ると，専業主婦になった時はもちろんのこと，家事を毎日こなさなければならない．「男は仕事，女は家庭」という性別役割が重く2人にのしかかる．そのうち日々の忙しさに追われ，恋人時代の燃え上がるような恋心はしだいに消えるか，あるいは相手をいつくしむ愛情に変わっていく．

恋愛結婚と核家族化

　女性が子どもを産むと，仕事をやめるのは「男は仕事，女は家庭」という性別役割のためである．性別役割が実行できるには，夫の稼ぎが良くて妻と子どもを養える収入が必要だが，高度経済成長の結果，1960年代の後半にそれが実現された．夫の給料が高くなり，妻は家庭で家事や子育てに専念できるようになった．都会の団地にみられるように，朝，妻は夫を送り出し，日中は家事と子どもの世話にあけくれるようになった．

図 5-1　恋愛結婚の増加

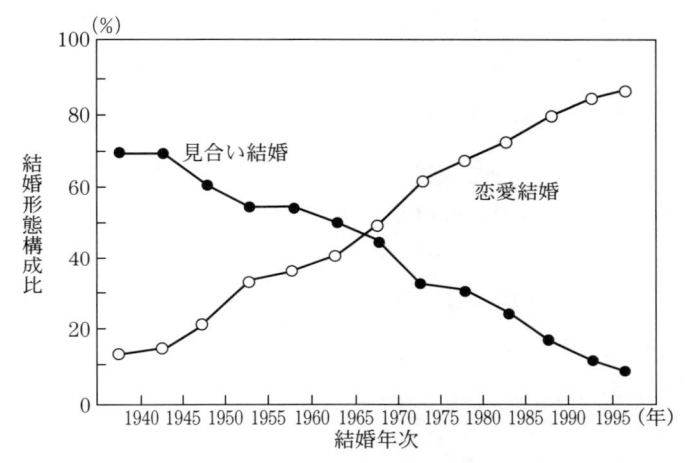

出所）国立社会保障・人口問題研究所『日本人の結婚と出産』厚生統計協会 1998 年

　高度経済成長と共に専業主婦が出現しただけでなく，恋愛結婚が増加した．女性が働く職場が増え，OL として，サラリーマンと同じ職場で働くうちに恋が芽生え，職場結婚するカップルが多くなった．恋愛は接触の頻度と近縁性がものをいうからである．職場結婚した場合，妻が仕事をやめて家庭に入り，夫が仕事に専念できるように，夫の身のまわりの世話をする内助の功が要求された．

　恋愛結婚は核家族化を推し進めた．核家族化の要因は産業化の進展と夫婦家族制の浸透である．第 1 次産業が衰退する反面，第 2 次，第 3 次産業が増大した．農林漁業に従事する人が減少し，製造業，サービス業に従事する勤め人が増加した．勤め人の宿命は転勤である．辞令一本で日本中をあちこち動き回るには，三世代同居の拡大家族よりも身軽な核家族が適している．それに加えて，家族というものは「ババ抜き」の核家族の方がいいんだよ，という夫婦家族制が浸透していった．

　いうならば，産業化は男性を通して進展し，夫婦家族制は女性を通して浸透

し，両者があいまって核家族化を推し進めた．外面的な要因は男性，内面的な要因は女性が受け持った．さらに前者は消極的な要因であるのに対し，後者は積極的な要因である．男性は転勤辞令をしぶしぶ受取り，後ろ髪を引かれる思いで故郷に年老いた両親を残して転勤先へ赴いたのに対し，女性はしゅうと・しゅうとめと暮らす煩わしさを嫌い，夫と子どもとだけ暮らす核家族を積極的に選ぶようになった．女性に経済力がつき，生活のために結婚することは少なくなり，「家付き，カー付き，ババ抜き」というように夫を選ぶ基準が高くなるにつれて，男性が女性を選ぶよりも女性が男性を選ぶようになった．そうした配偶者選択の力関係の変化が結婚後も続き，家族形態に関しても女性の意見が通るようになった．

☎ どこで相手と知り合ったか？

今や恋愛結婚が圧倒的に多くなったが，見合い結婚も根強く残っている．地方では結婚に対する社会的圧力が衰えず，結婚適齢期になると親類や職場の上司などが見合い話を持ちかけることが多い．また都会でも見合いがすたれない．付き合っている異性がいても，良い条件の見合い話が持ち込まれると，いちお

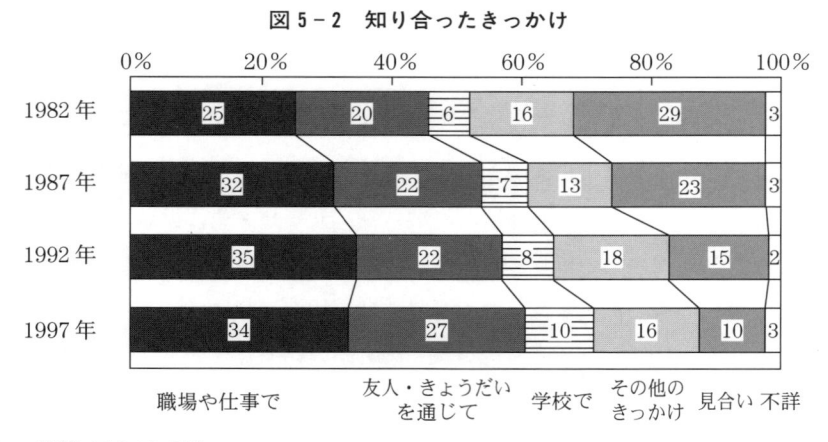

図 5-2　知り合ったきっかけ

年	職場や仕事で	友人・きょうだいを通じて	学校で	その他のきっかけ	見合い	不詳
1982年	25	20	6	16	29	3
1987年	32	22	7	13	23	3
1992年	35	22	8	18	15	2
1997年	34	27	10	16	10	3

出所）図 5-1 に同じ

う会ってみる人も少なくない．いくら恋人に愛情を抱いていても，それが永遠に続くとは限らない．むしろその愛情がさめて恋人に幻滅することも多い．2人が燃え上がってゴールインした恋愛結婚ほどその危険性がある．期待が大きすぎた分，それがかなえられなかった時の幻滅は大きい．見合いが確実だといわれるのは，最初からそれほど期待せず結婚生活に入ったので，幻滅感も小さいからである．結婚の理想と現実のはざまは，見合いよりも恋愛の方が大きい．

とはいっても若者は恋愛結婚にあこがれる．誰の力も借りずに自分で相手を見つけ，交際するにつれて愛情が深まり，幸せいっぱいの気持ちで結婚したいと願う．

それでは，どこで知り合ったかをみると，「職場や仕事で」が一番多く，ついで「友人・きょうだいを通じて」となり，以下「学校で」「街中や旅先で」「サークル活動で」「アルバイト先で」と続く．

さすがに職場結婚が一番多い．日頃，顔をつき合わせていれば恋心も芽生え，学校を卒業し年齢的にも結婚適齢期に達しているので，結婚に踏み切るカップルが多い．

しかし「友人やきょうだいを通じて」が2番目に多いのが注目される．友人やきょうだいの紹介によって知り合うわけだが，友人やきょうだいという第三者が介入しているので，自分で相手を見つけたわけではない．ただ2人を結びつけた人が，やや固苦しい親類や職場の人から気楽な友人にかわったにすぎない．仲人から紹介され，格式ばって見合いするのは乗り気がしないが，友人の紹介なら恋愛気分で気楽に付き合えるからである．だから友人の紹介とは見合いの現代版だといえる．

これは"見合い恋愛"という言葉があるように，見合いと恋愛の区別があいまいになっているあらわれである．見合いも交際期間があり愛情が重視され，恋愛も愛情だけでなく，相手の職業や収入といった打算的なことも考慮する．男の3高，つまり高学歴，高身長，高収入が重視されるのは，愛情だけでは結婚は長続きしないという女の気持ちのあらわれで，恋愛に見合いの要素が入り

込んでいる証拠でもある．したがって恋人がいても，良い見合い話が持ち込まれるといちおう会ってみるのは，できるだけたくさんの候補者から自分の理想に近い相手を選びたいという気持ちだけでなく，恋愛と結婚は違うことを感じ取っているからである．

配偶者を選ぶ基準

次に男性と女性が結婚相手に求めるものをみてみよう．

男性が相手に求める条件は，「性格が合う」が一番多く，ついで「家庭を第一に考える」「自分にない性格を持っている」「家事ができる」「容姿」と続く．恋愛結婚が大半を占め，家族の情緒機能が強まっていることを反映し，「性格が合う」という精神的な事柄をもっとも重視している．話が合う，とか，話していて楽しい，などの夫婦の協調につながる事柄である．また「自分にない性格を持っている」が上位にきているが，「われ鍋にとじ蓋」のたとえのように，自分の性格を補ってくれることを求めている．

夫婦が仲むつまじく協力しあって，暖かい家庭を築きたいという気持ちのあらわれだが，性別役割が精神的な事柄にまで及んでいるともいえる．そのことを証拠だてるように，「家庭を第一に考える」と「家事ができる」があげれられている．恋人に求める条件と異なり，結婚相手に求めるものは，「男は仕事，女は家庭」という性別役割を反映し，女性に家事や子育てをしっかりこなす能力を求めている．そして「容姿」といった外見的な事柄はそれほど重視されていない．

女性が相手に求める条件は，「性格が合う」が一番多く，「収入の安定」「家庭を第一に考える」「共通の趣味を持っている」「自分を束縛しない」と続く．

男性と同様，「性格が合う」が一番多い．男性も女性もいかに夫婦の心の交流を求めているかわかる．しかし次に「収入の安定」が「性格が合う」に匹敵するほど強く求めている．いくら愛しあって結婚しても，お金がなくては幸せな家庭は築けないと認識している．

図5-3 結婚相手の条件

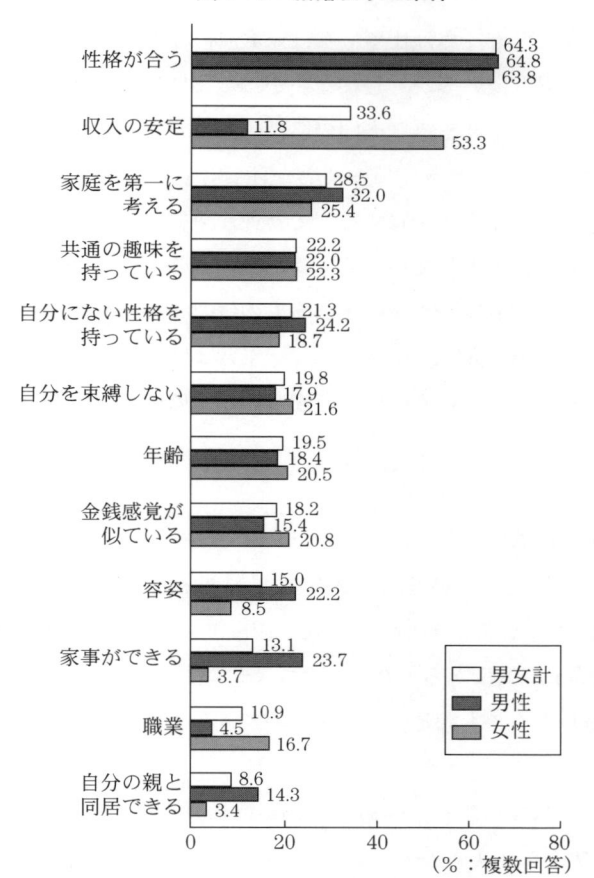

条件	男女計	男性	女性
性格が合う	64.3	64.8	63.8
収入の安定	33.6	11.8	53.3
家庭を第一に考える	28.5	32.0	25.4
共通の趣味を持っている	22.2	22.0	22.3
自分にない性格を持っている	21.3	24.2	18.7
自分を束縛しない	19.8	17.9	21.6
年齢	19.5	18.4	20.5
金銭感覚が似ている	18.2	15.4	20.8
容姿	15.0	22.2	8.5
家事ができる	13.1	23.7	3.7
職業	10.9	4.5	16.7
自分の親と同居できる	8.6	14.3	3.4

(％：複数回答)

出所）内閣府編『国民生活白書（平成13年版）』ぎょうせい 2002年

　男性は2番目に「家庭を第一に考える」を求めているが，女性が2番目に「収入の安定」を求めることは，「男は仕事，女は家庭」という性別役割を結婚したら実行しようという気持ちの表れである．しかし，3番目に「家庭を第一に考える」がきている．夫にはたしかに一生懸命仕事に励んで，一家の経済的な大黒柱になってもらいたいが，家庭をほったらかしてまで仕事に熱中してほしくない．家庭生活にも気を配り，時には家事も子育ても手伝うマイホームパ

パを求めている．その気持ちが次の「共通の趣味を持つ」につながる．

　結婚すればどうしても「男は仕事，女は家庭」になり，子どもが生まれたら毎日あわただしく過ぎていくかもしれないが，たまには夫婦2人だけの時間を作り，共通に趣味などを楽しみ，夫婦の協調を保ちたいと考えている．しかし，「自分を束縛しない」が次にきていることが注目される．男も女も結婚すれば何かと束縛されるが，家事や子育てなどで女性が束縛されることの方が大きい．そうした束縛を女性は危惧している．

　このように，男も女も結婚相手に求めるものは，まず精神的な事柄であり，年齢や容姿といった外見的な事柄ではない．「男は仕事，女は家庭」といった現実的なことも重視されているといえ，恋愛結婚全盛時代に見合って，心の絆が重視されている．

シングルも素敵

　結婚年齢が上昇し晩婚化が進んでいるが，「結婚しなくても満足のいく生活ができると考える」若者が多い．(『国民生活白書（平成13年度）』2002年 p.15)．いずれ結婚する気はあるのだが，今すぐに結婚しなくても構わないという意識や，結婚しなくても満足のいく生活ができるという意識の高まりがみられる．

　独身の理由は，男性の場合は「適当な相手に巡り会わない」「必要性を感じない」「自由や気楽さを失いたくない」「結婚資金が足りない」「趣味や娯楽を楽しみたい」である．

　結婚する気はあるのだが，どうしても結婚したい女性は現れない．妥協して結婚する気もない．バツイチにしろ独身者が首相に選ばれたり，県知事に当選することからわかるように，独身者にたいする偏見は薄れている．家庭電化製品が普及し，スーパーやコンビニも近くにあるので，一人暮らしも苦にならない．結婚して所帯をもてば，自由になるお金も時間も少なくなる．貯金が足りず結婚資金が十分でない，という現実的な理由もあるにしろ，お金も時間も丸

第 5 章　女と男の恋愛・結婚　93

図 5-4　独身の理由

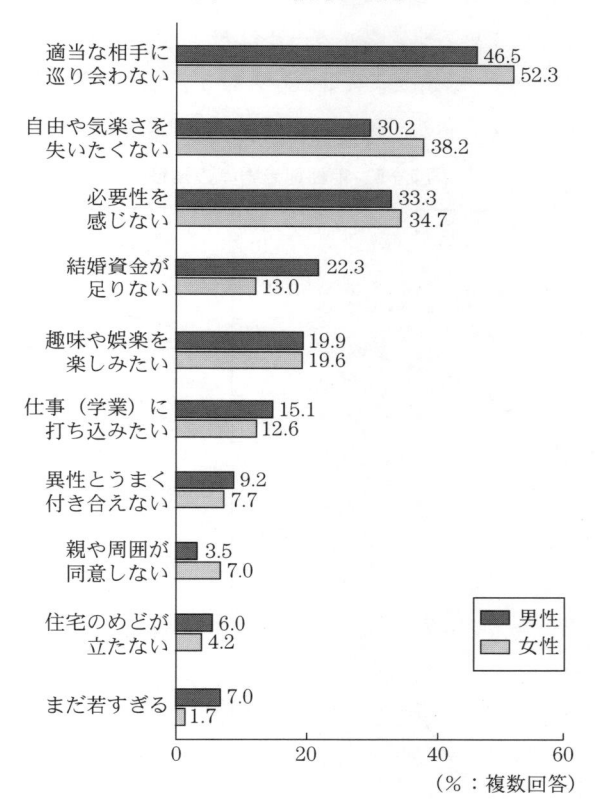

理由	男性	女性
適当な相手に巡り会わない	46.5	52.3
自由や気楽さを失いたくない	30.2	38.2
必要性を感じない	33.3	34.7
結婚資金が足りない	22.3	13.0
趣味や娯楽を楽しみたい	19.9	19.6
仕事（学業）に打ち込みたい	15.1	12.6
異性とうまく付き合えない	9.2	7.7
親や周囲が同意しない	3.5	7.0
住宅のめどが立たない	6.0	4.2
まだ若すぎる	7.0	1.7

（％：複数回答）

出所）図 5-3 に同じ

ごと自分の趣味や娯楽のために使いたい．そのように男性は考えている．

　女性の場合は，「適当な相手に巡り会わない」「自由や気楽さを失いたくない」「必要性を感じない」「趣味や娯楽を楽しみたい」「結婚資金が足りない」である．順序が少し違うだけで，男性の場合と同じである．男も女も結婚する気はあるのだが，お互いに理想が高くなっている．その理想を下げてまで結婚する気はない．結婚すれば必ず幸せになれるとは限らない．結婚して不幸になることもある．不幸とまではいかなくとも，結婚すれば男も女も多少なりとも

自由が失われる．一人暮らしにしろ，パラサイトシングルにしろ，趣味や娯楽に独身生活を楽しんでいるシングルガールほど，その自由さや気楽さを失いたくないと考えている．"結婚は永久就職"という言葉が死語になったように，女性に経済力がついているし，親と一緒に住めば，生活費もかからないので，

図 5-5　年齢別未婚率の推移

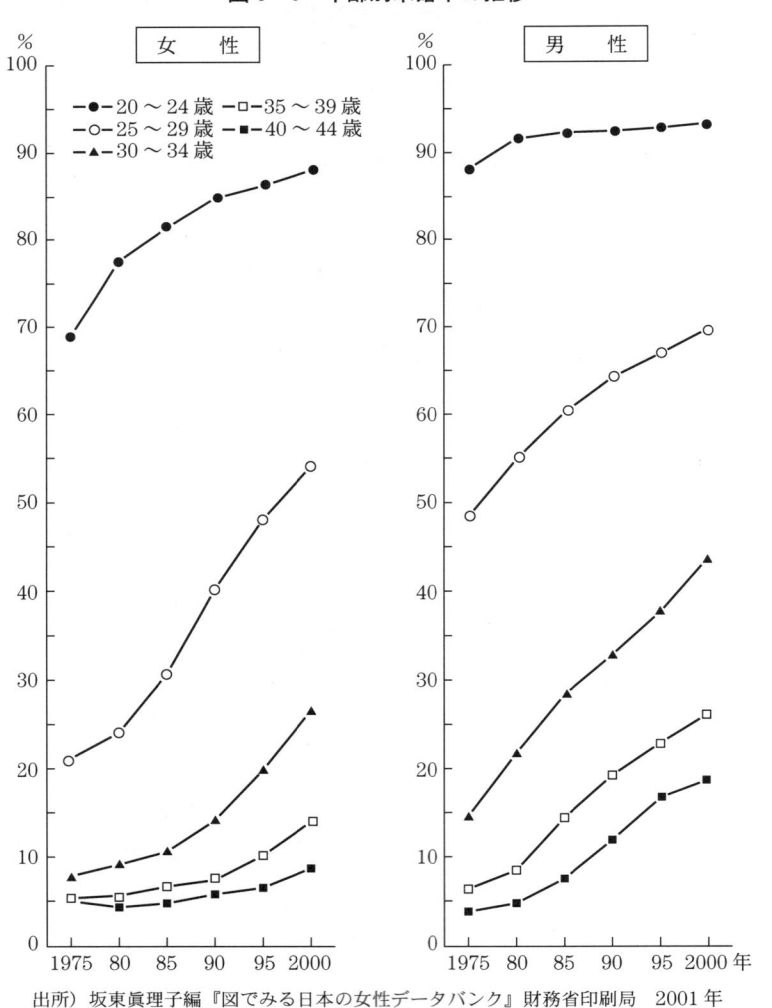

出所）坂東眞理子編『図でみる日本の女性データバンク』財務省印刷局　2001 年

第5章 女と男の恋愛・結婚 95

図5-6 パラサイト・シングルの理由

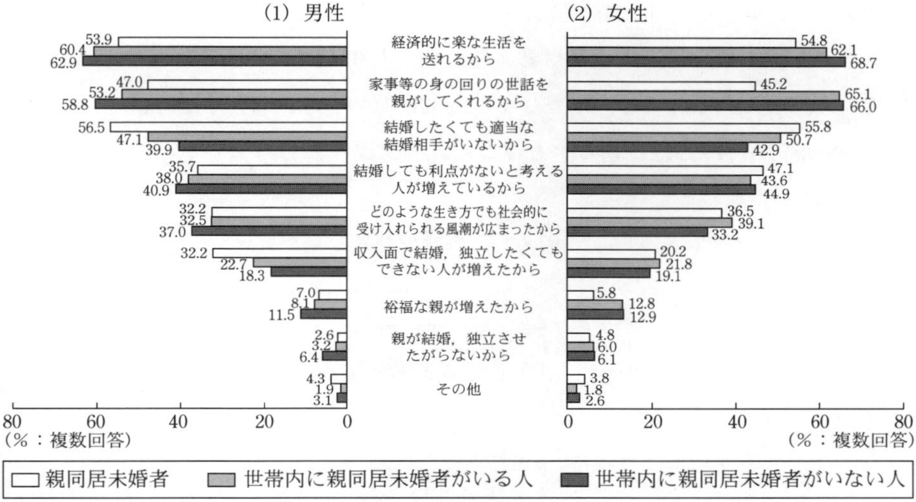

(1) 男性 / (2) 女性

理由	男性 親同居未婚者	男性 世帯内に親同居未婚者がいる人	男性 世帯内に親同居未婚者がいない人	女性 親同居未婚者	女性 世帯内に親同居未婚者がいる人	女性 世帯内に親同居未婚者がいない人
経済的に楽な生活を送れるから	53.9	60.4	62.9	54.8	62.1	68.7
家事等の身の回りの世話を親がしてくれるから	47.0	53.2	58.8	45.2	65.1	66.0
結婚したくても適当な結婚相手がいないから	56.5	47.1	39.9	55.8	50.7	42.9
結婚しても利点がないと考える人が増えているから	35.7	38.0	40.9	47.1	43.6	44.9
どのような生き方でも社会的に受け入れられる風潮が広まったから	32.2	32.5	37.0	36.5	39.1	33.2
収入面で結婚,独立したくてもできない人が増えたから	32.2	22.7	18.3	20.2	21.8	19.1
裕福な親が増えたから	7.0	8.1	11.5	5.8	12.8	12.9
親が結婚,独立させたがらないから	2.6	3.2	6.4	4.8	6.0	6.1
その他	4.3	1.9	3.1	3.8	1.8	2.6

(%:複数回答)

出所) 図5-3に同じ

男に養ってもらう必要はない.そのように女性は考えている.

このように男も女も結婚に消極的な姿勢がうかがえ,30代前半の独身男性,20代後半の独身女性が増加しているが,一生結婚しないという気持ちはない.いずれ結婚する気はあるのだが,自分の意にかなった「適当な相手に巡り会わない」からたまたま独身なのである.表面上は独身生活を謳歌しているように見えても,彼らの気持ちは,居心地の良い独身生活と結婚へのあこがれとの間で揺れ動いている.自分の意にかなった相手が現れ,相思相愛になると,結婚に踏み切るのである.

📞 結婚の利点と不利益

それでは結婚の利点とは何であろうか.

男女とも,「精神的なやすらぎが得られる」「人間として成長できる」「一人前の人間として社会的に認められる」をあげた人が多い.なによりも結婚して

愛する異性と築く家庭生活に，やすらぎの場を求めている．配偶者や子どもと和気あいあいと過ごす家庭団らんを心の支えとしている．そして配偶者や子どもとの交流を通して，夫＝父や妻＝母として人間的に成長していきたいと願っている．また結婚して一人前として社会的に認められ，自信もつく．

「周囲の期待に応えられる」もほとんど男女差が見られないが，やや女性の

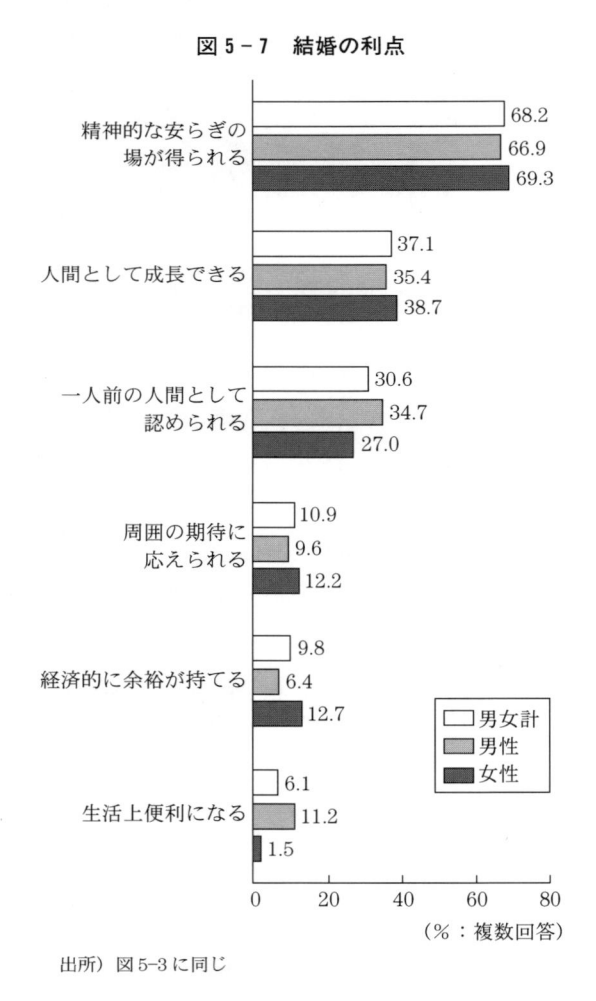

図 5 - 7 　結婚の利点

項目	男女計	男性	女性
精神的な安らぎの場が得られる	68.2	66.9	69.3
人間として成長できる	37.1	35.4	38.7
一人前の人間として認められる	30.6	34.7	27.0
周囲の期待に応えられる	10.9	9.6	12.2
経済的に余裕が持てる	9.8	6.4	12.7
生活上便利になる	6.1	11.2	1.5

（％：複数回答）

出所）図 5-3 に同じ

方が多い．女の幸せは結婚とか，適齢期のうちに結婚すべきだという考えはすたれたとはいえ，親など周りの年長者にはそういう考えが強い．

それに対し「経済的に余裕が持てる」と「生活上便利になる」は男女差が大きい．「経済的に余裕が持てる」は女性，「生活上便利になる」は男性が多い．女性が結婚後も仕事を継続しても，あくまで夫が一家の稼ぎ手であり，夫は妻に身の回りの世話をしてもらうことによって仕事に専念できる．「男は仕事，

図 5-8 結婚の不利益

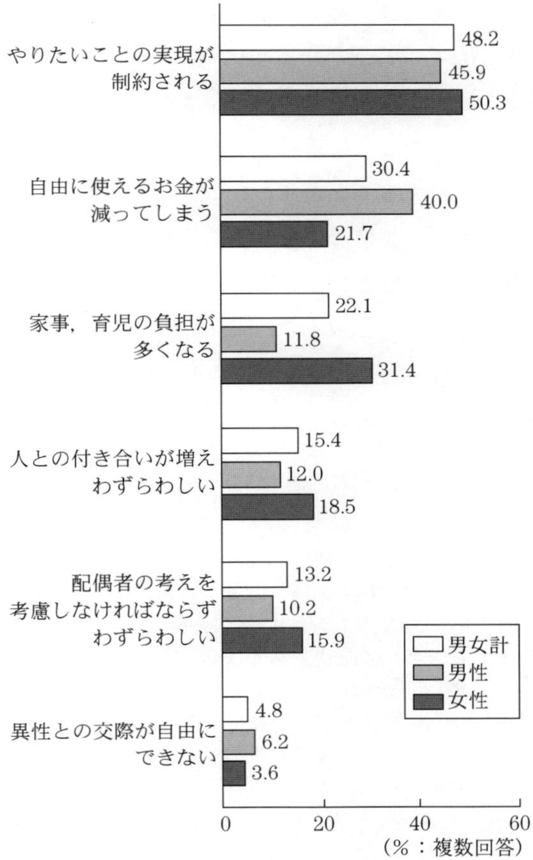

やりたいことの実現が制約される
- 男女計: 48.2
- 男性: 45.9
- 女性: 50.3

自由に使えるお金が減ってしまう
- 男女計: 30.4
- 男性: 40.0
- 女性: 21.7

家事，育児の負担が多くなる
- 男女計: 22.1
- 男性: 11.8
- 女性: 31.4

人との付き合いが増えわずらわしい
- 男女計: 15.4
- 男性: 12.0
- 女性: 18.5

配偶者の考えを考慮しなければならずわずらわしい
- 男女計: 13.2
- 男性: 10.2
- 女性: 15.9

異性との交際が自由にできない
- 男女計: 4.8
- 男性: 6.2
- 女性: 3.6

（％：複数回答）

出所）図5-3に同じ

女は家庭」が背景にでんと控えている．

　では結婚の不利益とは何だろうか．一番多い「やりたいことの実現が制約される」は男女差は少ないが，「自由に使えるお金が減ってしまう」は男性，「家事・育児の負担が多くなる」は女性が多い．

　男も女も，結婚すると仕事であれ，趣味や娯楽などの余暇であれ，何かと束縛される．独身にとどまっている「自由や気楽さを失いたくない」の裏返しである．男性は妻子を養うために稼いできた給料をほとんど使ってしまい，自分のこずかいはすずめの涙程度である．女性はあくせく働かなくてもよいかもしれないが，炊事や洗たく，掃除，子育てに追われることになる．「人との付き合いが増え，煩わしい」と「配偶者の考えを考慮しなければならずわずらわしい」はやや女性が多い．たしかに結婚は1人の男と1人の女の結び付きだが，それぞれの親きょうだいともつながりをもつ．女性は長男と結婚すると，何かと夫の両親と付き合わなくてはならない．しゅうと・しゅうとめと同居しなくても，夫の妻よりもイエの嫁としての心構えや振る舞いが求められる．夫の気持ちだけでなく，しゅうと・しゅうとめの気持ちを察し，それに応えるように振る舞わなくてはいけない．妻は夫やしゅうと・しゅうとめに常に気配りしなければならない．そのことが煩わしいのである．

参考文献

望月嵩・正岡寛司『現代家族論』有斐閣　1998年
志田基与師『平成結婚式縁起』日本経済新聞社　1991年
山田昌弘『結婚の社会学』丸善ライブラリー　1996年
山田昌弘『パラサイトシングルの時代』ちくま新書　1999年
落合恵美子『21世紀家族へ［新版］』有斐閣選書　1997年
小林司『愛とは何か』NHKブックス　1997年
伊田広行『シングル単位の恋愛・家族論』世界思想社　1998年
匠雅音『核家族から単家族へ』丸善ライブラリー　1997年
善積京子『〈近代家族〉を超える』青木書店　1997年
井上輝子・江原由美子（編）『女性のデータブック　第3版』有斐閣　1998年

第6章　夫として，妻としての二人三脚

「結婚」の印象：女性，年重ねるほど厳しく
「新しい人生」が「忍耐」へ

◆あなたは，結婚という言葉に，どんな印象を持っていますか．
（回答カードから一つ選択）

幸せ	13	安定	9	新しい人生	16
共同生活	21	青春の終わり	1	責任	23
忍耐	12	束縛	2	その他・答えない	3

　まず女性をみると，男性に比べ際立って多かったのが「忍耐」．各年齢層での結婚観をたどると，それぞれの実感を反映するかたちで「女の一生」が浮かび上がる．

　20代は「新しい人生」が最も多く，3割近い．実際に7割が結婚している30代前半になると「新しい人生」も多いが，「安定」感も少し出るようだ．30代後半から40代では「共同生活」がトップ．40代では「忍耐」も目立つようになる．若い時に抱いていた結婚への明るいイメージが，しだいに色あせていく様がうかがえる．

　50代になると「共同生活」「忍耐」に「責任」も加わって，結婚観もいろいろに．それだけに，女性にとって大変な時期．熟年離婚の背景はこうしたところにあるのかもしれない．60代では，4人に1人がひたすら「忍耐」．70歳以上になってようやく，「忍耐」だけではなく「幸せ」とも受け止めている．ただ，30代から60代では「責任」も2割を占める．家庭を切り盛りしている主婦の自負だろうか．

　一方，男性はほとんどの世代で「責任」が最も多い．特に40代，50代では3割を超す．働き盛りの大黒柱として，責任も重く感じるようだ．（後略）

『朝日新聞』1998年1月1日付朝刊

🗝 キーターム

エンプティ・ネスト　ライフサイクルおよび家族サイクルにおいて，子どもが成長して巣立った後に夫婦2人だけで生活する期間．「空（カラ）の巣」とも呼ばれる．出産・育児期間の短縮と寿命の伸長によって出現・拡大しつつあり，この期間をどう過ごすかが新たな課題となっている．

家族の脱制度化　社会の下位単位として確立していた家族の集団性が自明のものではなくなり，家族形成および家族生活の標準的な行動形態が明確ではなくなってきたことをさす．

伴侶性　夫婦がどれほど共に寄り添っているかをあらわす概念．一緒に外出したり共通の友人をもつなどの行動次元と，相互の愛情や仲間意識などの情緒次元とがある．

家族のライフスタイル化　家族を形成するか否か，もつとすればどのような家族生活を営むかを，個人が自己の欲求にあわせて選択し，なおかつ，そうした選択肢が下位文化として人びとに受容されていることをさす．

夫婦の絆とは

　1組の男女は，結婚を契機に夫と妻という関係になる．盛大に式をあげるにせよ，役所に届け出を出すにせよ，あるいは2人だけでひっそりと乾杯して将来を誓い合うにせよ，なんらかのかたちで結婚に踏み切って，それまでの赤の他人から夫婦へと転身する．夫婦は，社会的に公表され是認される，性関係を含む男女関係である．同時に，ある程度継続することが見込まれる．恋人なら，2人さえよければいいとか都合のいい時だけ一緒にいればいいということも許されよう．だが夫婦となると，親族や近隣，職場など周囲の人びとを巻き込みながら，2人の関係をつくって維持していかなければならない．では，そうした夫婦の関係とは何か．夫婦をつなぐ絆とはいったい何なのだろうか．

　「子はかすがい」という言説がある．もちろん子どものいない夫婦も大勢いるが，夫婦のあり方の1つとして，子どもをもうけ共にその子を養育していくというつながりがある．自分の育った家族とは別にみずからの「生殖家族」を形成するのである．時には子どもに限らず，双方いずれかの親の扶養を共に担っていくこともある．たとえ夫婦2人だけの生活であっても，また別居のままの結婚生活であったとしても，たとえば休日をどう過ごすか，親戚とのつきあいをどうするかなど，日常生活を共に歩む関係であることにかわりはない．夫婦は，一緒に1つの家族をつくって生活していく関係である．

　暮らしの共有は，生活者として家族を運営していくだけでなく，一対一の男女としてのせめぎあいも生む．次の休日に一緒に外出するかどうか，今晩の食事をどちらがつくるか，買い換える車をどれにするか．いろいろなことを決めていかなければならない．また，生活費をどう負担するか，外食の後の支払いをどちらがするか，車の代金はどちらのお財布から出すかなども決めることにはいってくる．

　せめぎあいだけでなく，夫婦の二者間には，もちろん愛情も求められよう．男女間の愛情が重視される現代では，生活の共有やせめぎあいより，この愛情の面を真っ先にあげるべきかもしれない．若者たちの間では恋愛が成就しての

結婚が理想とされ，愛がない結婚など考えられないという．法律の世界でも離婚が破綻主義となり，愛情がなくなった夫婦は離婚しても仕方ないという考えが受け入れられてきている．夫婦をつなぐ重要な絆が愛情であり，愛がさめたら結婚生活を継続する意味がないというわけである．

夫婦関係の機能のわけかたにはいろいろあるが，夫婦をとらえる側面として，大きくは次の3つにわけることができよう．すなわち，① 家族成員としての役割関係，② 生活者としての勢力関係，③ カップルとしての情緒関係である．カップルとは，性的関係のある1組の男女の組み合わせという意味である．

日本の家族変動は夫婦家族制への移行として語られてきたが，第2次世界大戦後の民法改正を契機とするのか，それ以前から変化が生じていたのか論争があった．論争の原因の1つに，生活の様態という行動次元の変化と，夫婦がどうあるべきかという規範次元の変化，そして情緒次元の変化が混在して扱われてきたことがある．夫婦関係を上記の3つの側面からわけてとらえておくことが，夫婦関係の新たなあり方を探っていくための出発点となる．

男子厨房に入る？

まず，家族成員としての夫婦はどのような役割関係にあるのか．広く知られているのが「男は仕事，女は家庭」という性別役割分業である．男性は稼ぎ手として家庭外で就労し，一方で女性は家庭内で家事・育児を担って家族の福祉を支えるというモデルである．パーソンズ（Parsons, T）は，このモデルが産業社会に適合的であると主張し，家族の機能は子どもの社会化と大人のパーソナリティ安定へと特殊化されたと論じた（Parsons, T. and Bales, R. F., *Family, Socialization and Interaction Process*, Routledge and Kegan Paul, 1956）．だが，「既婚女性＝主婦」というモデルが近代社会に特有なものであることが指摘されて既に久しい．確かに男女分業は普遍的に認められるが，一家が総出で働いていた農業中心の社会では，また働く場所が家庭内にとどまる家内制手工業では，母親のみを家事・育児の専従者とするのは，生活の実状にそぐわない．工

場制度が普及して職住が分離した近代になって，さらには産業構造が転換して被雇用者，いわゆるサラリーマンが多くなって初めて，女性が家庭内にとどまることに意味が付与されるようになったのである．家庭の内外，公私が分離したからこそ，それに対応した男女の役割分業が成立したのであった．

つまり，性別役割分業の前提に，職住分離と女性の就労率の低さがある．この点について最近の動向を確認しておくと，女性の労働力率は2001年時点で49％，就業者のうちに雇用者の占める割合は83％と圧倒的多数を占める（『男女共同参画白書（平成14年版）』p. 35）．ただし，この雇用者のうち43％はパート・アルバイトである．また男女の賃金差は大きく，2000年現在，フルタイム就業者では女性の賃金は男性の66％にすぎない（『国民生活白書（平成13年版）』p. 56）．女性の労働市場があくまで二次的なものにとどまる側面は否定できず，産業側の労働市場において性別分業の前提となる原則はまだ崩れていないといえる．

では，各家庭において，性別役割分業はどれほど支持されているのか．まず

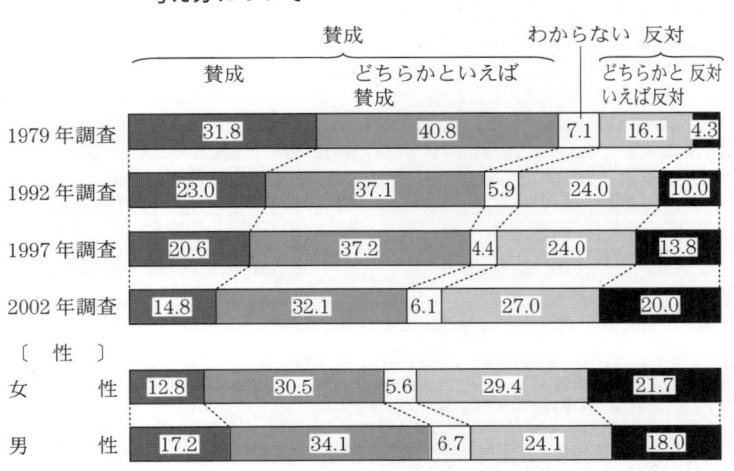

図6-1 「夫は外で働き，妻は家庭を守るべきである」という考え方について

	賛成	どちらかといえば賛成	わからない	どちらかといえば反対	反対
1979年調査	31.8	40.8	7.1	16.1	4.3
1992年調査	23.0	37.1	5.9	24.0	10.0
1997年調査	20.6	37.2	4.4	24.0	13.8
2002年調査	14.8	32.1	6.1	27.0	20.0
〔性〕					
女性	12.8	30.5	5.6	29.4	21.7
男性	17.2	34.1	6.7	24.1	18.0

資料）内閣府大臣官房政府広報室「男女共同参画社会に関する世論調査」平成14年

性別分業観のデータ（図6-1）をみると,「夫は外で働き, 妻は家庭を守るべきである」という考え方に賛成の者の占める割合は年々減少しており, 2002年調査では「どちらかといえば賛成」という者をあわせても賛成という者は半数以下にとどまる. 男性より女性でその傾向は顕著である. 年齢別にみると, 60歳代では男女とも支持者が比較的多いが, 30歳代までの若年層では支持しない者が多数を占める. 欧米などと比較してまだ高率であるとはいえ, 性別の役割分業意識は弱まってきている.

つづいて, 実際の行動面の家事分担はどうか. 各種の調査結果が公表されているが, いずれにおいても炊事・洗濯という家事は圧倒的に妻によって担われている. 男性が比較的手伝っているものでも,「ゴミを出す」と「風呂・トイレ掃除」が夫の分担という家庭が1～2割みられる程度にとどまる. 国立社会保障・人口問題研究所が実施した「第2回全国家庭動向調査」（1998年）では,

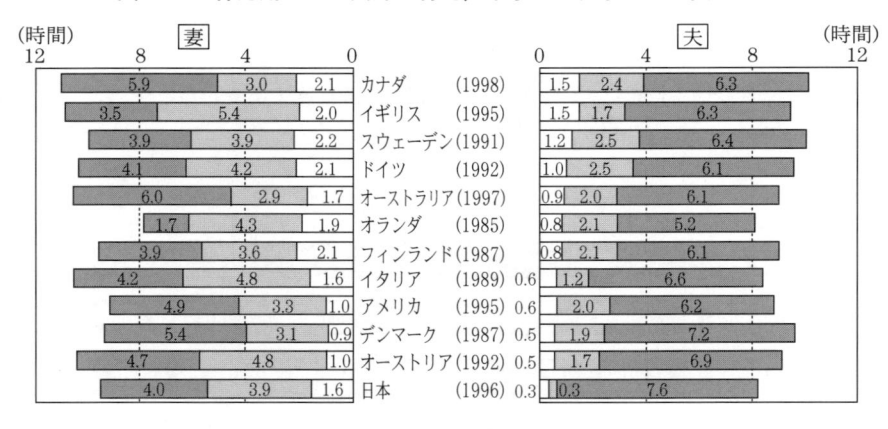

図6-2 育児期にある夫婦の育児, 家事及び仕事時間の国際比較

妻 育児	妻 家事	妻 仕事	国	(年)	夫 育児	夫 家事	夫 仕事
5.9	3.0	2.1	カナダ	(1998)	1.5	2.4	6.3
3.5	5.4	2.0	イギリス	(1995)	1.5	1.7	6.3
3.9	3.9	2.2	スウェーデン	(1991)	1.2	2.5	6.4
4.1	4.2	2.1	ドイツ	(1992)	1.0	2.5	6.1
6.0	2.9	1.7	オーストラリア	(1997)	0.9	2.0	6.1
1.7	4.3	1.9	オランダ	(1985)	0.8	2.1	5.2
3.9	3.6	2.1	フィンランド	(1987)	0.8	2.1	6.1
4.2	4.8	1.6	イタリア	(1989)	0.6 / 1.2		6.6
4.9	3.3	1.0	アメリカ	(1995)	0.6	2.0	6.2
5.4	3.1	0.9	デンマーク	(1987)	0.5	1.9	7.2
4.7	4.8	1.0	オーストリア	(1992)	0.5	1.7	6.9
4.0	3.9	1.6	日本	(1996)	0.3 / 0.3		7.6

注：(1) 5歳未満（日本は6歳未満）の子どものいる夫婦の育児, 家事労働及び稼得労働時間.
(2) 妻はフルタイム就業者（日本では有業者）の値, 夫は全体の平均値.
(3) 「家事」は, 日本以外については "Employment outlook 2001" における「その他の無償労働」, 日本については「社会生活基本調査」における「家事」,「介護・看護」及び「買い物」の合計の値であり, 日本以外の「仕事」は, "Employment outlook 2001" における「稼得労働」の値.

資料）OECD "Employment outlook 2001", 総務庁「社会生活基本調査」（平成8年）

3人に1人が「ゴミ出し」を，4人に1人が「風呂洗い」を週に1～2回以上遂行していた．夫の家事分担の度合いは年々高まってきているとはいえ，諸外国と比較しても，日本は韓国と並んで夫が家事を分担する割合が低い（図6-2）．家事に費やす時間でみても，平日における家事時間は妻が有業か無業かに関係なく，1日あたり20分である（NHK放送文化研究所『2000年国民生活時間調査報告書』2000年 p.72）．また，この時間は1975年以降ほとんどかわっていない．既婚女性の就労がますます増える中，「男は仕事，女は家事」から観念的には抜け出しつつあるが，代わって登場しているのは「男は仕事，女は仕事と家事」という女性に過重な負担を強いる性別役割分業なのである．

ただし，こうした測定にはいろいろな問題がある．まず，家事として何をとりあげるか．男性が担う代表的な家事として，ゴミ出し，食事の後片付け，風呂掃除があげられよう．だが，3つとも男性が担っている例は珍しく，「週末の風呂掃除」のみを免罪符とするなど，いずれか1つだけという場合が多い．選択肢の制約のある中でどの項目を質問するかによって回答の分布に相違があらわれてくる．

その中でしばしば取り上げられるのが「ゴミ出し」である．男性が出勤途中にゴミを出す光景はテレビのコマーシャルにも登場しており，男性もこんなに家事を手伝うようになってきたことの代表とされがちである．だが，ゴミを出すことがどれほど妻の負担を代わりに引き受けていることになるのか．あるいは，男がゴミを出すなんてという人もまだ少なくない中で，「男の沽券」に関わる象徴的な意味をもつのか．家族の健康を思いやることまで含めて家事を幅広くとらえようという試みもある．そもそも家事を負担するとは，家族を思いやる情緒的な配慮の有無であるのか，それとも生活を維持するための活動の一貫なのか，あるいは性別分業をあらわす象徴的な行為なのか．家電製品の高性能化にともなって，家事の内容も時代によってかわってくる．家事の量と質をどのように把握するかは精緻化が待たれる領域なのである．

さらに，これまでの研究成果を踏まえると，夫婦関係にとって重要なのは夫

の家事負担の有無や量ではない．夫が家事をしなくても，妻が「男子厨房に入らず」を信じてそれを期待しているのであれば，その夫婦間の分業は安定している．妻側の役割期待と夫側の遂行が，あるいはその逆がずれている場合に夫婦間の不満や葛藤につながる．親族や友人，社会全体からの期待と自分自身の希望がずれている場合も，不協和音のもとになる．社会全体や周囲の人びとからどう行動すべきと思われているのか（他者からの期待認知），また自分はどうしたいのか（自らの役割規定），そして実際に行動として何ができるか（遂行）といういくつかの部分に分けて役割をとらえた分析が有効である（渡邊秀樹「個人・役割・社会——役割概念の統合をめざして」『思想』No. 686　1981年　pp. 98-121）．

　何を負担すればいいかは各家庭の事情によって，また各夫婦の思い描く家庭生活によって異なってくる．性別役割分業の先入観の上にあぐらをかいて女性に過剰な負担を強いることなく，家族成員としての助け合いが必要となっている．

男が稼いで女が使う？

　性別分業の変化とあわせて指摘されているのが，夫婦間の平等化である．女性の参政権が認められていなかった男尊女卑の時代は過去のものとなって久しいが，果たして家庭内において男女平等は実現されているのか．フェミニズムの論者の中には，社会においても家庭においても男女平等はまったく実現されていないと批判する者が多い．一方で，「しゃもじ権」に代表されるように家庭には社会とは別の権力構造がある，ないしは権力はなくても勢力はあったなど，女性がそもそも男性より劣位におかれていたわけではなかったという論も成り立つ．夫婦の勢力関係を理解するためには，まず現状を把握しておくことが必要だろう．

　勢力とは，生活の場で他者の行動に及ぼす事実としての影響力であり，ほとんどの場合，意思決定から測定されている．家庭内での決定権に関するデータ

第6章　夫として，妻としての二人三脚　107

図6-3　家庭における最終決定者
(「結婚している」，「結婚していないがパートナーと暮らしている」と答えた者に)

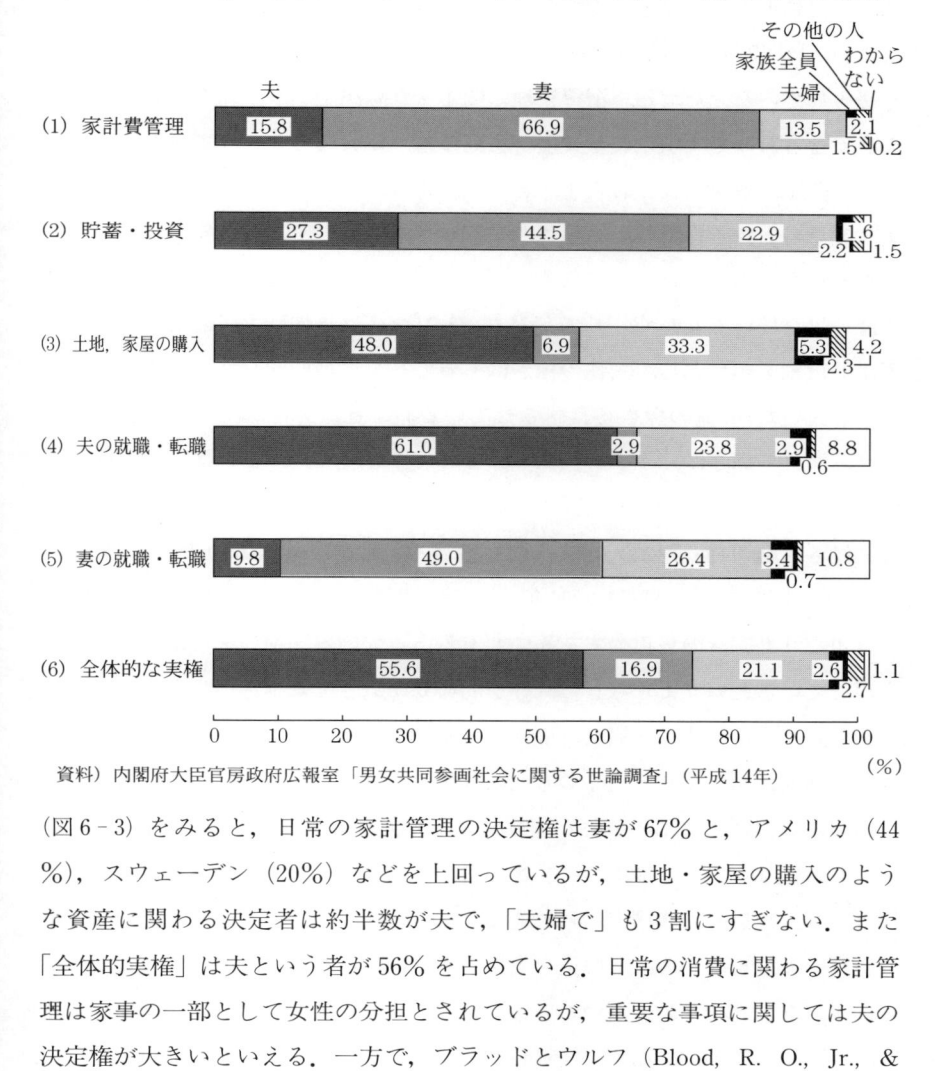

	夫	妻	夫婦	家族全員	その他の人	わからない
(1) 家計費管理	15.8	66.9	13.5	2.1	1.5	0.2
(2) 貯蓄・投資	27.3	44.5	22.9	1.6	2.2	1.5
(3) 土地，家屋の購入	48.0	6.9	33.3	5.3	2.3	4.2
(4) 夫の就職・転職	61.0	2.9	23.8	2.9	0.6	8.8
(5) 妻の就職・転職	9.8	49.0	26.4	3.4	0.7	10.8
(6) 全体的な実権	55.6	16.9	21.1	2.6	2.7	1.1

資料）内閣府大臣官房政府広報室「男女共同参画社会に関する世論調査」（平成14年）

（図6-3）をみると，日常の家計管理の決定権は妻が67％と，アメリカ（44％），スウェーデン（20％）などを上回っているが，土地・家屋の購入のような資産に関わる決定者は約半数が夫で，「夫婦で」も3割にすぎない．また「全体的実権」は夫という者が56％を占めている．日常の消費に関わる家計管理は家事の一部として女性の分担とされているが，重要な事項に関しては夫の決定権が大きいといえる．一方で，ブラッドとウルフ（Blood, R. O., Jr., & Wolfe, D. M., *Husbands and Wives : The Dynamics of Married Living*, The Free Press, 1960）の先行研究にならって神戸市で1963年に実施された調査（増田光

吉「現代都市家族における夫婦及び姑の勢力構造」『甲南大学文学会論集』1965年）では，自動車の購入などいくつかの項目が夫と妻のどちらの意思で決まるかをたずね，「夫優位型」はきわめて低率で「自律型」が7割を占めるという結果を報告している．ただし，消費管理に関する意思決定を多く聞くと妻の勢力が大きくなるわけで，項目の重要度が家庭によって異なるという家事と同様の測定上の問題が解決されておらず，どの程度正確に勢力構造が測定されているかまだ意見の一致を得ていない．

　勢力のもう1つの指標とされる経済的実権をみておこう．性別分業にしたがえば「男が稼いで女が使う」である．パーソンズは男性は手段的役割，女性は表出的役割を担うとし，女性の稼ぎはあるとしても補助的な性質をもつにすぎないと説いた．「俺の稼ぎで食べさせている」ことに男性が誇りをもち続けており，女性の稼ぎは「すずめの涙」に等しいというのか．首都圏で核家族世帯に住む35～44歳の妻を対象とした調査によれば，妻がフルタイムで働いている共働き家庭の約6割が夫婦ほぼ同じ割合で家計費を稼いでいる（家計経済研究所『新 現代核家族の風景』2000年　p.47）．共働きが多い若い世代では，家事の負担よりも家計の負担の方を先に共有しあっている．平等を目指して共有を実現しているというよりむしろ，経済的必要があってお金を出し合っている面が大きい．生活給体系が崩れ，雇用不安が増す経済状況においては，1人の収入に全面的に頼るより，いくつもの収入源をもっている方が得策でもある．

　前提となる経済資源の条件が夫婦によって大きく異なり，「男が稼いで女が使う」というパターンはすでに多数を占めるとはいえなくなっている．同じ共働きでも，年齢や家族構成，勤め先などによって，夫の稼ぎの方が妻の稼ぎより数倍も多いものから，その逆の夫婦，あるいは差がない夫婦など，夫婦の稼ぎの組み合わせやその差がいろいろである．家計管理のパターンも多様である．2人の収入を一体にしてお財布を1つにして生活している夫婦ばかりではない．お互いに一定額を出し合って後はそれぞれが勝手に使う夫婦，あるいは，家賃と光熱費は夫，食費は妻というように一定費目を担当しあう夫婦もいる．共通

の支出分と個人の小遣い，予備分など，家庭内に財布がいくつかある夫婦が少なくない（家計経済研究所『新 現代核家族の風景』2000年）．そもそも，財産は法律では個人所有である．離婚時には少額の慰謝料しか認められず，その支払いの強制力もない．「内助の功」を発揮しながら夫婦が協力し合ってローンの支払いにあたるにしても，持ち家の名義はローンの契約者しか認められない．夫婦一緒の財布というのは幻想でしかない．

　意思決定面での「夫優位」は少なく，経済面での夫支配も薄れていることを指摘した．一方で，近年，DV（ドメスティック・バイオレンス）が問題となっている．配偶者から身体的または言葉による暴力を受けたとして全国の配偶者暴力相談支援センターに寄せられた相談の件数は，2002年4月から9月までの半年間で1万7,585件にのぼったという（朝日新聞2002年11月1日朝刊）．相談の99.6%が女性からで，夫から妻への暴力が大半を占める．最悪の場合は死にもつながるDVは，夫婦という密室の中での男性支配を物語っている．むしろ男性支配のパターンが家庭外では通用しなくなっているからこそ，家庭で先鋭化している面も大きいだろう．DV防止法が制定され相談支援センターが各都道府県に設置されたが，被害者への支援はまだ十分とはいえず，緊急の課題となっている．

愛は必要不可欠か？

　夫婦間の愛情重視は，見合い結婚から恋愛結婚へという結婚形態の変遷からうかがえる．1960年代後半から恋愛結婚が見合い結婚を上回り，以後，増加の一途をたどっている．現代では見合い結婚は少数派で，9割近くが恋愛結婚をしている．

　制度としての結婚が当事者同士の情緒を重視したものへと変わってきた点を，アリエスの『子供の誕生』をはじめとして，1970年代以降の社会史が明らかにしてきている．ショーターは『近代家族の形成』の中で，母性愛，家庭愛とあわせてロマンチック・ラブの登場を指摘している．一方で，中世の農民にも

愛情は存在したという批判が存在し，その筆頭にフランドランがあげられる．だが，いずれの立場に立つにせよ，夫婦の絆として情緒が重視されるようになった点で異論はないといっていいだろう．こうした社会史の成果は，夫婦間の絆としての愛情の重要性を浮かび上がらせているというよりむしろ，愛情がなくても夫婦が成立し得ること，またそうした夫婦関係の方が歴史的には長く続いてきたこと，逆にいえば愛情を絆とする夫婦関係がきわめて近代社会に特有の現象であることを指摘したのであった．

　夫婦が現実の生活において相互に何を求めているかという役割期待をたずねた調査の結果（丸山直子「都市雇用家族主婦の役割構造」『家庭科教育』7月号　家政教育社　1973年）をみても，夫から妻への期待は，「掃除，洗濯をする」「炊事や後かたづけをする」「家庭の中の整理整頓をする」という家事に関する項目が上位を占める．妻から夫への期待は，「決まった生活費をきちんと入れる」「自分の職務を熱心に果たす」と，稼ぎ手という職業人役割に集中している．伴侶性にかかわる項目で重視されているのは「相手の話をよく聞く」だけである．1999年に実施された他の調査でも，夫に収入責任が，妻に家事・育児責任があるとする意見に大半の者が賛成している（家計経済研究所『新　現代核家族の風景』2000年，pp. 136-137）．恋愛結婚志向が強いとはいっても，いったん結婚してからの夫婦生活においては愛情よりも生活優先となっている．最近では，女性が結婚相手を選ぶ時でさえも，いわゆる「3高（身長，収入，学歴が高い）」が崩壊して，「子ども好き」「家事ができる」などの生活者としての能力が重視されてきているという報告もなされている（『朝日新聞』2000年4月28日朝刊）．

　ちなみに，情緒も測定上の問題をともなう．夫婦間に愛情があることはどう証明できるか．「愛してるよ」と毎日耳元でささやけば愛している証拠となるわけではない．月に1度はデートをして誕生日には花を欠かさない夫婦であっても，そうした行為が儀礼化して逆に愛情の欠落を露呈している可能性も否定できない．また，配偶者や夫婦関係についての満足度をたずねた調査が数多く

行われているが，満足感と情緒的関係とは同じ次元でとらえられるものではない．相手を嫌いで相手との疎遠な関係に十分満足している状況がありうるからである．

　そもそもロマンスで語られる愛は，古代ギリシャの同性愛や中世の宮廷愛（コートシップ）に代表されるように，生活の臭いのしないものであった．「愛」は生活から切り離して，あるいは生活を捨てる情熱だからこそ意義があったのであり，「愛ある結婚」は実は矛盾している．「好きだから一緒にいたい」と「一緒に生活」がご都合的に重ねあわされて現代の結婚が成立しているといってよい．結婚という出来事とその後の結婚生活とは，同じコインの裏表というわけではない．結婚に踏み切るには愛情がなくてはならないかもしれないが，「愛さえあれば」がそれほど続くはずはない．たとえ恋愛を契機に結婚生活に参入したとしても，夫婦としての生活は恋愛だけで維持されるものではない．愛情ある関係を保っていきたいのであれば，活発なコミュニケーション，相手を尊重する，生活の共有といった，パートナーシップあるいは同伴性とでもよべるものを継続していく努力が必要になってくる．夫婦間の愛情は当然あるものではなく，あくまで2人でつくっていくものなのである．

夫婦を取り巻くネットワーク

　また，夫婦の二者関係は家庭内で完結するものでもない．職業社会や行政等の公的領域と接点をもつばかりでなく，家族外の親族や友人，近隣ともなんらかのつながりがあって初めて生活は成り立つ．ここでも分業型と共同型がありうる．社会的ネットワークという概念を使用して家族を分析した古典的研究であるボット（Bott, E.）は，夫婦それぞれが家族外のネットワークと緊密に結びついていれば分離的な役割関係をもち，逆に外との結びつきが緩やかであると夫婦間は緊密な傾向にあるという考察を展開している（Bott, E., *Family and Social Network*, second ed., London：Tavistock, 1971）．夫も妻もそれぞれ自分のネットワークでの活動が多いと，夫婦間の伴侶性は大きな問題にならない．個

人の生活を大切にするライフスタイルである．逆に双方とも外部社会とのつながりが弱い場合でも，夫婦間が緊密で一緒に行動するスタイルに満足を見い出すことができる．だがどちらかが外部のネットワークをもっていない，あるいはもっていても活用できていない場合，精神的に頼るないしは一緒に行動する相手として配偶者がクローズアップされてくる．そして夫婦のネットワークのスタイルや期待がずれていると，2人の生活に葛藤が生じる．

　実際に，子どもの誕生を境として夫婦がそれぞれ異なるネットワークに求心されることが指摘されている（ニッセイ基礎研究所『日本の家族はどう変わったのか』NHK出版　1994年）．妻が育児を核とする実用的な援助を近隣ネットワークに依存し，情緒面・精神面での援助を当初は夫に求めるのに対し，夫の方は心おきなく話せる相手を職場の仲間に求めるというのである．妻がもっとも夫を頼りにしたい時に夫は仕事が忙しく，夫が定年を控えて家庭に目をむけた時にはすでに子どもは成長し，妻も地域活動などの独自のネットワークに生活の足場を築いていることになってしまう．

　ネットワークの筆頭にあげられる結婚後の親との関係も多様である．同居，隣居，近居など居住形態がさまざまであるにとどまらず，援助関係も一方的ではない．成人したら親子間の扶養関係が逆転するとは限らず，むしろ親に依存する夫婦が増えていることが近年指摘されている（宮本みち子他『未婚化社会の親子関係——お金と愛情にみる家族のゆくえ』有斐閣選書　1997年）．育児面で親の援助力がますます重要になってもいる．配偶者の親との距離の取り方も，長男を跡取りとして優先するイエ意識と，結婚したら別家族とする新民法の原則との間で混乱しているといっていい．

　夫，および妻が家族外の親族も含めて外部社会とどのような関係をもつかは，夫婦生活のあり方と深くかかわっている．逆に，ネットワークのあり方によって夫婦の関係が変わってもくる．ネットワークの共有など，ネットワークが夫婦という二者関係を支える資源として働く可能性は大きい．

子どもが巣立った後に向き合う夫婦

さらに，夫婦の関係は時間の経過を含めてとらえなければならない．その場合，新婚段階では結婚から引き続くものとして，その後は子どもの成長段階に着目した家族サイクルの一部としてとらえがちである．幅広い年齢層を対象とした調査でも，夫婦の年齢や結婚後の経過時間によってではなく，子どもの成長に応じた分類をされることが多い．こうした子ども中心の家族サイクルの考え方では，親役割ばかりが注目され，夫・妻としての二者関係が無視されがちである．果たして，子どもの成長段階であれば，夫婦はお互いに「お父さん」「お母さん」で仕方がないのか，それでいいのかという問題がある．

実生活では子ども優先の方がうまくいくかもしれない．だが，それでは子どもが成長した後にどうするのか．日本人のライフコースの変化をみると明らかなように，寿命の伸びと子ども数の減少により，エンプティ・ネストは現代で

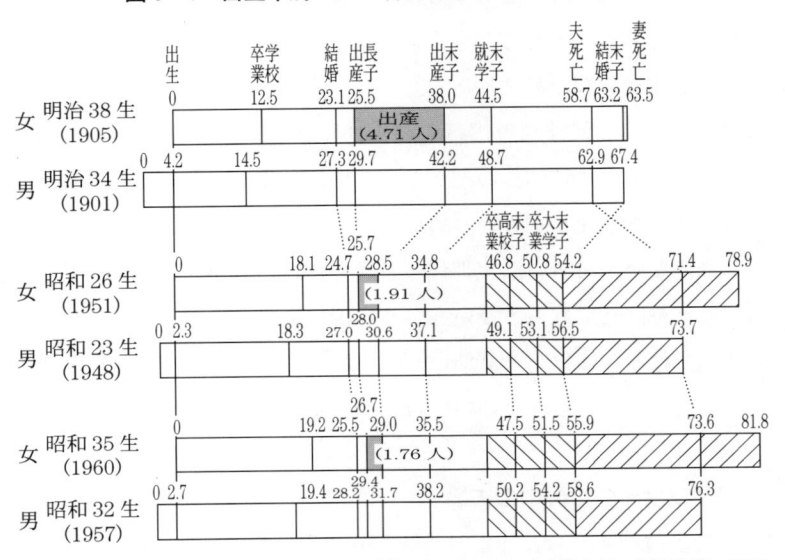

図6-4 出生年別にみた現代日本人のライフコース

出所）石川実「中年期の発見」井上俊他編『ライフコースの社会学』岩波書店　1996年　p.102

は人生の相当の期間を占める（図6-4）．昭和30年代に生まれた夫婦が子育て労働がほぼ終了すると考えられる末子の高校入学後にすごす期間は30年におよぶ．その長さは，「お父さん」「お母さん」としての生活よりずっと長い．この期間をどう過ごすかが，長寿社会の新たな課題の一つとなっている．

　いくつかのスタイルが考えられよう．夫婦共有型，分業型，そして祖父母役割型である．家庭生活と職業生活の山場を超えた高齢者にとって，第三の領域，すなわち余暇領域が生活の中心となることが予想される．実際，高齢者の登山や旅行，趣味活動が活発に行われている．そうした活動を夫婦一緒にしようとするタイプと，それぞれ独自に活動するタイプにわかれる．えてして，夫婦の思惑がずれていて，夫は定年後に夫婦水入らずの生活を楽しもうとするが，妻の方はすでに家庭外の友人や近隣との生活ができあがっていて夫を相手にしないケースが多い．老後の生きがい意識をみても，女性より男性の方が夫婦関係に期待しており，またその差が年長者ほど大きい．その最たる結果が熟年離婚といえようか．一方で，子ども中心で生きてきた妻が子どもの親離れを認められないケースもある．子どもが巣立ってから夫婦が向き合っても，既に時遅しということが少なくないわけである．

　祖父母役割型は，親役割の代わりに「おじいちゃん」「おばあちゃん」に移るもので，日本では比較的この型が多いといわれている．ただし，移りたくても子どもの結婚や親なりが遅いために孫がいない，別居や二世帯住居の普及により孫と会えない，あるいは親世代の子育てが古いとか孫の勉強が忙しいという理由で孫と遊ばせてもらえないという状況がありうる．さらには，祖父母役割が活性化されるのは孫がまだ幼いうちだけで，長いエンプティ・ネスト期間のうちの初期しか埋められないのが現状である．

ライフサイクルの中の夫婦

　1992年の世論調査では，家庭は「夫婦中心」が望ましいと考える者の占める割合が「子ども中心」が望ましいと考える割合を上回り，1986年の世論調

査の結果と逆転している．夫婦を重視しようという価値意識，問題意識が広がってきているわけである．だが，いったいどのような夫婦になろうというのか．分業型か共有型か．

　性差別に基づく夫婦関係は否定されるべきである．だが，性別分業を基盤とする夫婦関係は十分にあり得る．分業を基盤としてお互いに補い合って生活を成り立たせるのか，それとも同じ負担を共有しあっていくのか．またそれは経済的，日常的ないずれの側面においてそうするのか．さらには，子どもとの生活や老後の生活を含めて，家族外の社会とのつながりの中で，また長いライフコースの中でどう配置していくのか．

　結婚および家族形成はすでに制度ではなく（「家族の脱制度化」），「男は仕事，女は家庭」という近代的な夫婦モデルだけが夫婦のあり方ではない．結婚することも子どもをもつことも，そして夫婦のあり方も，各個人に選択の余地があり各個人にまかされている．そしてその選択がライフスタイルの発露として個人の生活で意味をもつ（「家族のライフスタイル化」）．一緒に生活して家族を築いていこうという男女は，どのような夫婦スタイルを選択するのか，あるいは新たに築いていくのか．現代を，そしてこれからを生きていく個人は，あらかじめ引かれた家族生活のレールに乗っていくわけにはいかない．選択の自由を享受しながら，同時に選択とその結果責任という厳しい荷を肩に感じながら，今までとは異なる社会を築いていかなければならないのである．

　また，選択は多様性を生む．すなわち，人によって思い描く家族および夫婦のイメージ，理想とする生活のあり方が異なることになるが，夫婦は2人の組み合わせである．多様性が許容されるほど，夫と妻の思惑がすれ違う可能性も高まる．家族や夫婦のあり方が決まりきっていた時代であれば，自らが当然と思っているままに行動していればよかったかもしれない．だが現代では，自分が夫婦としての生活に何を望むのかを意識し，それを配偶者に伝え意思疎通をはかった上で相互に調整することが必要になる．「夫婦なんだから黙っていても通じる」などという姿勢はもはや通じない．結婚時のロマンスがずっと続く

わけでもない．お互いの成長，生活段階に応じて常に意思疎通と調整をはかりつつ夫婦生活のあり方を2人でつくっていかなければならない．家族よりも個人が優先，尊重されるという「個人化」現象が指摘されている中で，夫婦が何によってつながり続けるのか．われわれの生きている時代は，自由を享受すると同時に，制度に甘えられない厳しい反面もあわせもっているのである．夫婦は，もはや1つの集団として自明のものではない．夫および妻という個人から2人のあり方を捉え直すことが必要とされている．

📖 参考文献

落合恵美子『新版　21世紀家族へ——家族の戦後体制の見かた・超えかた』有斐閣選書　1997年

善積京子編『結婚とパートナー関係——問い直される夫婦』ミネルヴァ書房　2000年

野々山久也・袖井孝子・篠崎正美編『いま家族に何が起こっているのか』ミネルヴァ書房　1996年

J. ホワイト著（正岡寛司他訳）『家族発達のダイナミックス』ミネルヴァ書房　1996年

山田昌弘『家族のリストラクチュアリング——21世紀の夫婦・親子はどう生き残るか』新曜社　1999年

第7章　母として，父としての日本の子育て

スローフード　お父さんも豊かな食卓に

　「お父さんがいないから今日はすき焼きよ！」陽気なお母さんの声に，子どもたちにおじいちゃん，おばあちゃんが笑顔でテーブルに集まってくる．おいしいものを仲間で食べると幸せな気分になるものだ．ただ食卓にお父さんの姿はない——そんな CM を見てふと思った．今度はお父さんを交えて食事ができたらいいのに，と．

　そう考えたのも，先日イタリアのトリノで開かれたスローフードの祭典「サローネ・デル・グスト」に参加したからだろう．「共に食べる喜びを分かち合う」というスローフードの精神に触れる幸せな体験をした．「ファーストフードを食べない運動」「グルメ食材を時間をかけて食べること」などと誤解されたスローフード．だが本来この運動が目指しているのは，「伝統的な食材や料理を守っていく運動」「味覚の教育」といった活動を通し，食の面から「豊かな生活」を取り戻すことにある．

　この世界最大の食の見本市を訪れた 15 万人の多くは普通の市民だ．なじみの店にでもいるかのように時間をかけて楽しんでいる．おいしいものを共に味わえば，互いの距離は縮まり，豊かで幸せな気持ちになるものだ．いまでも父親を中心に家族で食卓を囲むイタリアでスローフードは始まった．聞けば大抵の父親は「残すな」「好き嫌いを言うな」程度しか言わないようだ．これなら日本のお父さんも「豊かな生活」を始められそうな気がする．えっ，今さらできないって？　そんなこと言うなら考えてみて欲しい．家族と楽しく食事をしているお母さんが，どうしてお父さんより 10 年近くも長生きをするのかを．

コラムニスト　ジョー・スズキ『朝日新聞』2002 年 11 月 30 日付朝刊

（中略）

☞ キーターム

育児不安　身体疲労の蓄積，経験不足，社会的人間関係の希薄さ，夫婦関係の希薄さ，過度の期待と責任感など，心理的充足感を欠いた育児環境の中で，母親が孤立し不安感を高め，適切な養育態度がとれなくなる状態．育児ノイローゼ，育児の忌避，虐待，母子癒着などを引き起こす．

母性神話　母性とは出産や授乳など女性の生物学的機能に基づく性質．これまで女性の母親役割が強調され，「本能的な母性愛」が絶対視されていた．近年の研究では，これが本能ではなく相互作用を通し後に習得される性質であることが示されている．

3歳児神話　日本で多い，[子どもが小さなうちは，母親が育児に専念すべき] という考え．合理的な根拠は認められず，むしろ社会状況の変化による子育ての負担感が強まる現在，育児不安，母子癒着などの弊害が指摘されている．

男の子育て　ジェンダー・フリーの動きが始まり，1970年代後半から「男の子育てを考える会」や育時連（男も女ももっと育児時間を！連絡会）が発足．ネットワークを広げ，男が子育てをする意義を伝えている．

児童虐待　親・家族あるいは大人が，子どもに対して身体的・精神的に苦痛を与え，成長発達や生命をも脅かす行為．子どもが安全かつ幸福に生きる権利を剥奪する行為であり，2000年に「児童虐待の防止等に関する法律」（児童虐待防止法）が成立．

手放しで楽しめない，日本の子育て

　日米女性の結婚に対するイメージでは，アメリカはお互いの愛情や貞節さを大切にする「ロマンチック・ラブ志向」が強く，日本はお互いの気持ちは大切にするが，子どもの存在が意義あるものとする「子ども志向」が強い．日本の夫婦は，「子は鎹（かすがい）」の諺のとおり，子どもあっての生活なのであろうか．家族関係も，夫婦だけであればお互いを尊重し合うことで多くの問題は解決への道が開ける．時間やエネルギーもそれぞれの意志で有効に使うことができ，さらに支え合うパートナーとして互いが存在する．しかし，こうした関係も新しい家族の出現で一変する．

　親たちにとり，子どもを育てるということは，どのような意味があり，価値のあることと受けとめられているのであろうか．日本・韓国・アメリカの比較調査（表7-1　内閣府）によると，日本の親たちが，子どもを育てることの意味としてあげた項目は，1位「子育てにより自分が成長する」，2位「家族の結びつきを強める」，3位「次の社会を担う世代をつくる」であった．また，同調査から父親・母親間での意識の違いが見られ，父親の多くは「自分の生命を伝える」「自分の志を継いでくれる後継者をつくる」「家の存続のため」など，自分の家や血縁を意識した項目を挙げていた．一方，母親の多くは「家族の結びつきを強める」「子育てにより自分が成長する」など，子どもの存在そのものが，家族や自分にとり意義のあることと受けとめていた．

　また，アメリカと韓国で上位に挙げられていた「子育ては楽しい」（アメリ

表7-1　子育ての意味（各国上位5位）　　　　　　　　（%）

順位	日　　　本	アメリカ	韓　　　国
1	自分が成長　　（68.8）	子育て楽しい　（67.8）	自分が成長　　（64.8）
2	家族の結びつき（53.7）	家族の結びつき（50.3）	子育て楽しい　（51.9）
3	次の社会を担う（45.3）	次の社会を担う（45.8）	家族の結びつき（39.5）
4	自分の生命伝える（30.4）	自分の志をつぐ（40.8）	次の社会を担う（36.7）
5	子育て楽しい　（20.8）	自分が成長　　（34.5）	家の存続　　　（25.9）

出所　総務庁編『子どもと家族に関する国際比較』1995年より作成

カで1位67.8%，韓国で2位51.9%）が，日本では5位（20.8%）であった．さらに「子育ては楽しみや生きがいである」には3か国ともに肯定的であったが，「とてもそう思う」の積極的肯定派はアメリカで77.7%，韓国で67.3%であるのに対し，日本では44.2%に留まっていた．逆に，日本では約半数（49.8%）が「子育ては，辛く，苦労が多い」と感じていた．当然，こうした子育て観の違いは，アメリカのように子育てそのものを楽観的に，まずは「楽しいもの」と肯定的にとらえる欧米の文化的背景があることは認識すべきところである．日本の子育ては，辛く苦しいこともあり，全ての親にとり必ずしも生きがいとなる楽しいものとは限らず，自分のため，家のためという意味あいも強いことがわかる．アメリカや韓国の合計特殊出生率が日本より高いのは，こうした意識の違いも一因であろう．

追い詰められる母親たち：育児不安

　電車の中で，レストランで，傍若無人に走りまわる子どもたち，迷惑千万と怒りを覚える大人も多いのであろう．いや，この深刻な少子化問題に悩む時代，将来お世話になることもあろう貴重なお子様たちである…，と甘受する者もあろうか．めっきりとその数が減少してしまった子どもたちであるが，現在の子育てをめぐる問題を探ってみよう．

　育児を体験したことのない者にとり，それがどのようなものかを想像することは困難なことかもしれない．育児は「育自」ともいわれるように，親たちにとり意義の有ることである．しかしながら，育児は，きつい，汚い，危険と，まさに毎日24時間営業の3K労働，苦しいことの連続でもある．とくに乳幼児期には，誰しもそれを実感することであろう．ポルトマン（Portman, A.）が1年早産説を唱えたように，動物の中で人間ほど未熟のまま産まれ出るものはない．動物の多くは生後数日，いや数時間もすれば自力で歩き始める．しかし人間の場合，歩き始めるまでに約1年を要し，食べること，着ること，排泄まで，手厚い保護無しにはその生命は維持されない．時間をかけて成長してい

第7章　母として，父としての日本の子育て　121

く．
　こうした育児は，辛く，気が抜けない．自分の時間ももてず，疲労感も蓄積される．子どもが可愛いく思えず，思い通りにならない子どもに苛立ちを覚えることがあっても不思議ではない．こうした不安定な状態は，誰にでも起こり得ることであろうが，多くの親たちは，子どもの日々の成長や無邪気なしぐさなどでその辛さを忘れ，何とか心身のバランスを保っている．
　育児不安，子どもに対する否定的感情，育児ノイローゼ，さらに深刻な子どもへの虐待など，育児をめぐる母親たちの研究が進められている．図7-1は，いくつかの研究結果で指摘されている，育児不安をまねく要因群である．現代社会の子育ては，少子化，核家族化，都市化，情報化の進展など，育児不安を引き起こしやすい状況にある．少子化が進み，母親自身が子育ての知識を得る機会もなく育児に臨むこととなり，頼りとなるはずの育児書は氾濫し，情報に翻弄される母親たちの姿もある．核家族化や都市化が進み，育児への協力や助言が得にくい環境となり，母親たちは孤立し閉塞感を強めている．また，産む

図7-1　育児不安を引き起こす要因群と育児ノイローゼ，育児忌避，母子癒着，虐待の構図

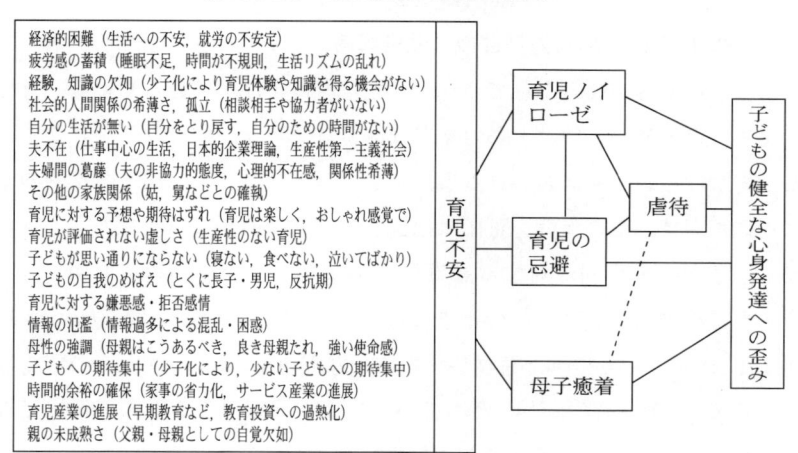

育児不安の要因		
経済的困難（生活への不安，就労の不安定）		
疲労感の蓄積（睡眠不足，時間が不規則，生活リズムの乱れ）		
経験，知識の欠如（少子化により育児体験や知識を得る機会がない）		
社会的人間関係の希薄さ，孤立（相談相手や協力者がいない）		
自分の生活が無い（自分をとり戻す，自分のための時間がない）		
夫不在（仕事中心の生活，日本的企業理論，生産性第一主義社会）		
夫婦間の葛藤（夫の非協力的態度，心理的不在感，関係性希薄）		
その他の家族関係（姑，舅などとの確執）		
育児に対する予想や期待はずれ（育児は楽しく，おしゃれ感覚で）		
育児が評価されない虚しさ（生産性のない育児）		
子どもが思い通りにならない（寝ない，食べない，泣いてばかり）		
子どもの自我のめばえ（とくに長子・男児，反抗期）		
育児に対する嫌悪感・拒否感情		
情報の氾濫（情報過多による混乱・困惑）		
母性の強調（母親はこうあるべき，良き母親だ，強い使命感）		
子どもへの期待集中（少子化により，少ない子どもへの期待集中）		
時間的余裕の確保（家事の省力化，サービス産業の進展）		
育児産業の進展（早期教育など，教育投資への過熱化）		
親の未成熟さ（父親・母親としての自覚欠如）		

→育児不安→育児ノイローゼ／育児の忌避／母子癒着→虐待→子どもの健全な心身発達への歪み

出所）大日向雅美「子育てと出会うとき」日本放送出版協会1999年，全国児童相談所長会「全国児童相談所における家庭内虐待調査」1997年ほかより作成

子どもの数や時期，性別までも選択できる時代となり，産まれてくる少ない数の子どもへの，親たちの期待も大きい．競争社会に向け，子どもたちへの教育投資も過熱し，熱心であるほど母親たちに大きなプレッシャーがかかる．

こうしたいくつもの要因が錯綜し，母親たちはストレスのなか不安感や苛立ちを募らせていく．さらに，思わず子どもに手をあげてしまい，そうした自分の行動への罪悪感や不安感を抱くという悪循環も生じてくる．子どもへの躾（しつけ）の域を脱した体罰を用い，虐待する親たちの報告例が増加し深刻な問題となっている．大日向雅美の調査（1970年代及び1990年代）でも，現在の母親たちが，育児に対する負担感や苛立ちを増大させていることが表面化していた．さらに，感情的に子どもを受け入れず愛そうとしない，親になりきれない未熟な母親たちの存在も認められた．こうした結果から，大日向は，人間としての成熟のあり方を問う文化の欠落，そして男女のパートナーシップを育成する教育の必要性を指摘している．子育て不安をもつ親たちが，子育てを学び自分の子育てに自信がもてるように，仲間作りや相談を持ち込める場づくりが求められている．

増加し続ける相談処理件数：児童虐待

さまざまな警鐘が鳴らされているが，児童虐待事件が多発している．育児に行き詰まった母親やしつけと暴力を取り違えた父親などにより，小さな子どもたちが傷つけられ，命が奪われる事件も起こっている．家庭内・密室での子どもに対する虐待，その実態を正確に把握することは困難なことである．しかしながら，子どもの権利に対する意識の高まりもあり通告件数が増加し，2000年度の児童相談所における虐待相談件数は17,725件，統計を取り始めた1990年1,101件の，約16倍へと急増している．2000年には「児童虐待の防止等に関する法律（児童虐待防止法）」が制定され，たとえ親によるものであっても，児童虐待が，重大な人権侵害であり犯罪行為に当たる社会問題であることを顕在化させた．厚生労働省や各自治体では，虐待防止マニュアル作成や相談所の

設置など，予防，早期発見，早期対応，被虐待児童の適切な保護などに向けて総合的な対策が講じられている．

　児童虐待の概念についてはさまざまな見方があるが，これまで法律上定義されていなかった児童虐待を，保護者らによる子どもの生命をも脅かす ① 身体的虐待，② 養育の怠慢ないし拒否（ネグレクト），外にはみえにくい ③ 心理的虐待，そして ④ 性的虐待の4類型に規定している．これらは全てが，子どもが安全かつ幸福に生きる権利を剥奪する行為なのである．虐待相談の内容では，身体的虐待が52%ともっとも多く，次いで保護の怠慢ないし拒否が30%，心理的虐待が14%，性的虐待が5%であった．被虐待児童の年齢では，0歳から就学年齢以前の乳幼児が全体の半数を占めており，虐待が早期から始まっていることを示している．また，主たる虐待者は，母親（実母および実母以外）が60%，父親（実父および実父以外）が32%，その他が8%であった（厚生労働省「福祉行政報告例（2000年）」）．

　虐待行為は，子どもたちの心身の成長に深刻な影響を与えている．成人後にこうした虐待体験の後遺症に苦しむ事例や，さらに次世代に引き継がれていく世代間連鎖の事例も多く見られる．虐待を誘発する原因は家庭環境によりさまざまであるが，全国児童相談所における「家庭内虐待調査」では，経済的困難や親族・近隣・友人からの孤立などが高い割合を示していた（全国児童相談所長会　1997年）．虐待に関する電話相談には，虐待をしている母親本人からの相談が圧倒的に多い．反抗的態度や泣き止まないなど，子どもの行動に対してではなく，育児の疲れ，子どもへの嫌悪感，母親としての義務感などで閉塞状況に追い込まれている母親側の要因が多くみられる．余裕の無い生活の中，心身の疲れや思い通りにならない育児からのイライラが，弱い立場の子どもに対して向けられるのである．

　こうした児童虐待の背景には，親や大人の抱く古い子ども観がある．親たちは無意識のうちにも，子どもを自分に従属する存在，支配・管理の対象とみなし，何らかの問題に直面した時に自分自身の身勝手な行動をそこに顕在化させ

ていくのである．子どもが，親とは別の独立した人格であり，社会の一員として権利の主体であるという認識を植え付けていくことが必要であり，こうした親たちへの早急な対応が求められている．

母性強調からの解放

子育てに悩む母親が，こんな言葉で叱咤激励される．「自分の産んだ子なら可愛くないはずがないでしょ，弱音を吐かずに頑張りなさい」．多くの母親を苦しめている母性神話であり，育児不安をまねく大きな要因ともなっている．はたして，母親となった女性たちは，先天的・本能的に子どもを愛するのものなのであろうか．母性に関する論争は，古くは平塚らいてう，与謝野晶子の時代から続いていており，女性の時代の始まりである1970年代からは，多くの母性解読の研究が進められている．しかしながら，近年の研究では，母性偏重に疑問を投げかけているものが多くみられる．

フランスのバダンテール（Badinter, E.）は，母親の態度の歴史的変遷を観察した．時代により，母親の子どもに対する関心や献身が表れたり，表れなかったり，愛情がある場合とない場合が認められた．母性愛がプラスであったり，マイナスであったり，ゼロであったりとさまざまな型をとっていることを指摘し，それが女性の本性に深く根ざしている本能ではないことを証明した．母性が神聖なテーマであり，母親の不変の献身愛を信じていたい社会では，大きな反響をよんだ．

また，近年の心理学や精神医学の分野では，出産後の心理的状況や，おかれている環境などの要因により，母親の愛情の表れ方に違いがあることが明らかにされ，それが本能ではなく，後に習得される性質のものであることが認められている．子どもに対する愛情は，世話をし共に過ごす，そうした相互作用の中から生まれてくるものであり，それは母親だけの独占的なものではない．父親や他の養育者が，子どもとのこうした相互作用の中で，母親以上の愛情を抱くこともある．近年の研究では，母性が生物学的にいう生殖機能上の男女の差，

具体的には妊娠，出産，授乳の機能に基づく性質であり，これ以外には存在しないとする見解が多くなっている．父性にはその機能が欠如しているということになる．人間の子どもは未熟状態で生まれ出るため，保護と養育が必要であり，授乳機能をもつ母親が，その役割を負うことは好都合である．そして，多くの社会でそうした方法がとられてきた．しかし，これはあくまでも機能上の問題にすぎないということになる．

　近代社会において，女性は母親としての役割だけで評価され，良妻賢母の強調により母性尊重の考えも一層強いものとなった．母性愛を絶対的なものとし，母親になれば女性は本能として愛情溢れる振る舞いをすると思われてきた．そして女性は母親役割だけに閉じ込められ，社会的・経済的活動の場も狭められてきたのである．

　過剰な母性強調やこだわりは，母親を精神的に追い詰め，育児不安をまねく要因となる．母親なら本を読み聞かせ，母乳を与え，手作りのものを与えてその愛情を示せ，そうでなければ母親失格と，母親たちにプレッシャーをかけ一層追い詰めていく．前出の調査（大日向）でも，こうして追い詰められている母親たちの姿が多く認められ，現実とかけ離れた母性神話から母親たちを解放していくことの必要性が指摘されている．

　さらに，過剰な母性強調は，母親の育児に対する責任感を強化させ，「過保護」「過干渉」「母子癒着」「母子密着」といった病理現象をも引き起こすことになる．母親が必要以上に子どもに関わり，過度に密着し分離できない状態となっていく．子どもの世話という型で子どもを束縛し，支配していく．さらに，こうした母親たちは，自分自身の自己実現を子どもに代償させ，充実感を得る生き甲斐の対象としていく．親からの過度な期待やプレッシャーは，それを背負い続けなければならない子どもたちの心身の育成に歪みを生じさせていることは，多くの精神科医らが指摘している．

まだ多い,「子どもを預けてまでも……」

「お母さんが居なくて可哀想……せめて3歳までは一緒に居てあげなくては……」,子どもの健全な生育には,子どもが小さなうちは母親は育児に専念すべきであるという「3歳児神話」である.子どもを預けて働く母親たちに罪悪感や後ろめたさを抱かせ,また預けられる子どもたちをも苦しめている.そしてまた,「子どもを預けてまで働くなどとは……」と,多くの女性たちに就労を断念させる材料となっている.わが国ではこうした意識が未だに根強く,子どもが小さいうち,とくに3歳以下の子どもを預けることに抵抗感のある者が多いのである(厚生省調査 1997年).

1951年,WHO(世界保健機構)の依頼を受け,ボウルビィ(Bowlby, J.)を中心として1940年代に行われた母子関係の研究結果が発表され,世界的に大きな影響を与えた.報告書(「母性的養育と精神衛生」)は,「母親(あるいは代理母親)との暖かい持続的関係が,子どもの健全なパーソナリティの発達にとり不可欠である」というものであった.この母性剥奪の理論では,母性的養育の喪失が子どもたちの心理的・知的発達の遅れ,情緒障害を引き起こすとされ,子どもの健全な発達に及ぼす母親の存在の重要性が強調されていた.極端な見方をすれば,母親を子どもから引き離すべきではないとするものであり,多くの研究者からこうした点に対する批判的見解が示された.そして,ボウルビィ自身も後の研究で,短時間の母子分離を認める結論を出すこととなった.

その後も多くの研究者による母子関係の研究が進められ,親密な母子関係は,母親の精神状態や母子関係の質こそがその要因であると結論づけられるようになった.母親が働いているかどうか,一緒に過ごす時間の長さではなく,関係性のもち方,量よりも質の問題であり,限られた時間でも,密度の濃い接し方で親密な親子関係,信頼関係を築くことができるというものである.乳幼児にとり,養育者の愛情が不可欠であることは,周知の事実である.しかし,これは母親が一日中側に寄り添うことだけが必要なのではなく,親と同じように愛情をもち子どもと接する者の存在が必要なのである.それは保育を専門とする

保育士でも，祖父母や保育ママ，地域の友人であっても可能なのである．

現代社会での子育ては，母親たちにとり負担感の強いものとなっている．核家族化や都市化が進行し，母親たちは孤立し，閉塞状況の中にあり，育児不安，育児ノイローゼ，母子癒着といった状況に陥りやすい．こうした見逃すことのできない現状から，むしろ短時間の母子分離，家庭外での保育が，母親と子ども双方にとり，より良い関係の形成には必要なことなのである．欧米を中心とした幼児発達や母子関係の研究分野では，母親1人による密室保育よりも，昼間は保育所などに預けて集団保育をする事が，子どもの心身発達にも良い影響を与え，社会性も育ってくるとの見解が広がっている．

「国民生活選好度調査」では，育児に対し「自信がなくなることがある」と答えているのは，有職主婦（50.0％）よりも，むしろ子どもの側に常に付き添う専業主婦（70.0％）たちである（経済企画庁 1997年）．孤独の中で「良き母親たれ」と役割遂行に懸命となり，楽しみより辛さを感じ，時には自信がもてず，不安やストレスに悩んでいる母親たちの姿がそこにある．バランスを欠いた精神状態での子育てが，多くの弊害を生み出していることは指摘されており，こうした状況に即した「育児の社会化」を深刻に考える時期がきている．厚生労働省の子育て支援事業の1つとして，ファミリー・サポート・センターが各地に広がっている．子どもを預けたい人と預かりたい人で作られている会員組織の子育て支援である．現在，子育てに期待されている事は，こうした地域での支え合いである．

豊かな時代の子育て：問われている家庭の教育力

手のかかる育児期を過ぎても，子どもたちはその成長過程で多くの問題と直面する．『青少年白書』（内閣府 2000年）によると，警察に検挙・補導された非行少年の数は，戦後第4のピークに達した1990年代後半以降微減傾向にあるものの，低年齢化が進み，女子の割合が増加，さらにその質の変化が問題点とされている．1999年に凶悪犯として検挙された少年たちのうち，約半数

(45.5%) が過去の非行歴が無い者であった．日常生活において，非行グループとの関わりや初発型非行（万引き，自転車盗など）といった目立つ兆候の見られない，いわゆる「普通の子」による「いきなり型」のものが増加しており，近年の少年非行の特徴として挙げられてる．

内に抱えた不満やストレスを，「キレル」で表現されるように何かの動機で爆発させて起こしてしまう，少年たちのこうした非行傾向の分析では，次のような共通の特徴が見られる．自己中心的な価値観を持ち，被害者に対する贖罪感や規範意識が低いこと．また，コミュニケーション能力や自己表現力が低く，対人関係がうまく結べないこと（文部科学省「少年の問題行動等に関する調査研究協力者会議」）．自尊感情がもてずに，感情のコントロールが苦手で，さらに，新しい環境に適応できずに，他人の痛みが理解できない，そんな少年像が浮かびあがる．

パーソンズ（Parsons, T.）は，家族の基本的機能の1つに「子どもの社会化」をあげており，父母による子育てがその過程として把握されている．人間の社会化は，家族のみならず，地域，仲間，学校，職場と，個人が所属するさまざまな集団での人間関係を通じ，ひとりの人間として自立して生きていくための価値観を取り入れていく過程である．その中でも，パーソンズが「人間のパーソナリティを作り出す工場」と説いた家族は，もっとも基本的，かつ重要な意味をもっている．

子どもたちをめぐる問題は，多くの要因が錯綜している．家庭，地域，学校が一体となり取り組んでいくことの必要性は周知の事実である．しかし，現在のこうした状況は，子どもたちの社会化の拠点となる家庭での教育機能の低下・衰退が大きな要因の1つであり，とくに親たちの養育態度にその問題があることが指摘されている．内閣府の調査でも，小学生や中学生を持つ親たち自身が，わが国の子育てや教育の問題点としてトップに挙げたことは「家庭でのしつけや教育が不十分であること（70.8％）」であった（「第2回青少年の生活と意識に関する基本調査」2001年）．そして，子育てに必要なこととして「子ど

表7-2 子育ての方針 (小学4年生〜24歳の子どもをもつ親)　　(%)

	そう思う	どちらかと言えばそう思う	どちらかと言えばそう思わない	そう思わない
子どもを良くするには，厳しい訓練やしつけが必要である	27.9 (21.7)	40.3 (42.4)	20.0 (21.0)	11.3 (13.6)
子どもの自発性をできるだけ尊重すれば，子どもは健全に成長する	34.2 (40.5)	46.8 (41.4)	12.9 (12.6)	4.5 (3.9)
男の子は男らしく，女の子は女らしく育てるべきである	24.7 (35.8)	33.6 (30.9)	24.5 (17.9)	16.3 (14.2)
父親は子どもに厳しく，母親は子どもに優しく接することが，理想的である	16.1 (21.8)	30.8 (28.7)	29.8 (26.5)	21.9 (20.4)

注)　( )内は1996年同調査（第1回）の結果
出所)　内閣府「第2回青少年の生活と意識に関する基本調査」2001年

もの自発性の尊重 (81.0%)」や「厳しい訓練やしつけ (68.2%)」を挙げている（表7-2）．さらに親たち自身が，時代の変化としつけや教育のあり方として，「親たち」そして「地域」の果たす役割が今後ますます重要になると感じている．

　物があふれる豊かな時代となり，数の少ない子どもたちには，親たちの大きな期待がかけられる．現代の親子関係では，昔ながらの厳格な親ではなく，友達のような関係が望まれている．社会全体として子どもたちには十分手をかけ，ときには甘やかして育てる風潮が生まれている．しかし，それが逆に子どもたちの自主性を阻害し，自立していく機会を奪うという結果を生むこともある．さらに，過保護な風潮がみられる一面，無関心で放任になるなど，親たちへの反省材料は山積みである．文部科学省では，現代の子どもたちに欠けている道徳心や正義感を育てるには，家事手伝いなどの生活体験や戸外での自然体験が大切であると呼びかけている．子どもたちと真剣に向かい合う，親たちのそんな姿勢が求められている．「結婚や子育てに夢を託せる社会に」といった書き出しの『厚生白書』が発表されて話題となった（1998年版）．合計特殊出生率が1.39へと落ち込み，少子化に歯止めがかかる気配がまるでみえない現状に

対し，国民的論議を狙った問題提起型の白書である．男女が共に子育てに責任をもち，喜びを分かち合える新しい家庭像の確立を謳ったものである．白書の言葉を借りれば「子どもの社会化，自立には，優しさと厳しさ」が必要であり，その両面をバランス良く保ち子どもに接していくことが重要な鍵となっている．

意識調査にみる現代日本の親子関係

　現代の家族は多くの問題点が指摘されている．近年実施された内閣府の調査から，親子関係を中心に家族の現状を探ってみよう．

　前出の内閣府調査（2001年）から，子どもたちの家庭生活への満足度では，小4～中学生の9割以上，15歳～24歳の8割以上が「楽しい」または「とても楽しい」と回答しており，日本の子どもたちの多くが家庭を楽しい居場所と受けとめていることがわかる．そして，高度経済成長時代から日本の家庭での父親不在傾向が指摘されているが，親子間の接触時間，共同行動，会話の頻度など，全般にわたり父親よりも母親とのコミュニケーションが活発である傾向は変わっていない．親子の共同行動では「食事をする」，「話しをする」，「テレビを見る」そして「買い物に行く」が上位に挙げられている．

　親子間の「会話の頻度」では，母親と「話さない方（あまり話さない，話さない）」が小4～17歳で1割以下，18歳～24歳で1割程度であるが，父親との会話では，小4～中学生で2割以上，15歳～24歳で3割から4割近くが「話さない方」と回答している．さらに，子どもたちは親がどの程度自分の気持ちを分かってくれていると感じているか，そこにも同様に父母間で違いが見られる．小4～中学生で8割以上，15～24歳で7割以上が，母親は自分の気持ちを「分かっている（とてもよく分かっている，よく分かっている）」と感じている．しかし父親に対しては，「分かっている」が小4～6年生で7割，中学生～24歳では5割にとどまっていた．年齢が高くなるに連れ，自分が親に理解されていないと感じている子どもの比率が高くなる．成長と共に変化していく子どもたち，その変化をうまくキャッチできないでいる，そんな親たちの姿がみられ

た．

　さらに，11か国間の比較調査では，親がどの程度自分のこと（友人や恋人，仕事や勉強について）を知っているか，子どもに対する理解度が父親より母親が上回っていることは各国同じであるが，日本の父親・母親共に各国の中でもっとも低いものであった．とくに父親は，他の国よりもっとも多い2割—3割が「ほとんど知らない」と回答している．また，父親から「生き方，行動の仕方，道徳などについて指導を受けた経験」については，6割が「ある」と回答しているが，11か国中9位であった．（「第6回世界青年意識調査」アメリカ，タイなど11か国　18歳〜24歳　1998年）．良い親子関係の形成には，双方向のコミュニケーションが重要な鍵となっている．コミュニケーションを核とした良い親子関係と家庭生活の満足度は高い相関関係にあり，家庭生活のみならず学校生活など，家庭以外の満足度にまで影響を及ぼす．学ぶ意欲や生きる力の低下が指摘されている現代の子どもたちにとり，家族を中心とした，きちんと向かい合うことのできる，そんな大人の姿勢が求められている．

☎　やはり，男の子は男らしく……

　さて，わが国でも女性の社会進出が進み，リーダーシップを発揮する女性も増えた．逆に，美しさを追求する身奇麗な男性もよく見かける．女性が強くたくましく，男性が優しく見える時代となった．しかしながら，わが国は先進諸国の中でも性別役割分業意識が根強く存在する社会である．こうした価値意識は，子どもたちの中でどのように形成されていくのであろうか．ジェンダーの視点で，日本の子育て，親子関係を探ってみよう．

　アメリカ・韓国・日本の3か国間比較調査では，「男の子は男らしく，女の子は女らしく育てるべき」とする性別によるしつけについては，各国とも母親よりも父親の多くが賛成していた．その中でも日本の父母間での大きな差が見られ，父親たちの多くがとくに男子に対し，男らしく男役割を生きることを期待していた（総務庁「子どもと家族に関する国際比較」1995年）．子どもへの学歴期

待では，親の学歴や階層が高いほど，子どもへの期待が高いことは3か国共通であり，アメリカや韓国では，子どもが男子か女子かによる親の期待に違いはみられなかった．しかしながら，日本の親の特徴として，女子に対してよりも，とくに男子に対しての学歴期待が高い傾向が顕著であった．

同様の傾向は，近年の内閣府調査（前出 2001年）においても見られた．子どもに対する学歴期待では，男子は「大学・大学院（66.9％）」に集中し，女子は「大学・大学院（44.2％）」と「短大・専門学校（47.9％）」に二分化していた．この傾向は父母間で同様であるが，とくに父親の多くが女子に対しては高い学歴（大学・大学院）は期待していない．

さらに，親たちの子どもに対する価値期待においても性別化が認められた．男子に対しては，責任感，忍耐強さなど，社会生活における課題遂行に役立つ

図7-2 子どもに期待する性格特性
（小学4年生〜中学3年生の子どもをもつ親）

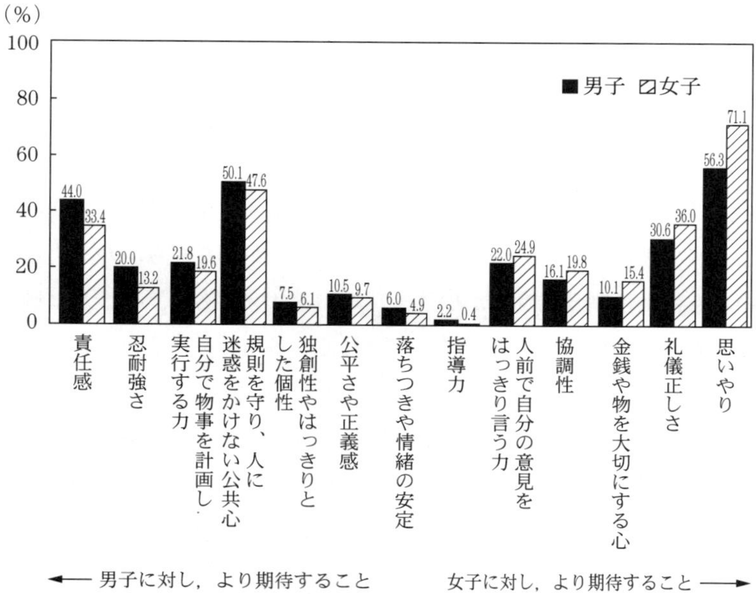

性格特性	男子	女子
責任感	44.0	33.4
忍耐強さ	20.0	13.2
自分で物事を計画し実行する力	21.8	19.6
規則を守り，人に迷惑をかけない公共心	50.1	47.6
独創性やはっきりとした個性	7.5	6.1
公平さや正義感	10.5	9.7
落ちつきや情緒の安定	6.0	4.9
指導力	2.2	0.4
人前で自分の意見をはっきり言う力	22.0	24.9
協調性	16.1	19.8
金銭や物を大切にする心	10.1	15.4
礼儀正しさ	30.6	36.0
思いやり	56.3	71.1

←――男子に対し，より期待すること　　女子に対し，より期待すること――→

出所）内閣府「第2回青少年の生活と意識に関する基本調査」2001年より作成

価値をより多く期待し，女子に対しては，思いやり，礼儀正しさなど情緒的側面や関係的側面にかかわる価値をより多く期待している（図7-2）．男子には広く社会で生き抜いていく，そのための高い学歴を期待し，女子には温かい家庭を築くことを期待し，男子ほど高い学歴でなくても良いと考えている．親たちの，こうした性別役割意識に根ざしたしつけや態度の性別化は，家庭生活での相互作用を通じて子どもたちに影響を与える．男子であれ女子であれ，子どもたちが「自分らしく」生きていこうとする時の壁となり，個々の可能性を奪うことにもなる．

　しかしながら，少しずつではあるが意識の変化もみられる．20年余り前から実施されている青年たちの比較調査（11か国）では，「男は外で働き，女は家庭を守るべきだ」の考えに，過半数（1977年で50.4％）が賛成派であったが，現在は61.2％が反対派（賛成18.4％）へと転じ，性別役割分業意識は確実に少数派となってきている．ただし，理想の父親像では各国共通の傾向として，仕事よりも家庭第1と考える親しい友人のような「家庭重視型」の父親を望んでいる（1998年調査）．日本でも「家庭重視型」が増加し続けて（1977年の40.0％から，1998年の73.5％）はいるが，この数字は11か国中最下位であり，他国に比べてもっとも多くの子どもが「仕事重視型（18.5％）」の父親を理想としている．親の世代では，その2.5倍にあたる約半数（46.3％）が「仕事重視型」の父親を理想としていた．時代と共に意識の変化は見られるが，子どもたちの中には，自分の育った定位家族の父親をモデルとして，自分の築く家族（生殖家族）で再生産することを望む者もある．結果として，他国に比べて性別役割分業型の家庭を理想とする子どもが多くなるのである．

変わり始めた父親たち

　「育児をしない男を父とは呼ばない」．家庭や子育てに夢の持てる社会を目指し，不在傾向の強い父親たちの家庭回帰を願い，厚生労働省が政府広報に使ったコピーである．ポスターやTV広告は大きな反響を呼んだ．「良くぞ言って

くれた」と拍手を送った女性たち,「そんな,押し付けがましい……」と眉をひそめた男性たち,それが大方の反応であった.育児や子育てへの父親参加が叫ばれる中,はたして父親たちはどのように変わってきているのであろうか.

　総務省「社会生活基本調査」によると,1日のうち育児にかける時間は,20代後半の男性が12分,女性はその10.2倍の2時間2分,30代前半の男性が11分,女性がその7.5倍の1時間22分と,圧倒的に女性が育児を担っていることがわかる(1996年).さらに,週休2日制の浸透や景気の低迷の影響から,男性の一日の仕事時間は減ってはいるが,フルタイムで働く夫婦の,夫が家事・育児にかける時間は36分,妻はその6.4倍,分業構造は変わってはいない(2001年).日本での父親の子育て参加は,仕事に支障のないお手伝い程度であり,母親任せの父親不在の傾向に大きな変化はみられない.

　しかしながら,「お父さんは忙しいから」と逃げてばかりはいられない.少しずつではあるが,あちらこちらで,父親たちが家族の一員であることに目覚め,積極的に子どもたちとかかわる姿が見られるようになった.「男の妊娠・出産・育児」「新米お父さんの子育ての本」,書店の実用書コーナーで見かけるようになった,男性のための育児書である.父子手帳や冊子の配布,子育て講習会など,育児指南に乗り出す自治体も増えている.また,父親たちの子育てネットワークも,地域や特定のグループのものから,パソコンを使った全国ネットまで拡大しつつある.

　さて,1992年から男性も育児休暇を取得できることとなった.一歳未満の子をもつ親に1年間の休職を認める制度である.はたして,それはどの程度浸透しているのであろうか.男性の育児休暇取得については,男性の7割近くが「取得したほうがよい」と回答しているが(内閣府世論調査　2000年),実際の取得者の割合は0.4%にとどまっている.

　北欧のように,男性の取得がありふれた日常的事例となるには,かなりの時間が必要である.女性は,好むと好まざるとにかかわらず,育児は女性がするものという社会通念に後押しされる形で休暇を取得できる.ところが逆に,こ

れが男性にとっては強い向かい風となる．未だに，育児休暇は男性には取得しづらい雰囲気が支配的であり，「育児で休暇を取るような男性」を好まない企業も多いというのが現状である．

　しかしながら，こうした強い向かい風の中，周囲の冷ややかな反応を受けつつも，本人の積極的な意思で，自ら子どもとかかわろうとする男性も出てきている．育児を受けもった男性たちは，今まで女性に独占されていた育児が，いかに大変なことであるかを認識し，さらに，その楽しさ，格別の面白さ，感動の醍醐味など，多くのことを発見している（育時連「育児で会社を休むような男たち」ユック舎　1995 年）．マスコミに取りあげられるほどの少数派であるが，新聞紙上にも積極的にかかわっているこうした男性たちの姿が時折紹介されている．口先だけの男女平等ではなく，お互いを尊重しながら本気で相手と向かい合おうとしている，真のパートナーシップを高めている男性たちである．

　性別役割分担意識と長時間労働，こうした社会環境は男性たちが育児にかかわることを希望しても，物理的な制約が大きすぎる．せいぜい「良いとこ取り」「ちょっとしたお手伝い」で終始してしまう．「一度しかない人生，仕事だけでなく，いろいろなことに挑戦し，幅広く豊富な体験を積み重ねるほうが面白いのではないか」，そんな呼びかけにどれほどの者が決断を下せるであろうか．あえて育児休業に挑戦するほどバイタリティーのある人間に対し，企業のほうもかえって期待できるのではないか，そんな見方もできる．

　学校や企業での週休 2 日制が浸透し，休日には魚釣りやキャンピングと，身体を使って子どもと遊ぶ父親たちの姿を多く見かけるようになった．難しい年頃の子どもを抱える父親たちが，学校や母親だけには任せておけないと立ち上がり「おやじの会」を結成し，荒れていた学校が静かな学校に戻った．保育所，児童館，PTA など，地域活動の参加者の中にも，父親たちの姿を見ることが多くなった．こうした子どもを介した父親たちのネットワークも全国的に広がりつつある．遥か昔，子育ては男の仕事，そんな時代もあったそうだ．女なんぞにと，女性蔑視でもあったが，子育てを「親として非常に大切な仕事」と考

えていたからである．そして，今の時代もそれは変わらないはずなのである．

参考文献

大日向雅美『子育てと出会うとき』NHKブックス852　日本放送出版協会　1999年
バダンテール,E.著（鈴木晶訳）『母性という神話』筑摩書房　1991年
大日向雅美『母性神話の罠』日本評論社　2000年
牧野カツ子ほか編『子どもの発達と父親の役割』ミネルヴァ書房　1996年
育時連編『育児で会社を休むような男たち』ユック舎　1995年
落合恵美子『21世紀家族へ』（新版）有斐閣　1997年
内閣府編『男女共同参画白書（平成14年版）』財務省印刷局　2002年
内閣府編『国民生活白書（平成13年版）』ぎょうせい　2002年
内閣府編『青少年白書（平成13年版）』財務省印刷局　2001年
内閣府編『厚生労働白書（平成13年版）』ぎょうせい　2001年

Part IV

職場における女と男

第8章　女・男の働き方，男女共生の働き方

「農家の女性『サラリーマン』化」

　「嫁」として扱われがちな農家の女性が，給与を受け取るようになっている．農水省がまとめた，女性農業者の実態調査で，毎月，給与を得ている女性は昨年11月時点で43％おり，4年前の調査の16.2％と比べ，大きく伸びたことがわかった．

　実態調査は昨年11月，全国の60歳未満の女性農業者約3千人を対象に実施され，今年春にまとめられた．

　夫や夫の親から毎月，農業の仕事に対する給与・報酬を受け取っている女性は若い世代ほど目立った．30歳未満では63％，30歳代は50％だった．40歳代は47％，50歳代は39％で，いずれも4年前より大きく増えていた．

　自分名義の預貯金を持っている人は9割にのぼり，給与や報酬が定着していることをうかがわせる．

　今回初めて調査項目に加わった，自分名義で農地を所有している女性については，9％の279人だった．夫あるいは夫の親からの贈与や相続は36％いた．農水省は「以前は『嫁いできた外の人』と見られ，夫や夫の親から譲り受けるケースはほとんどなかったと考えられる．大きな変化だ」と分析している．

『朝日新聞』2000年6月14日付朝刊

第 8 章　女・男の働き方，男女共生の働き方　139

キーターム

労　働　　肉体的・精神的能力を用いて，人間生活に必要な物財やサービスを意図的に生み出す活動．職業労働はこの一種に当たる．
女子労働力率の M 字型　　日本の女性の年齢別労働力率を折れ線で表現すると，両側（20 歳代と 40 歳代）が高く中央（30 歳代）が低いため M 字型を描くこと．
性による職業分離　　特定の職業に男女の一方が集中し，明白な偏りがあること．企業内または職場内の場合は，性別職務分離ともいう．階層的な上下に分かれる垂直的分離と同水準の職業に分かれる水平的分離がある．
非正規労働者　　勤務先企業との関係において，正規労働者（正社員）ではない，出向，派遣，契約社員，パートタイマー，臨時・日雇などの労働者．
アンペイド・ワーク(unpaid work)　　働いても個人の収入をともなわない無償労働．家事労働，ボランティア活動，農業世帯における一部の家族従業者（女性）の労働など．

📞 働く男女のとまどい

　労働といえば，私たちは職業労働，とくに雇用労働を思い浮かべがちである．雇用労働を中心とする職業労働の重みからすればもっともではあるが，こんにち，そのような認識の見直しが迫られている．雇用労働は就業形態が多様化し，職業以外の労働も注目されてきたからである．見直しを迫るような状況の変化をもたらしたものは，何よりもジェンダーの発見であり，ジェンダーへの対応である．その状況の変化は，既婚女性の労働力化や男女雇用機会均等法の施行などの事実にとどまらず，社会科学と社会運動の理論や"世論"において，男女の働き方をめぐる活発で多面的な議論の展開にあらわれている．

　たとえば，男性は家事労働の欠如を女性から批判され，専業主婦は無職であると有職女性から軽視されるが，家事も仕事だと主張し，パートタイマーの女性は安易な働き方だとキャリア志向の女性から軽視され，雇用された女性は企業に拘束された働き方だと社会的活動の女性から批判される，というように．

　もちろん，このように男女をとまどわせる議論ばかりではないが，さまざまな立場から容赦ない議論が生じるほど，男女の働き方は複雑に絡み合ってきたということであろう．そこで，この章では男女の働き方の全体像について，実態とその仕組みを整理し，男女共生の観点から問題と可能性を考えていく．

　なお，雇用者の労働については第9章で，職業労働と家庭生活との関連については第10章で詳しく扱っている．

📞 就業者男女の現在

　まず，男女がどのように働いているか，図表を参照しながらマクロな実態を概観する必要がある．図表中の数値から，ジェンダーにかかわる現状と問題が読み取れるからである．

　就業者数については，2001年現在で，15歳以上の就業者は男性3,783万人，女性2,629万人であり，労働力人口（就業者と完全失業者の合計）は，男性3,992万人，女性2,760万人である．労働力人口比率（労働力率）は，男性

第8章 女・男の働き方，男女共生の働き方 141

図 8-1 労働力人口比率 （2001 年）

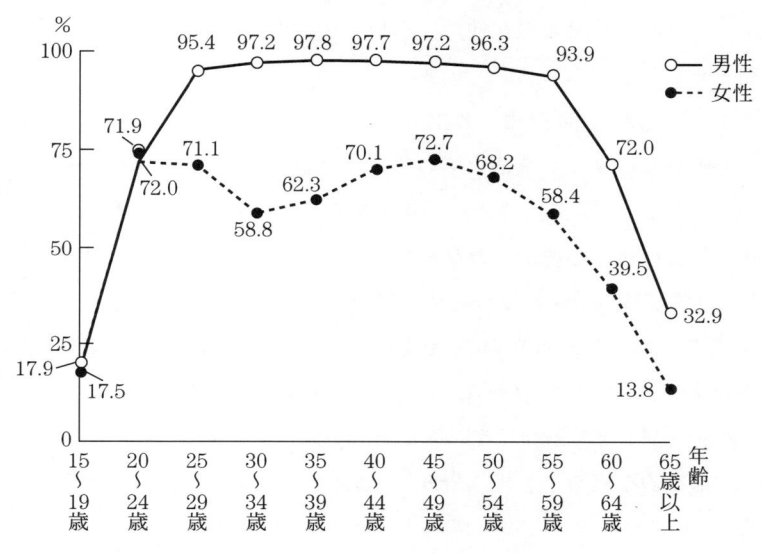

男性: 17.9, 71.9(20-24)の隣に72.0, 95.4, 97.2, 97.8, 97.7, 97.2, 96.3, 93.9, 72.0, 32.9
女性: 17.5, 71.1, 58.8, 62.3, 70.1, 72.7, 68.2, 58.4, 39.5, 13.8

出所）総務省「労働力調査」より作成

75.7％，女性49.2％であり，15歳以上の男女の間で20数％の差がみられる（総務省「労働力調査」）．これは，意外に小さな差という印象を与えるかもしれない．

しかし，年齢段階ごとに詳細にみると，労働力率の差異には男女の働き方をめぐる社会の構造が明瞭にあらわれている．それを図8-1で確認すると，学校を卒業して就職する年齢段階に当たる24歳までは，男女間で比率の差がほとんどないが，その後急激に男女間の差が生じて，30～34歳に至るまで差が拡大することがわかる．ちなみに，30～34歳では男性97.2％，女性58.8％である．この差は，男性は職業に就くことが当然とされる一方で，女性は妊娠，出産を契機とした職業からの引退が少なくないことを物語っている．

そして女性は30～34歳を底として比率が上昇し，45～49歳で72.7％という第2のピークをなしている．育児の負担が軽減した後に，ふたたび就業する女性が少なからずいるからである．このように，結婚前と子育て一段落後の年

齢層で比率が高いことから，女性の労働力率は，全体としてM字型のパターンを描いている．雇用者の女性だけを取り上げれば，M字型はいっそう顕著になる．

　男性は，25歳から54歳までの幅広い年齢層で100％近い比率を示し，全体として台形型のパターンを描いている．これは，女性のM字型のパターンとはまったく異なっている．また，全年齢をとおして女性の比率が男性より明らかに低い．これらの相違は，たびたび指摘されるとおり，"男は仕事，女は家庭"という性別役割分業の1つの表現にほかならない．それでも，底に当たる30～34歳の女性でさえ現在50％を上回っている．しかも1970年代半ば以降は徐々に谷が浅くなりつつある．これは，"男は仕事，女は仕事と家庭"という新・性別役割分業の遍在化を示唆している．

　次に，基本的な実態として，表8-1は職業と従業上の地位をどちらも大別して示している．

　職業の分布をみると，男女別にみて偏りがあり，特定の職業に集中する傾向があることに気づくだろう．とくに，男性は女性に比較して，管理的職業従事者，運輸・通信従事者，製造等作業者の比率が高く，女性は男性に比較して，

表8-1　職業別および従業上の地位別就業者数　（2001年）　　（％）

職業	男性	女性	従業上の地位	男性	女性
専門的・技術的職業従事者	12.7	14.9	自営業主	13.4	7.1
管理的職業従事者	4.8	0.7	家族従業者	1.6	10.1
事務従事者	12.9	30.0	雇用者	84.6	82.5
販売従事者	15.9	14.0	├ 一般常雇	70.2	61.2
保安職業・サービス職業従事者	8.1	14.7	├ 役員	8.3	3.7
農林漁業作業者	4.7	5.1	├ 臨時雇	4.7	14.9
運輸・通信従事者	5.4	0.4	└ 日雇	1.4	2.6
採掘作業者	0.1	0.0			
製造・制作・機械運転及び建設作業者	29.6	14.7			
労務作業者	5.2	5.9			

出所）　総務省「労働力調査」より作成

事務従事者，保安職業・サービス職業従事者の比率が高い．女性の会社役員がマスコミで話題になったり，婦人警察官や女性のタクシー・ドライバーを日常生活でみかけたりするとはいえ，わずかな比率にすぎない．

いわゆる"男の職業・女の職業"という棲み分け，すなわち性による職業分離は，単なる区別の現象ではなく，男女間における階層的地位の不平等な配分という問題をはらんでいる．なぜなら，男性が多くを占める職業と女性が多くを占める職業が，権限の強弱，威信の高低，収入の多寡などの差異，つまり階層的な上下関係をなしている場合が多いからである．たとえば，会社役員や管理職は男性に偏っている．歯科医師は男性に偏っているのに対して，歯科衛生士は女性に偏っている．総合職は男性に偏っているのに対して，一般職は女性に偏っている．

不平等を内在させたこの職業分離の延長線上には，男女間における従業上の地位の分布の差異が現出している．表8-1からは，自営業主は男性に偏り，家族従業者は女性に偏っていることがわかるだろう．男性は女性に比較して自営業主で1.9倍の比率，女性は男性に比較して家族従業者で約6倍の比率である．夫婦で自営業に従事している場合，夫が自営業主になり，妻が家族従業者になる場合がほとんどだからである．

また，臨時雇と日雇の比率も明らかに女性の方が高いことがわかる．対照的に一般常雇と役員の比率は男性の方が高いが，一般常雇に比較して臨時雇や日雇は一般的に不利な雇用であることは否めない．

職業労働の光と影

性による職業分離をともないながらも，1970年代半ば以降，徐々に女性の労働力率が高まってきた．その背後には，後述するとおり非正規雇用の労働力を活用する企業の論理，働きたい，働き続けたいという女性の欲求，追加的な収入を必要とする家庭の事情，労働力不足を見越して女性の就業を促す政策などの諸要因がからみ合っているが，日本社会の大きな流れとして，卒業後は男

女ともに就業する方向に動きつつある．しかし現状のままで明るい展望が開けるわけではなく，職業労働には男女ともに光の部分と影の部分が混在している．

たとえば成人男性の意識をみると，男性の望ましい生き方として，仕事優先（仕事専念＋仕事優先）と思う者が63.1％に達し，家庭と仕事の両立27.2％，家庭優先（家事専念＋家庭優先）8.0％を圧倒している．これらの比率の分布は，成人女性の意識においても驚くほど一致している（総理府「男女共同参画社会に関する世論調査」1997年）．仕事を優先する男性は，同性からも異性からも好まれるということである．男女ともに，男性の生き方として職業労働を特別に重んじる（重んじざるをえない）ような，産業社会の支配的な価値観が表面化しているのであろう．

このように家庭より職業に傾注しようとする一方で，仕事と余暇の選好では，1973年から98年の間に仕事志向（仕事絶対＋仕事優先）は54％から31％へ，仕事・余暇両立志向は19％から36％へ，余暇志向（余暇絶対＋余暇優先）は25％から32％へと男性の意識も大きく変化してきた（NHK「『日本人の意識』調査」）．つまり余暇以上に仕事に傾注しようという意識が薄れてきた．また，職業は生計維持の手段にすぎないと考える人びとが，成人男性の61.8％をも占めている（総理府「国民生活に関する世論調査」1997年）．このように，自己啓発，働きがい，能力発揮など職業への傾注を謳うコンセプトの流布にもかかわらず，男性にとって職業が強い光を放つものではなくなりつつある．

近年，影の部分が際立ってきた背景として，終身雇用や年功的処遇などの企業慣行の崩壊，さらにリストラという名の徹底した合理化によって，とくに男性雇用者が，将来の見通しどころか日々の職業生活でも，厳しい状況に置かれていることがあげられる．職業の魅力が乏しくなるゆえんであろう．

一方，根深い性別役割分業の存在ゆえに，女性は男性ほど人生において職業を重んじない傾向がある．それでも，女性の就業を好ましいとする価値観の普及と女性労働力率の上昇を背景として，すでに男女ともに女性の就業を肯定的に評価するようになっている．たとえば，就業から女性本人に生じる変化とし

て，複数回答制で成人女性の 60.1% が「視野が広がる」，59.8% が「友人，知人が増える」，54.6% が「経済的に楽になる」，48.2% が「生きがいが得られる」と積極的に評価している．女性より多少比率が低いものの，男性も積極的な評価を与えている（総理府「女性の暮らしと仕事に関する世論調査」1992 年）．

しかしながら，女性の職業労働にも影の部分がある．その代表は，労働力率の M 字型のパターンですでにみたとおり，妊娠，出産を契機とした引退を多発させるような雇用のあり方である．産前産後休暇だけでなく育児休業を取得する権利も，法的にはすでに確立している．とはいえ，勤務先企業の育児休業受け入れ態勢が未整備ゆえに，そして休業期間終了後の育児と就業とを両立させることの難しさゆえに，退職に追い込まれていく女性が少なくない．

そしてもう 1 つは，表 8-2 に示す非正規労働者の量的な重みである．表 8-1 に記載した従業上の地位別という基準では，非正規労働者の実態が把握しきれない．表 8-2 では，雇用者のうちさまざまな形態から構成される非正社員は，女性では 47.0% を占めている．この比率は，男性における 14.9% といちじるしい差異である．女性の非正社員のうち約 4 分の 3 以上がパートタイマーであり，近年注目されている派遣労働者や契約社員は現状ではわずかな比率に

表 8-2 就業形態別労働者数　（1999 年）　（%）

就業形態	男性	女性
正社員	85.1	53.0
非正社員	14.9	47.0
├ 出向社員	1.8	0.4
├ 派遣労働者	0.6	1.8
├ パートタイマー	7.8	39.6
├ 臨時的雇用者	1.8	2.0
├ 契約社員	2.1	2.6
└ その他	0.8	0.6

出所　労働省「就業形態の多様化に関する総合実態調査」より作成

すぎない．図8-1では女性の労働力率が45〜49歳をピークとする山をなしていたが，この山の部分はおもにパートタイマーとして再就職した人びとによって押し上げられている．

女性の労働力率，とくに雇用労働力率が高まってきたとはいえ，女性雇用者のほぼ2人に1人は非正社員なのである．非正社員の労働条件や職務内容が，正社員より劣るとはいちがいにいえないが，非正社員は，就業の根底をなす雇用の不安定性が強いことは否めない．勤務先企業の都合で雇用の継続が打ち切られたり，発注元企業の都合で受注すべき仕事がなかったりしかねないのである．パートタイマーは家事の合間に近所で気軽に働ける，派遣労働者は自分にふさわしい仕事を選んで働けるなど，非正社員の利点が強調されるきらいがあるが，企業からすれば，安く使えて生活を保障する必要のない"便利な"労働者にほかならない．

☏ 家事労働に賃金を!?

このような影の部分に当惑して，妊娠した女性が就業の継続をためらっても，出産した女性が復職をためらっても，子育て一段落後の女性が再就職をためらっても，不思議ではない．彼女たちは，胎児への影響，子どもの養育，あるいは家事の負担に対する不安を抱えてまで就業する必要はないのでは，と考える．同時に，"女は家庭"という性別役割規範，夫の被扶養者として優遇される税金や社会保険料，妻が専業主婦なら自分が楽という夫の意向が作用して，専業主婦としての生活を選びがちになる．

主婦については，それが何であり，どうなるべきか，ということが，すでに1950年代から"主婦論争"として展開してきた．論争の歴史にここでは立ち入らないが，そこでは家事労働が主婦という存在を解く鍵であり，焦点になっていた．就業している既婚女性も兼業の"主婦"ではあるが，家事労働の性格規定と位置づけは，何よりも専業主婦の存在意義にかかわる重要性をもっている．

第8章　女・男の働き方，男女共生の働き方　147

　家事労働はさまざまな角度から把握することができるが，現在では，行政のレベルでも職業に準じて経済的な評価額を推計する段階まできている．この推計に至るまでには，1970年代以降，女性団体による社会運動や国際機関，諸外国政府が先導した取り組みという背景がある．たとえば，1995年に開催された第4回世界女性会議の宣言と行動綱領の中に，家事労働を含む無償労働の測定と評価の必要性，およびそのための政策合意が盛り込まれたのである．カナダ，スウェーデン，フィンランド，ニュージーランドなどの政府は無償労働の測定と評価の取り組みをすでに始めていた．一方，日本では，前述した"主婦論争"においてすでに家事労働の経済的な評価の可能性が提起されていたが，1990年代に入ってから，専業主婦を無職とみなす国勢調査の設問の是非をめぐって議論が沸き上がり，女性団体や経済学者からも無償労働の測定や評価に関する要望や提案が行われた．

　このような流れの中で，経済企画庁（当時）は，生活時間と賃金にかんする

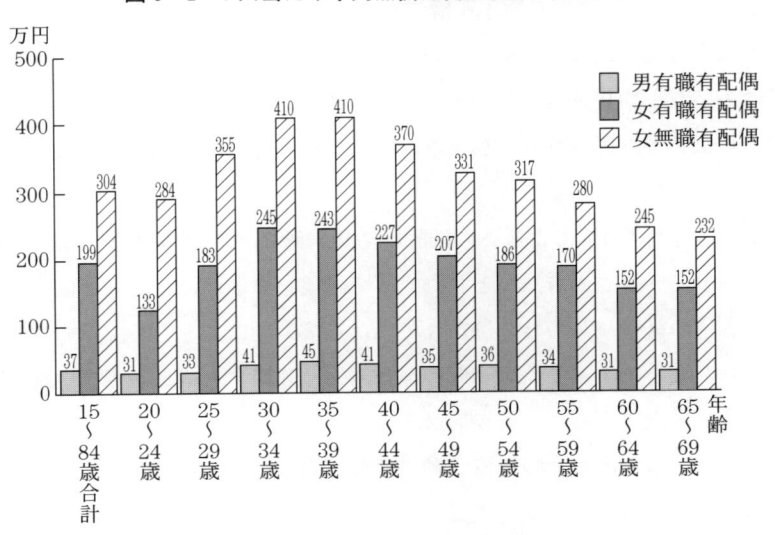

図8-2　1人当たり年間無償労働評価額（1996年）

凡例：男有職有配偶／女有職有配偶／女無職有配偶

年齢	男有職有配偶	女有職有配偶	女無職有配偶
15〜84歳合計	37	199	304
20〜24歳	31	133	284
25〜29歳	33	183	355
30〜34歳	41	245	410
35〜39歳	45	243	410
40〜44歳	41	227	370
45〜49歳	35	207	331
50〜54歳	36	186	317
55〜59歳	34	170	280
60〜64歳	31	152	245
65〜69歳	31	152	232

出所）経済企画庁経済研究所「1996年の無償労働の貨幣評価」1998年より作成

調査データから推計した無償労働（家事，介護・看護，育児，買物，社会的活動）の時間量と貨幣評価額を初めて公表した．図8-2は，2回目に公表された総無償労働の貨幣評価額（＝1人当たり無償労働時間×1時間当たり賃金×人口）の推計結果から，広義の家事労働（家事，介護・看護，育児，買物）の評価額を抜粋したものである．貨幣評価額への換算には3つの方法があるが，図8-2の金額はそのうち機会費用法（就業せずに無償労働に従事したゆえに失った賃金で評価する方法）によるものであり，具体的には性別，年齢別の平均賃金を用いている．

図では，無職有配偶の女性は，15～84歳の評価額が年間304万円，最高額の30～34歳では410万円に達している．有職有配偶の女性でも，15～84歳の評価額が年間199万円，最高額の30～34歳では245万円である．

また，すべての年齢層をとおして，有職有配偶の男性と無職有配偶の女性との間には，評価額に圧倒的な差のあることがわかる．有職有配偶の男性と有職有配偶の女性を比較しても，差が最大の45～49歳では女性が男性の6.0倍，差が最小の20～24歳でも約4.4倍になっている．これらの差は，共働きであっても家事労働の大部分が女性の役割になっている実態を如実に示している．推計に用いた平均賃金は女性の方が低いため，同一内容の家事であっても女性の方が無償労働評価額が低く算出されているが，それでも以上のとおり男女間で大きな差が生じている．

経済企画庁（当時）によるこの推計は，貨幣評価への換算基準の妥当性やジェンダーという視点の有無などをめぐって議論を引き起こした．とはいえ，これまで各種の経済統計の外に置かれていた無償労働に光を当て，その貨幣評価額を示したことによって，家事労働を経済的に評価する観点や専業主婦の地位を向上させる立場からは，一歩前進という評価を得ている．

しかし，家事労働を含む無償労働の貨幣評価という流れの先には，それにとどまらず，家事労働に賃金を支払うべきだという社会運動さえある．1970年代以降，欧米諸国において「家事労働に賃金を」要求する運動は，家事労働が

労働力の再生産を担っているにもかかわらず無償であり，生産労働と同様に資本に搾取された労働であるとして，まずは女性たちが資本制国家から賃金を闘い取るべきだと主張している．この社会運動は，賃金の獲得が本来の目標ではなく，賃金支払いの要求をとおして，女性に対する抑圧の社会体制を告発し，覆えそうとするラディカル？な運動である．

無償労働の貨幣評価を求めた動きが「家事労働に賃金を」という要求に向かうか否か現状では不明であるが，無償労働の貨幣評価には，職業労働に準じて有用な労働として社会からの承認を求める論理を明らかに内在させている．"家事の値段"程度で驚くには当たらないのである．

有償の労働と無償の労働

さきほど，家事労働の経済的な評価を求める観点や専業主婦の地位向上という立場からは，家事労働を含む無償労働の貨幣評価に対して好意的な評価を与えていると述べたが，家事（主婦業）は仕事（職業）か否かという議論に関連して，家事労働の貨幣評価には賛否両論がある．代表的な見解は次の3種類である．これらの見解の相違が，"男は仕事，女は家庭"という性別役割分業に対する賛否，および専業主婦という存在に対する評価の相違に関連していることはいうまでもない．

A　貨幣評価は，職業だけに認められてきた経済的な価値を主婦業にも認めた点で有意義である．

B　主婦業は家族に対する無償の愛情の発露であるから，貨幣評価を超越した価値をもっている．

C　貨幣評価は夫に扶養される専業主婦の地位を肯定し，性別役割分業を固定化するおそれがある．

経済企画庁（当時）による推計の実施は，当然ながらAの見解と整合しているが，そこには人びとの意識の動向という背景がある．すなわち，育児，介護などの役割に対して手当の支給，税制上の優遇，表彰など社会的な評価を行

うことについて，成人男女の75.4%（賛成41.7%＋どちらかといえば賛成33.7%）が総論として賛成している．各論として個々の活動に対する評価の方法について，育児に対しては手当支給・税の優遇と表彰などの合計で60%以上を占め，介護に対しては同様の合計で90%以上を占めている．

一方，無償の社会的な活動にも社会からの評価を求める気運があり，ボランティア活動に対しては，手当支給・税の優遇と表彰などを合計して70%以上を占めている．半自動的に加入する自治会，PTAの活動でも，同様に合計して50%以上になっている（総理府「男女共同参画に関する世論調査」1995年）．

以上のとおり，アンペイド・ワーク（unpaid work）ともよばれる無償労働が，現在，注目を集めている．アンペイド・ワークとは直訳すれば"支払われない労働"であるが，職業労働に比較して社会からの評価が欠けているという批判的な文脈で用いられる場合が多い．すなわち，アンペイド・ワークが学術研究や社会運動の表舞台に登場したことは，アンペイド・ワークが人間生活に不可欠なモノ（物財）やサービスを生み出しているにもかかわらず，なぜ無償なのか，また無償労働を有償労働より価値が低いものとみなす通念は誤っているのではないか，という批判的な問題提起をはらんでいる．

職業労働（有償労働）は，本来的には，社会に有用な労働であるゆえに，労働の対価（収入）を獲得するという論理によって正当化され成り立っている．しかし実際には，たとえば，悪徳商法のように社会的な有用性の疑わしい職業労働がみられる．さらに，とにかく職業として存続し，それに従事している人びとが収入を得ている以上は，社会に有用な労働であるはずだという転倒した認識が，人びとの間に広く行きわたっている．

有償労働と無償労働の評価をめぐって，このような錯綜した状況をもたらしているものは，市場の論理である．モノであれサービスであれ，金銭と交換（厳密にいえば物々交換でもよい）される成果を生み出した労働は，有償労働となる．不要と思われるようなモノやサービスであっても，それを購入する人がいれば商品になり，それを生み出した労働には対価がもたらされて有償労働

になる．

　それに対してアンペイド・ワークは，どのようなモノやサービスを生み出しても，それを購入する人がいない，つまり商品にならないから無償労働である．だから労働の内容が同じであっても，市場的価値をもった家政婦の家事労働は有償になり，市場的価値をもたない主婦の家事労働は無償になる．アンペイド・ワークは市場的な価値ではなく，精神的・イデオロギー的な価値を与えられることによって正当化されてきた．すなわち，家事労働であれば，前述したBの見解にみられた"愛情の発露"，あるいは"女性の天職"というように，ボランティア活動であれば，"助け合いが社会を救う"というように．それでも，「家事は主婦の義務だからタダで当然」「ボランティア活動は無償だから一種の遊び」という暴論も根強いのである．

　したがって，前述した貨幣評価は，アンペイド・ワークにも市場的価値をあてはめて正当化する試みだったといえよう．職業労働が市場的価値による正当化を独占してきた歴史に対する挑戦でもある．しかしながら前述したCの見解に込められた懸念は消えない．なぜなら「家事がそんなに価値ある仕事なら，家庭に専念するのが女の幸福．そんなに価値ある仕事を男が奪ってはいけない」という理屈を勢いづけるからである．家事労働の貨幣評価だけでは"男は仕事，女は家庭"という性別役割分業を補強するおそれがある．

☏ "新しい働き方"のゆくえ

　これまで述べたとおり，有償労働と無償労働とは，こんにち理論的にも現象的にも緊張関係に入っている．その緊張の間隙をぬうかのように，有償ではあるが，通常の職業とは性格を異にする働き方が1980年代に登場した．それは労働者協同組合での労働と有償ボランティア活動である．これらの働き方は，自営，雇用，会社経営のいずれでもなく，家事労働でもボランティア活動でもないため，類似する働き方を含めて"新しい働き方"と総称されることが多い．

　労働者協同組合といい，有償ボランティア活動といい，聞き慣れない名称か

もしれないので，簡略に紹介しよう．

　労働者協同組合とは，組合員全員が組合に出資（組合を所有）し，労働し，経営に携わる働き方である．労働者協同組合を直接に規定する法律が未制定のため，企業組合，株式会社，有限会社，任意団体などの形態のもとで，定款などを工夫して協同の原理を具体化している．業種は多様だが，各種のサービス業や小売業・飲食店などが多い．日本では1980年代以降，労働者協同組合が簇生し，小規模な組合がほとんどだが着実に増加しつつある．

　有償ボランティア活動とは，労働預託（時間貯蓄）制または換金制で，家事・介護などのサービスを援助する活動をさす．サービスの提供者は，家事・介護などの援助の労働と引き換えに現金を受け取るか（換金制），あるいは援助の労働を点数で預託（貯蓄）して，必要なときにその点数と引き換えにサービスを受ける（労働預託制）．労働の対価として，金銭または現物（家事・介護サービス）を受け取るのであるから，無償ではなく有償の労働である．地域女性団体，ボランティア・グループ，生活協同組合などを母体として，1980年代以降，各地に会員制の団体が生まれた．会員はサービスの提供者かつ受益者として相互に援助し合うことを原則とする場合が多い．

　有償ボランティア活動の従事者は女性の中でも専業主婦がほとんどであり，その意味において，この活動には労働の有償性・無償性とジェンダーにまつわる問題現象や構造を見い出せる．

　しかし労働者協同組合には，職業労働たることを前提として，失業者や倒産しかかった企業の労働者が，第一義的には就業の確保のために設立したタイプの組合と，第一義的には雇用労働でもボランティア活動でもない働き方の実現のために設立したタイプの組合（ワーカーズ・コレクティブと自称することが多い）とが入り交じっている．前者の組合は，男女の別なくあくまで職業労働の中の"新しい働き方"という性格をもっている．それに対して後者の組合は，専業主婦が雇用労働とは異なる次元で働き始めた意味において"新しい働き方"という性格をもっている．したがって，後者の組合において，労働の有償

性・無償性とジェンダーにまつわる問題現象や構造が見い出せるのである．

　ワーカーズ・コレクティブでの労働も，有償ボランティア活動も，収入獲得よりも理念的な志向性を強く帯びているため，その従事者や提唱者は，有償ではあるが職業労働とは異質な働き方であると主張している．その理念とは，有償ボランティア活動では，助け合いによる福祉の向上，コミュニティづくり，眠っている能力の活用などであり，ワーカーズ・コレクティブでは，雇う雇われる関係を超えた主体的な働き方，地域社会への貢献，環境にもよい真の豊かさの実現などである．ワーカーズ・コレクティブと有償ボランティア活動は，組合外・団体外の人びとに対して，理念の普及を図ったり，参加を呼びかけたりと，社会運動的な側面を併せもっている．

　このような理念志向と社会運動的な側面が注目されて，これらの"新しい働き方"は社会から好意的な評価を得ている．しかしながら，ワーカーズ・コレクティブでの労働も，有償ボランティア活動も，一部の従事者を除いて，平均的な職業労働から隔たった収入水準であり，生計の維持にあまり寄与できない実態である．そしてこれらの労働は，専業主婦が携わったという点において特定の人びとによって支えられている．したがって"新しい働き方"には，従事者や提唱者の目指す方向とは無関係に，女性を労働市場（職業労働）から排除し，経済的な自立を妨げるような論理を育むおそれがある．その論理は「子どもができたら女性は退職するとよい．その後は"新しい働き方"で社会に貢献し，多少の収入も得られるのだから」という"脱職業の推奨"である．

　収入を期待せず理念の実現だけを目指すなら，社会運動かボランティア活動がふさわしい．経済的自立にふさわしい収入を確保するには，通常の職業労働がふさわしい．女性がフルタイム就業を続けるには困難をともなう現状とはいえ，社会運動もボランティア活動も職業労働も，男女の一方を前提として存在してはいない．それに対して"新しい働き方"は専業主婦だった女性を前提として存在し，職業労働と社会運動ないしボランティア活動との性格を部分的に併有した，曖昧な有償労働であることは否めない．この偏りと曖昧さが，前述

した"脱職業の推奨"という落とし穴をつくり出す．

　したがって"新しい働き方"は，その独自の理念を追求しながらも，基本的には，職業として確立すべきであろう．事実，有償ボランティア活動の団体の一部は，"ボランティア"という表現を自称からはずし始め，一部の従事者は平均的なパートタイマーに匹敵する収入を獲得し始めた．とくに介護保険制度の発足以来，この動きが強まっている．またワーカーズ・コレクティブの一部は，本格的に仕事に打ち込んで一定の事業的な成功を修め，家計に十分寄与できるだけの収入を確保し始めた．もちろん，職業として確立する過程では，前述した職業労働の影の部分に直面することがあろう．しかしその体験をとおして，男女の職業労働のあり方を内省的に批判し，あらためて男女の働き方を問い直すことができるのではなかろうか．

労働全体の分かち合い

　職業に限らず，家事労働や"新しい働き方"をも含めて，これまで男女の労働をみてきたが，そこには男女間の分業と，女性の働き方の分割・分断が色濃くあらわれていた．性別役割分業にしても新・性別役割分業にしても，共通することは"家庭"役割に対する男性の縁の薄さであり，職業への専念とは対極にある家事労働への女性の傾斜である．

　職業労働の偏重という男性の主流の生き方も，家事労働の重責を負うという女性の主流の生き方も，職業と家庭と社会での営みという生活の調和を崩してしまい，生活を充実させることがむずかしい．たとえ男性とは異なって，有償の労働に従事するか否か，どのような働き方をするかという多様性が女性にはあるとしても，それは，恵まれた職業から排除しようとする社会的な圧力を直接間接に受けて，女性の働き方が分割・分断された結果である．つまり選択の自由が社会的に確保されているのではない．

　このような現象と構造からは，性別にかかわりなく個々人としての労働の充実を図ることが不可欠とわかるだろう．ここでいう労働とは，もちろん職業労

働だけでなく家事労働も含んでいる．そこで注目すべきは労働全体のワークシェアリング（work sharing）である．これは，男女各人が職業労働と家事労働と社会的活動に携わり，1人の人間として生活を充実させることである．労働全体のワークシェアリングは，女性就業者を増加させて社会におけるモノやサービスの総生産量を確保し，就業者1人当たりの労働時間を短縮させる．

　ワークシェアリングの一例として注目を集めているのが"オランダ・モデル"である．これは1982年にオランダの政労使三者間で合意された雇用政策（ワッセナー合意）であり，労働時間の短縮をとおして雇用の再配分を行うというワークシェアリングの考え方に基づいている．この政策は，それまでのような夫だけがフルタイムで就業して妻子を養う形（1+0）でもなく，また夫婦ともにフルタイムで就業する形（1+1）でもない．そうではなく男女ともにパートタイマーとして夫婦で1.5（理想的には0.75+0.75）人分働くことによって，男女ともにフルタイムの場合よりも短い時間だけ働き，職業以外の家事，育児などに時間を投入できる働き方を追求している．そしてパートタイマーの時給をはじめ昇進機会や年金などについて労働条件を改善し，フルタイマーとの均等処遇を図っている．つまりパートタイマーを不利のない就業形態として確立しようとするのである．こうして収入を確保しつつ，男女ともに職業生活と家庭生活の両立を可能にさせる政策が推進され，一定の成果を上げている．

　このようにワークシェアリングによって，職業に就いていても，各人が"家庭"役割や市民としての役割を果たすことが可能になる．日本では，男女共同参画社会基本法の第6条が，男女ともに家庭生活と他の活動とを両立させることを謳っており，また育児休業・介護休業法とそれに対応した企業の制度が発足している．ワークシェアリングは，これらの法律の趣旨を実現する主要な方法でもある．もちろん，オランダ・モデルをはじめとする労働全体のワークシェアリングが，完璧に，容易に実現するわけではないし，さまざまな懸念や解決すべき課題をともなっている．しかし，労働全体のワークシェアリングは，働き方をめぐる男女の共生に1つの方向を示していることは確かである．

参考文献

ダラ=コスタ, M. 著（伊田久美子・伊藤公雄訳）『家事労働に賃金を』インパクト出版会　1986年

ドゥーデン, B. & ヴェールホーフ, C. v. 著（丸山真人編訳）『家事労働と資本主義』岩波書店　1986年

間宏『経営社会学』有斐閣　1989年

金森トシエ他『女性ニューワーク論』有斐閣　1989年

杉村芳美『脱近代の労働観』ミネルヴァ書房　1990年

全国婦人税理士連盟編『配偶者控除なんかいらない!?』日本評論社　1994年

鎌田トシ子『男女共生社会のワークシェアリング』サイエンス社　1995年

伊田広行『21世紀労働論』青木書店　1998年

長坂寿久『オランダ・モデル』日本経済新聞社　2000年

第9章　雇用者男女の共生

格差是正が雇用増に？

　パートと正社員の賃金格差を解消すれば，雇用者の増加をもたらす——三菱総合研究所はこのほどこんなシミュレーション結果を発表した．

　仕事・責任が正社員と同様のパートの賃金は現状正社員一に対し0.593であるが，それを0.776に引き上げると仮定する（数字の根拠は21世紀職業財団実施の調査）．この数字を正社員の立場から見ると，パートより1.69倍高かった（0.593の逆数）賃金が格差縮小後は1.29倍に減少した（安くなった）ことになる．

　会社は正社員の「労働投入価格」が相対的に安くなった分で正社員を多く雇い，パートを減らす．一方パートの側も賃上げ分を消費に回せば需要が生まれ，若干だが生産増につながる．シミュレーションの前提となる数値の設定はもっと複雑だが，粗筋はこんな具合だ．

　その結果雇用にどんな変化が生じるかといえば正社員は28万人増加し，パートは13万人減少すると予測する．パートの賃上げは企業にとって負担だが，生産増でカバーできるため，コストアップの要因にはならないというのが結論だ．

　パートは低コストの労働力だからこそ需要があるのは確かだが，賃金格差を是正することでもたらされる効用にも注目する必要がありそうだ．

『日本経済新聞』2002年8月12日付夕刊

🔑 キーターム

労働力の女性化　総労働力人口に占める女性労働力人口の割合が高くなること．
日本的人事労務管理　大企業にみられる，いわゆる終身雇用（正確には特定企業内の長期安定雇用）と賃金，昇格などにみられる年功制をさす．現在ではこの慣行も次第に廃れつつある．
コース別人事　業務内容や転居をともなう転勤の有無などによって，いくつかのコースを設定し，コースごとに異なる配置，昇進，教育訓練などの雇用管理を行うシステムのこと．
疑似パート　労働時間と仕事の内容はフルタイマー（正規労働者）なみだが，その待遇は依然としてパートタイマーである者をさし，疑似パートとフルタイマーとの間接差別が問題となっている．
コンパラブル・ワース（comparable worth）　労働者の性，年齢，国籍，社会的身分，民族，宗教などによって賃金差別してはならないという原理を基礎として，同一価値の労働に対する賃金の平等を保障しようとする公平の原則のこと．

第 9 章 雇用者男女の共生　159

📞 **男も女も昔から働いていた！：雇用労働力の女性化**

　まず，現在の女性の働き方について概況をつかんでおこう．第 8 章冒頭で示したように，2001 年の女性労働力人口は 2,760 万人で，労働力率は 49.2% である．つまり 15 歳以上の女性の 2 人に 1 人が（失業中の者を含む）何らかの仕事に就いている．そして従業上の分布をみると，自営業主 7.1%，家族従業者 10.1%，雇用者 82.5% となっており，このことから，およそ 8 割の女性たちが雇用者として働いていることがわかる（以上，総務省「労働力調査」2002

図 9-1　労働力率と雇用労働力率の推移

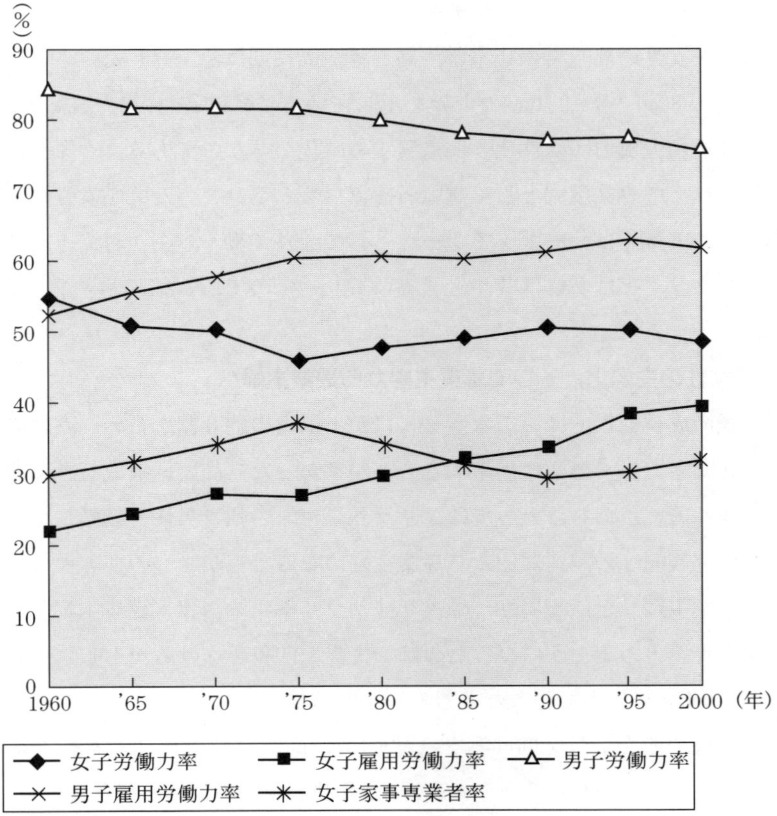

凡例：◆ 女子労働力率　■ 女子雇用労働力率　△ 男子労働力率　✕ 男子雇用労働力率　✳ 女子家事専業者率

出所）　総務省「労働力調査」より作成

年).本章では,雇用されている人びとの働き方をジェンダー的公正という視点から眺め,雇用労働における男女共生の可能性と,それを実現するために解決が求められる諸問題についてみていこう.

図9-1は男女別に労働力率,雇用労働力率(雇用労働力人口／15歳以上人口×100),女子家事専業者率を示したものである.まず労働力率を男女で比較してみると,男性では8割を軸に推移しているのに対し,女性では5割を軸に推移していることがわかる.女性労働力率は,2001年現在(49.2%)で,戦前の1910年(62.2%)と比較すると1割以上も低く,また1930年代からあまり変動していないのである(総務省「国勢調査」).

ところが女性の雇用者の比率は,高度経済成長期に急上昇した.さらに,この比率は1980年代に9.1%の上昇を示している(総務庁「労働力調査」).1980年代は「雇用労働力の女性化」が進展する時代だったのである.つまり,この年代はこれまで専業主婦として無職者にカウントされていた既婚女性が,雇用労働者(その多くはパートタイマー)として「外で働く」姿が目立った時代だったのであり,実は女性は昔から「働いて」いたのである.

🖉 女性の主婦化,そして専業主婦から兼業主婦へ

高度経済成長期以前は第1次産業人口が労働力の約6割を占め,女性労働者は家族従業者として農業に従事することが多かった.高度経済成長期に農村から出てきた若い娘たちにとっては,サラリーマンの独身男性と結婚して大都市近辺の核家族向けの団地に住んで専業主婦になることが1つの夢となっていた.この「専業主婦」という属性,つまり「サラリーマンの妻=専業主婦」という図式が大半を占めるようになったのは,奇異な印象をうけるかもしれないが,戦後から1970年代までのことである(表9-1参照).

専業主婦の割合に目を向けると(表9-1),高度経済成長期から徐々に減少し始めていることがわかる.これは,「サラリーマンの妻で雇用されている者」つまり,兼業主婦の割合が1955年10.0%から1995年45.7%へと徐々に高ま

表 9-1　専業主婦と兼業主婦の推移

(年)	1955	1960	1965	1970	1975	1980	1985	1990	1995
専業主婦の数（万人）	890	995	1,104	1,222	—	1,526	1,281	1,255	1,333
サラリーマン世帯の専業主婦の数（万人）	517	643	797	903	—	1,093	931	878	925
全有配偶女性に占めるサラリーマンの妻の割合（％）	41.5	49.0	56.7	60.9	—	66.2	70.8	70.2	71.8
サラリーマンの妻で専業主婦の割合（％）	74.9	70.5	66.1	62.0	—	56.6	50.8	47.1	46.6
サラリーマンの妻で雇用者の割合（％）	10.0	14.2	20.7	24.7	—	31.8	39.4	44.2	45.7

出所）　経済企画庁編『国民生活白書（平成9年版）』大蔵省印刷局　1997年　p.298

表 9-2　女性労働者の属性の変化

年	平均年齢（歳）		平均勤続年数（年）		女子有配偶者労働力率（％）	女子労働力率（％）
	女性	男性	女性	男性		
1960	26.3	32.8	4.0	7.8	—	54.5
1970	29.8	34.5	4.5	8.8	48.3	49.9
1980	34.8	37.8	6.1	10.8	49.2	47.6
1990	35.7	39.5	7.3	12.5	52.7	50.1
2001	37.6	40.8	8.8	13.3	49.5	49.2

出所）　厚生労働省「賃金構造基本統計調査」，総務省「労働力調査」より作成

っているためである．とくに80年代には12.4ポイントも上昇しており，この時期の既婚女性の職業進出が際立っている．

1995年現在，サラリーマンの妻で専業主婦の割合は46.6％，雇用者の割合は45.7％となっており，「外で働くこと」が珍しくない時代となったいえよう．こうした既婚女性の兼業主婦化が進行した結果，女性労働者の平均年齢は，表9-2に示したように，1960年では26.3歳（男性32.8歳）から，2001年では37.6歳（男性40.8歳）へと変化している．この41年間の平均年齢の上昇は女性11.3歳，男性8.0歳となっており，女性の平均年齢の上昇がいちじるしい．

高度経済成長期までの女性労働者の典型的属性は，若年短期未婚型だった．

だが高度経済成長期以降の女性労働者の典型的属性は，平均年齢の上昇，既婚者の比率の上昇，さらに平均勤続年数の長期化によって（表9-2），中高年既婚型になった．

低成長期に一層進んだ雇用の女性化

オイルショック以降，労働市場にも大きな変化があらわれた．これまでの売り手市場から買い手市場へと労働力の需要供給のバランスが変化し，サービス労働とコンピューター関連の労働が増加したのである．これらの変化は女性労働にどのような影響を与えたのだろうか．

第1に，図9-1に示したように，雇用労働力の女性化が一層進展した．女性労働者中に占めるパートタイマー労働者（短時間労働者）の割合は，1975年17.4％，1985年22.0％，1995年31.6％，2000年36.1％となっており（総務省「労働力調査」），とくにパートタイマー労働者の割合が増加した．低成長期に雇用の女性化が一層進展した要因として，1つは，モノの生産とは違ってストックがきかないこと，季節的時間的変動が大きいことといったサービス労働の特質である．こうしたサービス労働の特質に合う労働形態がパートや派遣である．もう1つの要因は，低成長期のもとで賃金の上昇が鈍化しているにもかかわらず，教育費や住居費は上昇していたため，既婚女性，とくにポスト育児期の中高年既婚女性が，家計補助的な収入を求めて就業したことである．

第2に，女性労働者の間で次のような2極分化が発生した．すなわち，一方では，表9-2で示したように女性の平均勤続年数の伸長と，平均年齢の上昇のため，使用者側は以前に比べ女性正規労働者に対して割高な賃金を支払う必要が生じた．加えて，女性正規労働者側にも結婚後や出産後も仕事を続けようとする積極的姿勢が生じたこともあって，使用者側はそのような女性たちの活用を図った．また他方では，使用者側は人件費の節減のため，正規労働者に代えてパートタイマーや派遣労働者などの非正規労働者を積極的に導入し始めた．この結果，女性労働者の間には，エリートに当たる一部の正規労働者と，マス

に当たるその他の労働者という2極分化が発生したのである．

男女雇用機会均等法と新人事制度

　女性労働者のエリートとマスへの2極分化が進むなか，1986年には新しい法律が施行された．すなわち「男女雇用機会均等法」（以下「均等法」とする）である．均等法は日本政府が1986年に女子差別撤廃条約を批准するために国内法を整備する過程のなかで見直された法律の1つである．しかし，均等法はその前身の「勤労婦人福祉法」の性格を引きずっている．

　均等法の問題点としては，第1に，この法律が女性の勤労福祉に資することを目的としており，女性の雇用機会が男性と表面的に均等になればよいという見方にとどまり，実質的な機会均等を保障していないという点である．この法律は女子差別撤廃条約の精神からすれば性差別禁止法として機能しなければならないのはいうまでもない．また，たとえば，「正社員男子募集」「正社員男女募集」「パート女子募集」という募集案内を出した場合，均等法の規定に抵触するのは，男性のみに機会を与えている「正社員男子募集」である．「パート女子募集」は，女性の雇用機会を増やすものであると解釈されるため，均等法では問題とならない．こうした均等法の解釈は，専門家から均等法の片面的理解であると厳しく批判されるところとなった．

　均等法の問題点の第2は，募集，採用，配置，昇進といった項目が努力義務規定となっており，これらの違反に対して罰則がない点である．この点については1997年6月に成立した均等法改正案によって，これらの努力義務規定が禁止規定へ変更された．この改正の施行は1999年4月である．

　ところで，ここ数年の新規学卒者の就職状況は低迷をきわめ，2001年の大卒者の就職内定率は91.9％となっている．大卒女性の内定率は91.2％で，大卒男性の91.9％より1.1ポイント低くなっており，大卒女性の就職は「超氷河期」のままである（厚生労働省・文部科学省「大学等卒業予定者就職内定状況等調査」より）．この結果は，職業生活の入り口である募集，採用について，男

女が平等に扱われていないという事実を反映している．

　均等法の第3の問題点は，婦人少年室長による助言，指導，勧告，調停制度という方法のうち，調停が事業主の同意を必要とするために，ほとんど実施されていないという点で，救済制度が不十分であることである．なお，この点についても均等法の改正によって，調停の一方申請が認められ，違反企業名が公表されることとなった．

　改正前の均等法は，以上のような問題点をもっていたために，ザル法とよばれたり，その内容が使用者側に傾いていたために，「日本的雇用機会均等法」と批判されたりした．さらに，使用者側はこの法律の制定に際して，「男女別雇用管理慣行」から「コース別雇用管理制度」（いわゆる「コース別人事」）へと人事システムを切り替えた．使用者側はこの法律を低成長期の人事対策の契機として利用したのである．

　次に，「コース別雇用管理制度」について詳しくみてみよう．この管理制度には，「総合職コース」と「一般職コース」の2つのコースがあり，のちに特定職（専門職）コースを付加する企業が多くなっている．これら3つのコースは企業によって詳細は異なっているが，基本的に以下の特徴をもっている．

　　「総合職コース」……職務内容に限定がない基幹業務を担い，（本人の同意を
　　　　　　　　　　　　得ない）遠隔地転勤があり，昇進があるコース
　　「一般職コース」……管理者の指示のもとで定型的補助業務を担い，転居をと
　　　　　　　　　　　　もなう転勤はなく，昇進もないコース
　　「特別職コース」……特定分野の専門職に従事し，所定地域以外の転勤がない
　　　　　　　　　　　　コース

　多くの企業はコース別雇用管理制度を導入するにさいして，選択定年制（早期退職優遇制），能力給の比率を高めた新賃金体系，人事考課制度の改変などを同時に組み込んだ．企業がこうした取り組みを行うのは，当時の経済情勢のもとで，いわゆる減量経営を強く指向していたからである．これまで企業は，男性ならば無条件に総合職に相当する昇進コースにのり，女性は昇進機会のな

い一般職相当のコースにのるというような，性別という属性原理によるふりわけを行っていた．今回のこの雇用管理制度の導入によって，能力と意欲のある者ならば，女性であっても昇進コースにのせるという方式に切り替わったことになる．この変化を積極的に解釈すれば，労働者の意欲を尊重するものであるともいえるが，消極的見方をするならば，「労働者にチャンスを十分に提供している以上，能力と意欲のない者はたとえ幹部候補コースにのっている者であっても，どんどんはずれてもらう」方式であるといえる．つまり，コース別雇用管理制度は能力主義の徹底という哲学のもとにつくられたシステムなのである．

非正規化する女性雇用労働

1986年施行の「均等法」と新人事政策によって，その後，女性労働はどのように変化したのかについて，概況をみることにしよう．

第1の変化は，雇用者として働く女性の顕著な増加である．女性雇用者数は1986年（1,584万人）から2001年（2,168万人）にかけて584万人増加し，従業上の地位別にみた雇用者の比率は1986年の68.1％から2001年の82.5％へと14.4ポイント増加している．

さらに，この11年間の非正規労働者の比率の変化をみると，女性労働者では，非正規労働者の割合は1986年32.2％（483万人）から1997年41.7％（840万人）へと9.5ポイント（357万人）の増加をみた．他方，男性非正規労働者では，1986年の7.4％（189万人）から10.5％（310万人）へと3.1ポイント（121万人）の増加にとどまっている（以上，総務庁「労働力調査」）．つまり，この11年間の女性労働者の非正規化は男性労働者に比べてハイペースで進んだこと，これが第2の変化である．

第3の変化は，女性労働者の職種，職域が拡大し，これまで男性の職となっていた大工，電気工，重機やクレーンのオペレーター，大型トラックの運転手などへ女性が進出したことである．

📞 職場でのセクシャル・ハラスメント

セクシャル・ハラスメントには,「上司に性的関係を強要された」「職場にヌード写真が貼ってある」「取引先の担当者に執拗にデートに誘われた」などさまざまなタイプがある.これらの例に共通しているのは,被害者が不快に感じており,上司の権限や職務に密接に関連して生じることが多いという点である.セクシャル・ハラスメントは,女性と男性の職場における典型的な力関係を反映しており,「男性が加害者,女性が被害者」というケースが圧倒的に多くなっている.

セクシャル・ハラスメントが性差別の一形態として認知される以前は,勇気を出して抗議した被害者に対して,「口説かれるようなスキがある方がいけない」「綺麗な女性をデートに誘うのは,男として当たり前」といったような評価をして,被害者自身にあたかも責任があるような錯覚を抱かせることがあった.こうした考え方は180度間違っているのは明らかである.セクシャル・ハラスメントは,決して,「個人的な問題」ではなく,「強姦と同様に欲求ではなく力にかかわることであり,男性支配を確実にする手段」なのである(リタ・サトル『フェミニズム事典』明石書店 1991年).

セクシャル・ハラスメントは,被害者の「個人として尊厳」を傷つけ,その上,解雇やその他の不利益な扱いを受けるといったように,被害者の就業環境を悪化させ,被害者の就業意欲自体を低下させるものである.このため,1999年4月1日施行の「改正男女雇用機会均等法」では,職場でのセクシャル・ハラスメントの防止のために,事業主には雇用管理上の配慮義務が規定された.

📞 日本的雇用慣行とジェンダー(その1)

これまでみてきたように,均等法の施行後,女性労働に大きな変化があったが,逆にあまり変化していない傾向としてあげられるのが,M字の底は年々浅くなってきているものの,M字型就労の継続である.他の先進国でも女性の年齢別労働力率はM字型を示しているのだろうか.図9-2に示したように,

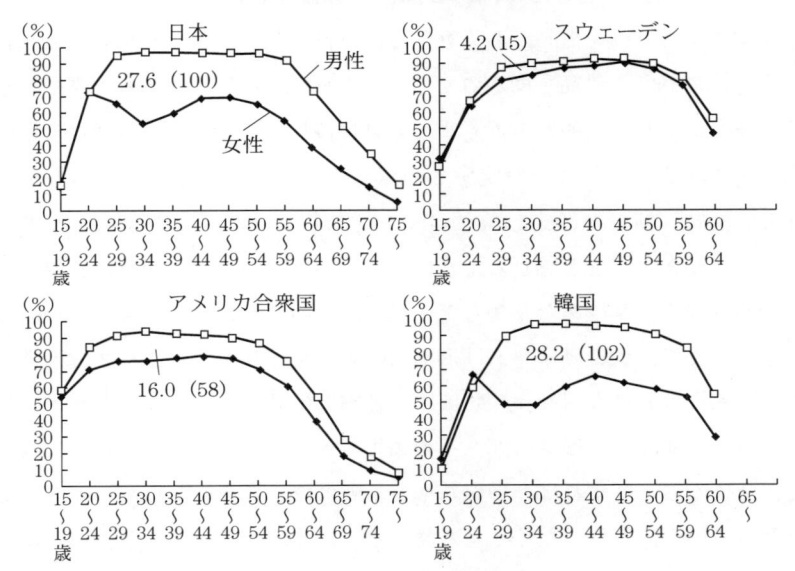

図9-2　各国の男女の年齢別労働力率　(1995年)

注）　図中の数値は，年齢計の男女の労働力率の差（男性−女性）．括弧内は，当該労働力率の男女差を日本を100として表したもの．
出所）　総理府編『男女共同参画の現状と施策（平成9年版）』大蔵省印刷局　1997年 p.23

　M字型を示しているのは韓国と日本のみであり，その他の先進諸国（図示していない諸国を含む）は男性と同様に台形を描いている．各国の男女の労働力率の差は，日本27.6，韓国28.2，アメリカ16.0，スウェーデン4.2となっている．M字型を示している韓国と日本では，結婚や子育てをきっかけに「家庭に入る」女性が多く，「男は仕事，女は家庭」という性別役割分業が浸透しているといえそうである．

　日本の男性の働き方を端的に表現した用語をあげるならば，「企業戦士」「社畜」「過労死」など，枚挙にいとまがない．日本人は働き過ぎなのだろうか．ここで大手企業に勤めるA男さん(40歳)の例をみよう．A男さんはK大経済学部を卒業し，いわゆる幹部候補生として大手電機メーカーの本社採用の営業職に就いている．A男さんは，およそ3年単位で各営業所を転勤してまわ

る転勤族である．A男さんは，ある高額な機器を受注するために，休日を返上してゴルフコンペを催し，お得意さんに最後は花をもたせるため自分が負け，お得意さんの好きな景品を贈るのである．平日の夜は，都内某所の高級料亭やクラブをハシゴして，明け方近くまで連日接待している．人事考課は自己申告式でその期の課題や目標を設定するのであるが，A男さんは自分の査定をよくするために，自分が設定したノルマを達成しなければならない．A男さんは「ノルマがきついなと感じるようになったのは，均等法と同時に社内で取り入れた新人事考課制度あたりからだと思う．このノルマを達成するために会社に泊まりこんで，営業効率をあげるための企画書作りをし，これまでの営業報告をまとめなければならない．しばらく社内に缶詰の生活になりそうだ．しかし，こうして頑張った残業時間をそのまますべて会社に申告するわけにはいかない．そんなことをすれば，労働基準監督署にウチの会社が目をつけられてしまうじゃないか．また，たくさん残業することは，手際が悪いと上司から判断されかねないのだ．この前の社内の健康診断では心電図，肝機能，血圧とも再検査だった．どうもそれまでの徹夜生活が響いたらしい．たまには有給休暇をとって30時間くらい眠りつづけていたいなぁー」とつくづく思う．

　A男さんのような働き方をする日本人男性は珍しくない．日本人の実際の労働時間は，A男さんの働き方にみられたように，統計値以上であるのは確実である．A男さんがこのまま走り続け，これ以上に重い社内での責任や期待にこたえるためにさらに働き続けると，行く手に待っているのが過労死である．

　なぜ日本では，働きすぎて体を壊したり，死ぬまで頑張る労働者がいるのだろうか？　この問いについては単純に答えるのはむずかしいが，ここでは，そのヒントになる日本的人事労務管理の特徴と日本的能力主義についてみていこう．日本的人事労務管理とは，おおよそ研究者の間で合意があり，終身雇用制と年功制とされている（企業別組合は日本的労使関係に含まれる）．終身雇用制とは，企業が新規学卒者を中心に基幹労働者として採用し，継続的に教育訓練を行いながら，企業グループ内で人事異動しながら長期間雇用し，よほどの

事情がない限り解雇しないという慣行である．年功制とは賃金や昇進が年齢，学歴，勤続年数，企業への貢献度，熟練度に応じて決まる慣行である．こうした慣行は大企業で主に適用されてきたが，バブル崩壊後の大規模なリストラの波が大企業にも押し寄せるにつれ，徐々に廃止される方向にある．

　これらの日本的雇用慣行は，戦前では都市部のホワイト・カラーに適用されていたが，戦後復興期に，腕のいい工員が不足し，企業側がより優秀な工員を定着させようとして，大企業のサラリーマン全体に適用されていった．その賃金体系は生活給の発想が濃く，同時に世帯主の賃金で家族を養えるようにつくられた家族給であった．世帯主の男性が高度経済成長期に昼夜を問わず働き続けている間，家族の世話と子どもの養育を安心して任せられる存在としてあてにされたのが既婚女性たちであった．「企業戦士に銃後の妻」が当時の〈正しい〉あり方であった．したがって，企業が想定している女性労働者とは若い未婚の女性であり，彼女たちはいずれ夫をもつ身の潜在的主婦としてみなされ，日本的雇用慣行は適用されなかった．

日本的雇用慣行とジェンダー（その2）

　次に，男女の賃金格差についてみると，所定内給与平均額は女性22万600円，男性33万6,800円となっており，男性100に対して女性は65.5である．さらに年齢階級別にみると，45～49歳（58.2），50～54歳（55.3），55～59歳（57.3）の3階級で，男女間の賃金格差が大きくなっており，年功制の影響がはっきりとみられる（厚生労働省「賃金構造基本統計調査」2000年）．

　すでにみてきたように，さまざまな要因によって既婚女性の兼業主婦化が進んできた．この変化に対応するように，これまでの「男は仕事，女は家庭」という性別役割分業は，「男は仕事，女は仕事と家庭」という「新・性別役割分業」へと変化し，既婚女性は相変わらず家庭責任から解放されていない．兼業主婦化が進んでも既婚女性には家庭責任があるために，彼女たちは日本的雇用慣行の適用を相変わらず受けていない．

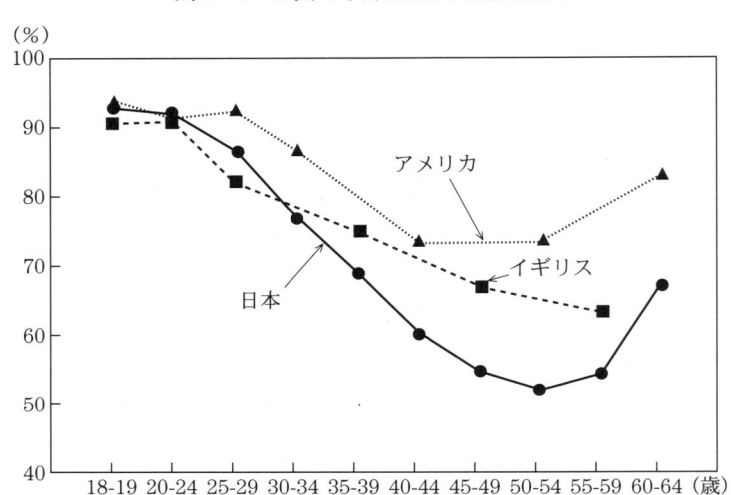

図 9-3　各国の年齢別男女間賃金格差

(%)

注）　日本，アメリカは96年．イギリスは94年
　　　各年齢帯ごとの男性の賃金に対する女性賃金の比率
出所）　経済企画庁編『国民生活白書（平成9年版）』大蔵省印刷局　1997年　p.41

　所定内給与の男女間格差について国際比較すると（図9-3），日本，アメリカ，イギリスのいずれも，おおよそ加齢につれて格差が拡大する傾向になっている．だが，日本の30歳から59歳までの男女間格差は突出している．いちじるしい男女格差をともなった日本の年功賃金が，特異なものであることが再確認できよう．さらに詳しくみると，男性を100として，日本65.5（2000年），アメリカ75.5（1995年），ドイツ74.2（1993年），フランス79.8（1998年），イギリス80.6（1999年），韓国63.3（1999年），香港60.9（1995年）となっており，日本の女性の賃金には，欧米諸国と比較して一段と男女格差がある．

　同様に昇進格差についても国際比較をしてみると（「管理・監督的職業従事者」全体に対する女性の比率），日本8.2（1995年），アメリカ42.7（1995年），ドイツ25.6（1993年），イギリス33.0（1993年），韓国4.4（1995年），香港18.7（1995年）となっている（以上，経済企画庁編『国民生活白書（平成9年版）』大蔵省印刷局　1997年　pp.40〜46）．たしかに日本の女性管理者の比率は漸増

しているものの，他の先進諸国と比較するとまだまだ低い．

　日本的雇用慣行の下で，勤務時間以外でも仕事以外でも，男性労働者は「会社人間」として，勤務先企業に忠実な生活態度を要求されている．したがって，夫婦と子どもからなる核家族の場合，企業戦士の夫には，子どもに手のかかる時期にもっぱら家事と育児を引き受けてくれる専業主婦の妻が必要になり，教育費がかさむポスト育児期には家事に支障をきたさない範囲で家計を助ける兼業主婦の妻が必要になってくる．また，日本的雇用慣行を展開する企業側にとっても，家庭の都合でパートタイマーを希望する既婚女性は低賃金で雇用でき，不況時には雇用調整弁となるので，願ってもない存在である．企業戦士の夫，銃後の妻，企業の3者にとって，もっとも都合のよい働き方が，「妻の非正規就労」（パートタイマー，契約社員，派遣労働者など）とみなされたのである．

　日本的雇用慣行下で女性が出産，育児によって就業を中断すると，多大な金銭的損失を被る．たとえば短大卒の平均的な女性の場合，中断・再就職による金銭的損失は6,300万円であり，中断後の年収を100万円以下に抑えると，1億8,500万円の損失となる（経済企画庁　前掲書　pp.51～55）．女性が出産しても働き続けられる環境整備が切実に望まれる（詳しくは第10章を参照）．

✒ パートタイマーの間接差別問題

　現在のパートタイマーのプロフィール（平均）は，勤続年数4.9年，1日の労働時間（所定内労働時間）5.6時間，1か月の実労働日数19.5日である．また，1時間当たりの所定内給与額は889円で，賞与は5万9,300円である（厚生労働省「賃金構造基本統計調査」2000年）．次に，B子さんの例を紹介しよう．B子さんは平均と比べてどのような位置にいるのだろうか．

　B子さん（38歳）は，以前勤めていた某都市銀行にパートタイマーとして再就職した．彼女は現在，窓口で接客業務を担当している．一人娘が小学校に上がり，以前上司だった現在の人事部長に声をかけられ，再就職を決心した．退職前は住宅金融公庫の貸付係だったので，現在の仕事にはやりがいの点で不

満がある．彼女の勤務時間は午前8時半から午後4時半までで，週40時間である．残業はしなくてよいが，やっている仕事のレベルは正社員とかわらない．むしろ，銀行員として10年働いたキャリアがものをいっており，若手の男性社員よりミスが少ないし，彼らに実務を教えることもたびたびある．若手男性社員と自分の給料とを比較するとやりきれない気がするが，「自分はパートだから，時給が低くても仕方がないのだ」と自分自身に言い聞かせるようにしている．B子さんは「子どもの世話を考えたら7時，8時までの残業はとても無理．だから，正社員の口を探さないで，パートを選んだ．仕方がない……」と思う．

B子さんのように1週間に35時間以上働くパートタイマーは（年間200日以上就業している者では），46.8％である（総務庁「就業構造基本調査」1992年）．本来パートタイマーとは，「短時間労働者」を意味するはずであったのだが，日本では「フルタイマーなみに働くパートタイマー」が多くなっており，こうした働き方をする労働者を，短時間労働者（労働時間が週35時間未満の者）から区別して「疑似パート」とよぶ．疑似パートは賃金，昇進，社会保険，福利厚生の面で正規労働者とは差別された1つの「身分」となっている．こうした現状に対して，人びとは「パートは正社員ではないから，待遇が違って当然だ」と思いがちである．またB子さんのように，差別を受けているにもかかわらず，それが差別問題であると自分自身が認識していないことも多い．

女性パートタイマーの賃金は，女性正規労働者100に対して66.9，男性正規労働者100に対して49.1となっている．女性のパートタイマーは男女賃金格差と正規・パート格差が重なり，男性正規労働者との格差はいちじるしい（労働省　前掲調査　2000年）．さらに，日本のパートタイマーの多くは1年以下の有期雇用の継続更新者が多く，会社の都合でいつ更新を拒否されるかわからず，地位が不安定である．

1993年12月，パートタイム労働法が施行された．この法律の正式名称「短時間雇用者の雇用管理の改善等に関する法律」から明らかなように，短時間労

働者を対象としており,「疑似パート」はこの法律の対象外である.したがって,この法律はパートタイマーが現在被っている待遇全般に関する差別を是正するのものではない.また,それは努力義務規定にとどまり,強制力を備えていない.以上の点で,この法律はパートタイマーたちを失望させるものであった.

雇用者の男女共生に向けて

しかし,ILO は,1981 年に「家族的責任を有する男女労働者の機会均等及び待遇に関する条約」(略称「家族的責任条約」)と同勧告(165 号)を採択し,世界の動きは日本のパートタイマーを見捨てていない.この勧告では,「パートタイム労働者及び臨時労働者の労働条件(社会保険の適用を含む)は,可能な限度において,それぞれのフルタイム労働者及び常用労働者の労働条件と同等であるべきである.適当な場合には,パートタイム労働者及び臨時労働者の権利は比例的に計算することができる」(21 項 2 号)と述べられている.つまり,この勧告によって,パートタイマーはフルタイマー(正規労働者)から差別されてはならず,パートタイマーとフルタイマーは均等待遇の原則によって平等に扱われなければならないことが明白に示されている.

均等待遇の原則とは,労働時間が短いことにともなう合理的理由がある場合以外は,パートタイマーはフルタイマーから差別されてはならないというものである.つまり,同種の業務であれば,フルタイマーとパートタイマーの時間給は同一でなければならないのである.たとえば,同一の業務に就く 2 人がいて,1 週当たり 40 時間勤務するフルタイマーと 20 時間勤務するパートタイマーとでは,勤務時間の比率が 2:1 であるから報酬も 2:1 でなければならないということである.

以上,均等待遇の原則についてみてきたが,同様の考え方として,「コンパラブル・ワース」原則というものがある.この原則は「同一の仕事,つまり職務ないし職種が等しい質,量をもつ労働または同等の価値をもつ労働に対して

は，同一の基準によって賃金を決定しなければならない」というものである．この原則は，労働者の性，年齢，国籍，社会的身分，民族，宗教などによって賃金差別してはならないという原理を基礎として，同一価値の労働に対する賃金の平等を保障しようとする公平の原則である（大脇雅子『均等法時代を生きる』学陽書房　1992年　pp.219～222）．この原則は，ここで問題としているパートタイマーとフルタイマーとの賃金格差にも適用可能であるし，男女の賃金格差にも適用可能なものである．現在，日本の社会科学者によって同一（価値）あるいは相当な職種，職務の測定に向けてフィールド研究が進行している（女性労働問題研究会編『女性労働研究』第33号　1998年）．

　さらに，1994年のILO総会で「パートタイム労働に関する条約」（175号），「パートタイム労働に関する勧告」（182号）が採択された．この条約では，パートタイム労働者の権利がより具体的に保護されている．たとえば，①フルタイム労働者の基本賃金より低い基本賃金を，単にパートタイムで働いているという理由から受け取ることはないこと（第5条），②フルタイム労働者と同等の社会保障制度上の利益を享受すること（第6条），③母性保護，雇用の終了，年次有給休暇および有給公休日，疾病休暇がフルタイム労働者と同等に保障されること（第7条），④フルタイム労働からパートタイム労働，またはその転換が自発的に行われることが保障されること（第10条），などがパートタイム労働者に保障されている．

　日本では「男は仕事，女は家庭」といった性別役割分業意識が根強く残っており，また男性はこの分業を前提とした会社人間になることを要求されている．それゆえ，既婚女性は子どもの養育や老親の介護など家族的責任のために退職したり，フルタイムからパートタイムへと就業状態を変更することが多々ある．パートタイマーを選んだ理由について配偶の有無で比較してみよう．有配偶女性に多かった選択肢は「勤務時間・日数を短くしたいから」（有配偶30.9％，無配偶10.0％）と「家事・育児で正社員として働けないから」（有配偶23.3％，無配偶3.4％）である（労働省「パートタイム労働者総合実態調査」1995

年).この調査結果から,既婚女性は仕事と家庭責任とを両立するためにパートタイマーを選ぶ傾向が強いことがわかる.

　研究者や企業人の中には,こうした結果を根拠として,「既婚女性たちは待遇が正社員より劣っていることを承知の上で,自発的にパートという就業形態を選んでいるのだから,パートの待遇に不満があるなら正社員になればいい」といったような発言をする者がみうけられる.しかし,この指摘が均等待遇の原則や,コンパラブル・ワースの原則からみて誤っているのは明らかである.既婚女性の「自発的に家庭責任と仕事とを両立させようとする」という行動は,「男は仕事,女は家庭」という性別役割分業システム,これを支えるイデオロギーと人びとの意識との相互作用の結果なのである.私たちは,日本のこうした重層的な性別役割分業システムの解消に向けて,自らの行動と社会のあり方を変える必要がある.

参考文献

筒井清子ほか『ワーキング・ウーマンの仕事と生活』マネジメント社　1995年
中島道子ほか『男女同一賃金』有斐閣　1994年
大脇雅子『平等のセカンド・ステージへ』学陽書房　1992年
竹中恵美子ほか編『労働力の女性化』有斐閣　1994年
竹中恵美子『戦後女子労働史論』有斐閣　1989年
伊田広行『21世紀労働論』青木書店　1998年
日本労働社会学会編『日本労働社会学会年報』第6号(特集:「企業社会」の中の女性労働者)　1995年

第10章　共に働く時代の支援策

パパに育児参加促す——英国の「父親休暇」スタート
——火付け役はブレア首相

　英国では2003年4月から給付金（週に100ポンド＝約19,000円）を伴う2週間の「父親休暇」をスタートさせることになった．タイムズ紙はこのニュースを一面のトップに揚げ，「さあ赤ちゃんをこしらえ，手当てをゲットしよう」とセンセーショナルに呼びかけた．
　この制度は父親が赤ちゃんと共に過ごす時間が初めて公認されたという点で画期的だが，そればかりでなく母親の育児休暇の延長（18週から26週）と手当ての増額も同時に決定された．復帰後は，原則として企業は同じ職場に戻すことになっている．
　さらに男性も女性も育児を理由に出社・退社時間の変更を申し出ることができるようになった．企業はそれを"真剣に"考慮しなければならない．このたびの改革は，親に認められる権利としては，戦後，最大規模といわれている．—中略—
　実はこれまで英国は，育児関連制度が進んでいるとはお世辞にもいえなかった．出産や保育などは各家庭が事情に応じて決めることで，国家が介入すべきでないとの伝統があった．しかし女性の社会進出に伴い共働きが急増，仕事と家庭の両立支援は即刻解決すべき社会的課題になっていた．—中略—
　日本でも男性も育児休暇が認められているのに，実際の取得率は30人以上の企業でほんの0.55％（1999年）に過ぎない．英国には法律はあっても実際には行使しにくいといった社会風土や環境はなく，権利は遠慮なく実践される．英国が父親の"育児参加先進国"になる日は案外近いかもしれない．（ジャーナリスト　多賀幹子さんより）

『日本経済新聞』2002年11月2日付夕刊

⚷ キーターム

合計特殊出生率　1人の女性が15歳〜49歳の間に産むとされる子どもの数．晩婚化などの要因により低下が続き，2001年には1.33人となった．

育児・介護休業制度　子を養育する労働者が子の養育や看護のため，また，介護を必要とする家族を抱えた労働者が家族介護のために，一定期間休業することを認める制度．休業取得のほか，勤務時間短縮などの措置もある．

介護保険制度　国民から徴収する保険料と公費により，要介護の高齢者が一定の介護サービス（在宅・施設）給付を受けることができる公的保険制度．2000年4月に施行．

男女共同参画社会基本法　(The Basic Law for a Gender-equal Society)　男女共同参画社会形成の促進に関し，基本理念，国・地方公共団体・国民の責務，施策の基本事項を定めた法律．1999年6月公布・施行．第6条が家庭生活における活動と他の活動の両立．

ILO 156号条約　「家庭的責任を有する男女労働者の機会及び待遇の均等に関する」条約．固定的な性別役割分担の見直しのために1981年に採択された．日本は1995年に批准．

人口学的視点から，行く手は安泰か？

　いよいよ21世紀に突入した．私たちの行く手には，いったい何が待ち受けているものか？「将来の見通しは？」などと聞かれて，「断然，明るい！」と答えることのできる者はどれほどいるのであろうか．戦後半世紀余り，日本は豊かさを追い求めてガムシャラにがんばり続けた．そして，先進国として「贅沢な暮らし」をほぼ手に入れた現在，その歪を指摘する声が多く聞かれる．

　人口学的視点でみると，日本の21世紀の幕開け，そのキーワードは少子高齢化である．「日本の将来推計人口（2002年1月推計）」から計算すると，2002年のわが国の65歳以上人口の割合（高齢化率）は18.5%，団塊世代が後期高齢期に入る2025年には28.7%に，さらにその子どもたちの団塊ジュニア世代が後期高齢期に入る2050年には，全人口は現在より約21%減少し，高齢化率は35.7%に達すると見込まれている（国立社会保障・人口問題研究所）．25年後，50年後の自分がどのような状況にあるものか想像してみよう．安泰か？　それとも，想像しがたいものであろうか？

　合計特殊出生率，その数字が発表されて「1.57ショック」とよばれる衝撃が走ったのは1989年のことである．政治家や財界人は，「女性にもっと子どもを産んでもらうには，いったいどの様な対策をとれば良いものか」と頭を抱えた．しかしながら，その数字は低下の一途をたどり，2001年には1.33に達した．私たちは誰しもが，生を受けた以上，思いっきり自分らしく生き，安心して老いていき，世代交代のできる社会を望んでいる．しかし，その次世代を支えていく子どもたちの数が確実に減少し続けているのである．

　さて，この少子化現象は将来の日本社会にどのような影響を与えるのであろうか．少子化をどう受けとめるか，調査において有識者らがあげた主な項目は，マイナス面として，現役世代の負担増加，労働力人口の減少，労働力年齢構成の変化，地域社会の変容，家族機能の変化などであった．また，少数意見ではあるが，プラス面としては，財産継承の割合の増加，交通渋滞や環境問題の緩和，受験競争の緩和などであった．しかしながら，少子化現象については有識

者の8割以上が「深刻な問題」と見ている（厚生科学研究「少子化社会における家族等のあり方に関する調査研究」1997年）．人口減少社会の姿は，やはり深刻な状況となることが予想されている．

少子化は社会を映す鏡

　少子化に悩むわが国であるが，その大きな要因のひとつは晩婚化にある．そして，この少子化現象は他に多くの問題を示唆し，社会を映す鏡となっている．現在の人口を維持するためには，計算上女性たちが平均2.08人の子どもを産めば良いそうである．ただし，今や「産めよ，増やせよ！」のアプローチはあまりにも短絡的であり，女性たちが積極的に子どもを産みたいと思える社会を築いていかねばならないのである．ところで，女性たちははたして平均1.33人以上の子どもを欲しいと思っていないのであろうか．夫婦が理想とする子どもの数（1977～1997年の間では約2.6人）と実際の子どもの人数（約2.2人）には開きがある（国立社会保障・人口問題研究所「出産力調査」）．約3割の夫婦が，理想よりも予定している子ども数は少ないと回答している．その理由として，子育ての経済的負担を挙げる者がもっとも多く，とくに20代・30代の層はその傾向が強い．また30代以上では，年齢的理由や体力的理由も挙げられている（経済企画庁「国民生活選好度調査」1997年）．女性たちが望みつつも産んでいない，産みとどまっている現状がみえてくる．

　さて，人口減少は深刻な問題と受けとめられているが，労働力に焦点をあてると，埋もれている労働力への需要拡大は確実である．高年齢層や家庭にとどまっている女性たちも労働市場への参入が望まれ，労働人口の男女比率や年齢構成も変化していくことが予想される．わが国のM字型年齢層別女性労働力率の底辺は，年々上方へと移動しつつあるが，諸外国との比較では依然として特徴的である．しかし，このM字カーブの非労働力人口中，就業希望者数を加味して算出した「潜在的労働力率」をみると，M字の底辺は上方へと大きく移動し，20代から50代は高水準で推移し，台形に近い型となる．出産・育

児で労働市場から退出している専業主婦層も職場進出を望んでおり，仕事か，家庭かの選択で，家庭にとどまっている（総務省「労働力特別調査」2001 年）．

さらにこれを，高学歴（大学・大学院卒業）の女性に焦点を絞ると，この M 字型とは異なる麒麟型カーブが現れる．学校卒業時の 90% 台半ばから，結婚・出産・育児期の 30 代で 61.2% まで低下，子育てがひと段落し時間的余裕を得る 40 代でも非労働力化が続き 66.0% までは上昇するが，その後は低下が続く．わが国では，大都市周辺を中心に，女性全体の中でも高学歴女性の専業主婦率が高いという特徴が見られる．そして，これらの非労働力化している高学歴女性の「潜在的労働力率」を算出すると，さらに異なるカーブを描いている．学校卒業後，40 代までは 80% 以上の高い数値を維持し，労働市場からの退出が最も多い 30 代でも，現実には多くの女性が就業を希望している（総務省同調査，1999 年）．潜在能力の高い女性の労働力，人的資源が十分に活用されない現状がここにある．

平均寿命や教育水準などを基に計算される人間開発指数では，わが国は世界でもトップに位置している．しかし，女性の所得，専門職・管理職・行政職・国会議員の割合など，女性力の活用を示す GEM（Gender Empowerment Measure）指数では中位程度まで大きく落ち込む．女性の教育成果の社会への還元

図 10-1　女性が働きやすい状況にないと思う理由（フルタイム就業者）

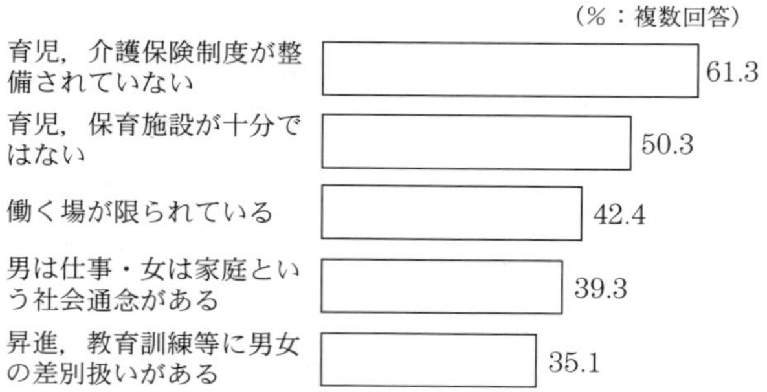

（%：複数回答）

項目	%
育児，介護保険制度が整備されていない	61.3
育児，保育施設が十分ではない	50.3
働く場が限られている	42.4
男は仕事・女は家庭という社会通念がある	39.3
昇進，教育訓練等に男女の差別扱いがある	35.1

出所）内閣府「国民生活選好度調査」2002 年より作成（上位 5 項目）

が十分果たされていない，この国の現状がみえてくる．就業継続型を理想とする働き方，家庭と仕事の両立を望む女性は確実に増加しているが，現実には就業継続や再就職を阻害している要因が多いことを示唆している（図 10‐1）．

　確かに，働きながらの子育ては多くのリスクが付きまとい，まるで綱渡りのようである．これが実感であろうか．子どもが熱を出せば保育園からの電話のベルが鳴り，頼りにしている親が急に倒れることもある．仕事は任されている以上，そう簡単には中断できない．さらに，母親の就業が子どもの心身の成長発達にマイナスであり，良い子は育たないといわれ，子どもの問題行動は，共働きが原因だとされる．働く母親に対するこうした偏見，漠然とした世論，社会通念が未だに存在することは否定できない．共働きの影響をどうみるか，答は一つではない．母親の就業のマイナス面を裏づける資料を捜せば，それは見つかる．逆に，プラス面を補強する資料を捜せば，それも見つかる．共働きの是非を論じているより，変化は急速に進んでいる．出産後も就業継続を希望する女性が増加し，職場復帰の契機となる末子の年齢も少しずつ低くなってきている．

　1999年6月，男女共同参画社会基本法が施行された．この中に示された基本理念の中には，「家庭生活における活動と他の活動の両立（6条）」，そして「社会制度・慣行が男女の社会における活動の選択に対して及ぼす影響を中立なものとするよう配慮（4条）」と記されている．就業を希望しつつ家庭に留まっている女性たちも，欲しいと思いつつ子どもを産まないでいる女性たちも，安心して仕事と家庭が両立できる社会環境を望んでいる．女性が働き続けるには，育児，介護，看護そして家事が大きな壁になっている．女性への差別的扱いや古い慣行など，職場での問題もある．男性にとっても，女性にとっても，多様化した人生選択の実現には，個人・企業・行政，それぞれの協力と支援が必要である．個人レベルでは，男女が共に多様な生き方を認め合い，家庭責任を共に負担していけるようなコンセンサスが必要である．企業には，個人の意思が尊重される労働条件の整備が，そして国や地方自治体には，社会変化に柔

軟に対処できる施策の策定・実施が求められている．

生まれ変わった育児・介護に関する法

わが国では 1995 年，家族的責任を負担する男女労働者の均等待遇に関する「ILO 156 号条約」を批准した．労働者の家庭と仕事の両立を可能にするための職場や社会の条件整備を目的としたものである．労働者，とりわけ女性の就業の大きな壁として挙げられていることは育児や介護である．乳幼児や介護・看護を必要とする家族をかかえる労働者にとり，雇用関係を継続しながら一定期間休業し，家族の世話に専念できる制度は欠かせない支援策である（図 10－1）．

1965 年，日本電信電話公社（現在の NTT）はわが国で初めて育児休業制度の導入に踏み切った．公社にとって訓練された女性たちの確保には不可欠な制度であった．また，教員，看護士，保育士などの一部女子公務員の労働継続を保障する「特定職種育児休業法（旧育児休業法）」は，1976 年にすでに法制化されていた．

厚生労働省は，男女雇用機会均等法（1986 年施行）の中で，事業主に対して育児休業制度導入の努力義務を課し普及促進を図った．そして，全労働者に対する制度の法制化を望む声が広がり，1991 年に均等法から独立した型で，男女双方に適用される「育児休業法（育児休業等に関する法律）」が成立，翌 1992 年から施行された．また，1995 年 4 月には，この育児休業法に介護休業規定が導入され「育児・介護休業法（育児休業，介護休業等育児叉は家族介護を行う労働者の福祉に関する法律）」と改正，介護に関する部分は 1999 年 4 月から施行されることとなった．そのほか，均等法の中から再雇用制度や再就職の援助に関する規定が移され，目的の追加や基本理念の新設などの改正も行われた．さらに 2002 年 4 月からは，小学校就学前の子どものための看護休暇（努力義務）や子育て中の転勤への配慮なども追加された．また，勤務時間の短縮等の措置の対象となる子どもの年齢が 1 歳未満から 3 歳未満へ引き上げら

れるなど，労働者の家庭と仕事の両立を支援する法律としての色彩を徐々に強め「改正育児・介護休業法」として生まれ変わった．

さて，育児や介護休業に関する法律，その主な内容は次のとおりである．育児休業法では，子どもが満1歳に達するまでの間，男女労働者のどちらかが，1回の連続した期間，育児休業を取得できる．介護休業法では，要介護家族1人につき，男女労働者が最長3か月間の介護休業を取得できるもので，その対象家族は配偶者（事実婚を含む），父母，子，配偶者の父母などである．また，育児や介護休業を取得しない者に対して，勤務時間短縮，フレックスタイム，終始時間の繰り上げ・繰り下げ，所定時間外労働の免除などの措置を講ずる．さらに，共通する措置として，事業主は育児や介護休業に関して，休業中の待遇，休業後の賃金，配置その他の労働条件をあらかじめ定める．また，事業主は妊娠，出産，育児，介護を理由に退職した者について，再雇用特別措置を実施するなどである．

さらに，労働者にとり賃金の問題は大きな関心事である．1992年から施行された育児休業法では，休業期間中の賃金の支払についての規定はなく，労使間の話し合いに委ねられていた．そのため，休業期間中の給料支給のない事業所が多く，労働者たちの経済的な問題が指摘されていた．この点に関し，1995年4月から雇用保険法の改正により，雇用継続給付の1つとして「育児休業給付」が新設され，休業前賃金の25％が支給されることとなり，2001年にはこれが40％へと引き上げられた．このうち30％は休業中に「育児休業基本給付金」として（上限あり），さらに復職後6か月以上働くことにより残り10％が「育児休業者職場復帰給付金」として支給される．休業を取得する全ての労働者への所得の保障，この給付制度への期待は大きい．しかしながら，この数字はあくまでも最低の基準であり，労使交渉でこれに賃金を上乗せし，安心して取得できる休業制度にしていく努力が必要である．それぞれの企業が，さまざまな中身の制度を導入している．そこには，そこで働く者をどの程度大切に思い，支援しようとしているか，その企業の姿勢がみえてくる．

活かされているか,育児・介護休業制度

育児休業は1995年から,介護休業は1999年から,全ての事業主に対する義務となった.育児や介護のための休業は,資格のある者が適法な申し出をすることにより行使できる権利となったのである.事業主は就業規則にこうした休業の定めを設けるはずであるが,たとえ明記されていなくとも労働者は休業の申し出を拒否されることはない.

厚生労働省(旧労働省)「女子雇用管理基本調査」(1999年)によると,育児休業制度を就業規則などで規定している事業所は,500人以上の大規模事業所では98.7%に達しているが,全体では53.5%にとどまっている.その他の育児支援制度の導入では,短時間勤務制度が29.9%,所定外労働の免除が22.9%,始業・終業時刻の繰り上げ・繰り下げが21.7%,またフレックスタイム制度は8.9%,事業所内託児施設は0.8%にとどまっている.

一方,介護休業を就業規則で制度として規定している事業所は,500人以上の大規模事業所では96.8%に達しているが,全体としては40.2%にとどまっている.その他の介護支援制度の導入では,短時間勤務制度が27.7%,始業・終業時刻の繰り上げ・繰り下げが19.0%,所定外労働の免除が16.2%で,フレックスタイム制度は8.1%にとどまっている.また,女性労働者を多く抱える電気・ガス・熱供給・水道業や金融・保険業では,9割以上が育児や介護休業制度を規定している.

さて,育児や介護のための休業制度はどの程度利用されているのであろうか.前出の調査(労働省 1999年)をみると,育児休業制度を導入している事業所における出産者(男性の場合は配偶者)のうち,育児休業を取得した者は,女性では56.4%,100人以上の規模の事業所では7割を超えていた.一方,男性の育児休業取得の現状はどうであろうか.配偶者の出産で育児休業を取得した男性は0.42%であった.育児休業取得者全体での男女比率では女性が97.4%,男性が2.4%,そして,介護休業取得者全体での男女比率では女性が90.7%,男性は9.3%と,休業取得者をみる限り育児や介護は圧倒的に女性が担ってい

ることがわかる．

2002年9月，厚生労働省は「少子化対策プラスワン」を発表した．企業が達成すべき育児休暇取得率を「男性10％，女性80％」と数値目標を掲げた．さて，権利として取得できる育児休業ではあるが，女性でも取得率が56.4％に留まっている．女性労働者が育児休業制度を利用しなかった理由では「職場の雰囲気」がもっとも多く，さらに「経済的に苦しくなる」，「仕事に戻るのが難しそうだった」，「仕事が忙しかった」が挙げられている（(財)女性労働協会調査 2000年）．気がねせずに安心して休業が取得できる，そんな職場体制・雰囲気づくりが今後の大きな課題である．

また図10-2からも，男性の育児休業取得者が極端に少ない背景には，仕事を中断しづらい日本の職場事情があることが見えてくる．固定的な性別役割分

図10-2 男性が家事，子育てや教育に参画するために必要なこと

（％：複数回答）

項目	％
夫婦の間で家事などの分担をするように十分話し合う	41.3
男女の役割分担についての社会通念，習慣，しきたりを改める	34.9
労働時間を短縮したり，休暇制度を普及させる	33.5
企業中心という社会全体の仕組みを改める	30.6
家事などを男女で分担するようなしつけや育て方をする	26.4
男性が，家事などに参画することによるライフスタイルの変化に対する抵抗感をなくす	26.2
男性が男女共同参画に対する関心を高める	25.1
男性の企業中心の生き方，考え方を改める	24.8

注）上記以外の項目は「仕事と家庭の両立などの問題について相談できる窓口を設ける」「自宅でも仕事ができるように在宅勤務等を普及させる」「妻が，夫に経済力や出世を求めない」など
出所）内閣府「男女共同参画社会に関する世論調査」2000年

担意識や仕事優先の企業風土などから，事業主を始めとした職場の理解が不足している現状もある．男性が育児休業を取る事に対し肯定的な意見は約7割，とくに20〜29歳の若年層では約8割と高いものであった．しかしながら，男性が育児休業を取る事について，社会や企業の支援が十分とは思わない人が8割に及んでいた（内閣府　図10-2同調査）．働き盛りの大事な時期に子どものために休みを取るなどとは，と，男性の休業申請には上司や同僚からの冷たい視線を浴びる．男性たちには，「心の壁」を崩す強い意志と勇気が必要なのである．

　育児・介護休業法は，男女が共に家族や子育てを大事にしながら働き続けるためのものである．日本人，とりわけ男性の働き方を問い直す法律でもある．「少子化対策プラスワン」でも男性も含めた働き方の転換を促している．生産性・効率第一主義の職場風土が残る限り，子どもを産み・育てている女性は非効率的存在とみられる．女性が疎外感を感じることもなく，心置きなく子どもを産める職場は，男性にとっても働きやすいはずである．そうした職場には過

図10-3　「ファミリー・フレンドリー」であることを重視する理由

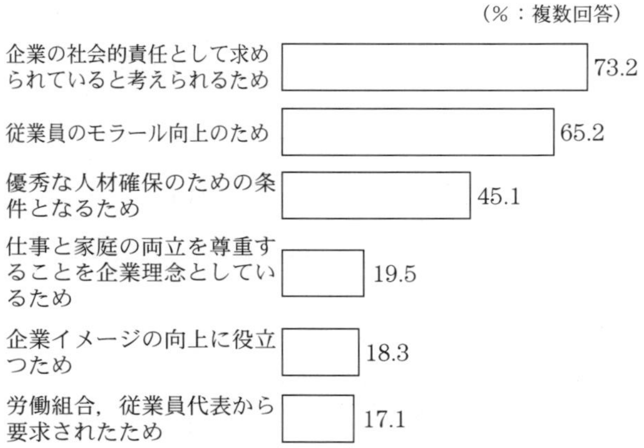

（％：複数回答）

理由	％
企業の社会的責任として求められていると考えられるため	73.2
従業員のモラール向上のため	65.2
優秀な人材確保のための条件となるため	45.1
仕事と家庭の両立を尊重することを企業理念としているため	19.5
企業イメージの向上に役立つため	18.3
労働組合，従業員代表から要求されたため	17.1

注）ファミリー・フレンドリーについて「重視している」と回答した事業所
出所）日本労働研究機構「ファミリー・フレンドリーについての調査」2001年

労死などはないであろう．育児や介護のための休業取得率は，国や企業がいかに人間を尊重しているか，そのバロメーターとなる．

こうした背景から，厚生労働省では，労働者が仕事と育児・介護とが両立できるような制度をもち，多様で柔軟な働き方が選択できるような取り組みを行う事業所を「ファミリー・フレンドリー企業」とし，その普及を図るための啓発や支援を進めている．1999年より，このファミリー・フレンドリーへの取り組みを積極的に行い，成果をあげている事業所の表彰を実施している．この取り組みは，大規模事業所を中心に拡がりを見せており，従業員の士気の向上や優秀な人材確保につながると事業所側からも評価されている（図10-3）．今後，全ての事業所に対するこのような前向きの取り組みが期待されている．

再雇用制度は強い味方

働き方が多様化し，活躍の場も広がって来ている現在，結婚や出産後も働き続ける就業継続型の生き方を望む女性が増加している．近年の調査でも，とくに高学歴女性の場合「継続就業」型を望む者が57.1％と，「出産・結婚中断」型の28.7％を大きく上回る結果が出ている（日本労働研究機構「高学歴女性と仕事に関するアンケート」1998年）．しかしながら，女性労働力率の特徴的M字型パターンからも，現実では結婚や出産により一時退職し，子どもが成長してから再び働きだす「出産・結婚中断」型が多数派となっている．

そして，育児や介護のためにブランク期間の長かった女性たちは，再就職に当たり急速な技術革新や情報化の進展にうまく対応できず戸惑うこととなる．こうした女性たちにとり，再就職は希望していても，希望通りの就職先の確保は大変困難なことである．多様化するニーズに対応するための，女性への就業支援対策への期待が集まっている．

地方公共団体の設置する就業援助施設では，技術講習，就業相談，情報提供などを行っている．1991年度に「レディス・ハローワーク事業」は，女性の再就職援助を専門に取り扱う公共職業安定所として主要都市に設置されていた．

そして1999年の男女雇用機会均等法の改正により,「両立支援ハローワーク」として男性へも門戸が開かれた.

　さて,こうした公共のサービスで講習を受け,希望する就職先が決定すれば好運である.しかし,女性たちの再就職は,条件の整ったフルタイム労働の確保は大変困難であり,パートタイム労働が圧倒的に多い.パートタイム労働者の約7割が既婚女性であることからもわかる.パートタイム労働は,働く側には家庭と仕事の両立が可能な働き方としてメリットはあるが,雇う側には低いコストの雇用調整弁でもある.賃金,保障など不十分な労働条件をめぐるトラブルも多く,1993年に「パートタイム労働法」が施行され,改善に向けての第一歩は踏み出されたが,多くの問題が残されている.

　また,多くの既婚パートタイム労働者は,労働者でありながら被扶養者という特殊な存在となっている.所得税の非課税限度額103万円は,夫の所得税・住民税の配偶者控除の適用可能限度額であり,「パート103万円の壁」と呼ばれている.さらに,年収130万円以下の場合は,国民年金の第3号被保険者となり,夫が厚生年金に加入している場合は保険料が免除される.日本の配偶者控除・配偶者特別控除は,家事労働を内助の功として評価し,性別役割分業を底流で支えている税金・年金制度である.

　この「年収103万円・130万円の壁」は,女性の経済的自立を阻害しているという指摘が多く,また,雇う側には低賃金の大義名分ともなっている.妻たちには,劣悪な労働条件を我慢してでも扶養家族からはずれない程度に働いたほうがトク（得）であるという意識を植えつけている.年末には出勤調整を必要とする者も多く出てくる.家事労働は,すべての生活者にとり共通のものである.共働きが増加した現在,内助の功として特別な枠をはめるべきものでもなく,この不公平な社会制度の改革を求める声が強くなっており,2004年の公的年金改革に向けての検討がなされている.

　さて,こうした現状から,退職した事業所への復帰が保障される「再雇用制度」の普及が強く望まれている.男女雇用機会均等法（1986年施行）で事業主

の努力義務とされていた再雇用制度や再就職の援助に関する規定は，1995年から「育児・介護休業法」に移行され生まれ変わった．再雇用制度は，労働者にとっては長年にわたり培ったキャリアが活かされるという，また雇用する側にとっては自社で養成した経験や技術をもつ労働者を確保し活用できるという，相互に大きなメリットがある．事業所全体の中で現在約2割がこの制度を導入している．とくに女性を中・長期的経営戦略に組み込んでいる業界，金融・保険業，卸売・小売業・飲食店，電気・ガス・熱供給・水道業，サービス業などでは導入に対して積極的な姿勢が取られている．

このように，労働者に対する前向きな姿勢として読みとることのできる再雇用制度は，ファミリー・フレンドリー同様，女子学生の就職先の選択では大きなプラス評価となっている．当然，現在働いている者にとり士気を高める要因でもある．しかしながら，労働環境がいちじるしく変化している現在，労働者の就業中断期間中や再雇用後の教育・訓練の方法など，課題も山積みである．さらに，再雇用制度は別の見かたをすれば，女性に出産や介護退職を期待し，性別役割分業観を補強することになりかねない．こうした意味では，再雇用制度は「両刃の剣」ともいえ，その活用方法も考えていかねばならない．

期待される，多様な保育サービス

出産休業，育児休業が明け，労働者のぶつかる大きな壁が，就業中の子どもの世話を誰に託すかの問題である．親と同居する家族の妻は，核家族の妻よりも雇用率が高いことからも，親たちが頼りにされていることがわかる．しかしながら，就業形態の多様化や望まれる育児の方法としても，中身の充実した保育施設への需要が年々高まっている．0歳から就学前までの児童の居場所では，保育所利用児童の割合は25.7%であった．その中でも4歳以上の児童では保育所が36.0%に達し，そのほか幼稚園57.4%，家庭等6.6%と，約2.8人にひとりが保育所利用児童となる（厚生労働省　2001年）．

戦後，「ポストの数だけ保育所を！」の叫びに押されて増設運動が展開され，

第2次ベビーブームや郊外地域への雇用者の集中などによる需要増大要因も加わり，保育所は1960年代半ばから1980年代半ばにかけて急速に増加し続けた．さらに，1980年代前半に続発したベビーホテルでの事故を契機にその整備も急務となった．1980年代後半以降，少子化に伴いその数は微減傾向にあったが，2002年現在，全国の認可保育所の数は22,272か所である．公営・民間別内訳では，公営が減少し55.8％，民営が増設されて44.2％である．数の上では必要水準に達し，一部では定員割れも起こっている．

　しかしながら，就業形態の変化，通勤時間の延長，育児休業の普及にともなう年度途中の入所など，従来の定型的保育では対応できない保育の需要が急増している．親たちの多様なニーズに対応できずに，この少子化の時代に保育所はやはり「足りない」状況が続いている．保育所閉所後の二重保育を強いられるケースも多い．とくに都市部では，出産休暇や育児休暇明けから職場復帰する元気な母親たちが増加していることから，低年齢児（0〜2歳児）の入所申請が増加している．乳児保育は定員枠が小さいため，十分な対応がなされずに多くの待機児数を抱えている．こうした事態に対し，国では2002年度から「待機児ゼロ作戦」をスタートしたところであるが，地方自治体も含め早期取り組みが期待されている．

　そして，認可保育施設で対応できない低年齢児保育，延長保育，時間外保育，早朝・夜間保育など，多様なサービスを柔軟に提供し利用者のニーズに応えているのが，全国6,100か所の認可外保育施設（事業所内施設を除く）である（厚生労働省　2001年）．保育所を選択した理由を見ると，地理的・時間的利便性を挙げる者が多く（図10-4），需要は拡大している．料金面での利用者負担が大きいこと，施設整備や人員不足など多くの課題をかかえる施設がほとんどであるが，2002年10月からは都道府県への届け出制となった．地域の自治体にその育成が委ねられることとなり，情報の開示や支援制度による質の改善が期待されている．さらに利便性という点では，近年試みとしてスタートした「駅型保育施設」や「駅前保育ステーション」には多くの関心が寄せられている．

第 10 章　共に働く時代の支援策　191

図 10-4　保育所を選んだ理由として多い地理的・時間的利便性の高さ

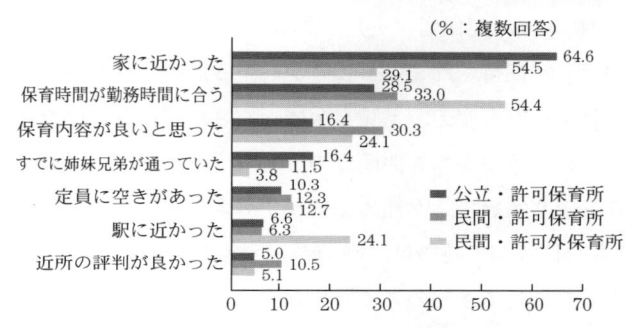

(%：複数回答)

理由	公立・許可保育所	民間・許可保育所	民間・許可外保育所
家に近かった	64.6	29.1	54.5
保育時間が勤務時間に合う	28.5	33.0	54.4
保育内容が良いと思った	16.4	30.3	24.1
すでに姉妹兄弟が通っていた	16.4	3.8	11.5
定員に空きがあった	10.3	12.3	12.7
駅に近かった	6.6	6.3	24.1
近所の評判が良かった	5.0	10.5	5.1

注）上記以外の項目は「知り合いの子どもが通っていた」「入園している子どもたちの笑顔を見て」「施設が新しかった」「職場に事業内保育所があった」など
出所）日本労働組合連合会「保育ニーズに関する調査」2001 年より作成

　1997 年の児童福祉法の抜本的改正により，利用者が希望する保育所を選択できることとなった．保育所入所のための引っ越しも必要なく，今後，保育所間の競争による質の向上も期待される．また，こうした保育施設のほか，保育ママ（家庭的保育），登録制の住民参加型家庭的保育事業，企業が提供するベビーシッターサービスなど，柔軟性の高いサービスへの需要も高まっている．さらに，両立支援では，就学前児童に対する保育サービスだけでなく，放課後の児童対策の充実も重要である．児童の遊びや生活の場として，児童館や児童センター，学校の空き教室を活用した放課後クラブは，全国約 12,000 か所で実施されている．2000 年からは，5 年後の目標値を定めた新エンゼルプランに基づき，低年齢時の受け入れや多様な保育サービスの整備，放課後クラブの整備などの充実が図られている．親たちが安心して働き，家庭生活との両立を図るには，こうした対策が欠かせない．

介護保険制度：超高齢化に向けて踏み出された初めの一歩

　少子化に悩むわが国は，超高齢化に向かい突き進んでいる．そんな中，現在寝たきりの高齢者を介護している「主たる介護者」は 85％ が女性である（厚

生省「国民生活基礎調査」1999年）．さらに同居する家族の中では，子の配偶者（息子の嫁）が約4割，配偶者（妻）が約3割を占め，育児ばかりでなく介護にも「女性の手」が期待されていることがわかる．働き盛りの女性労働者が，介護のために就業形態を変え，退職も余儀なくされている．はたして，介護は女性が仕事を辞めて解決すべき問題なのであろうか．

介護はできる限り家庭で，女性の家族がすべきものという意識は依然として根強い．「日本型福祉」の特徴は，戦前からの家意識の中でこうした社会福祉援助を，女性役割として家族の力に肩代わりさせてきたことである．老後に介護が必要になった場合，「施設」よりも住み慣れた家で家族に気楽に頼める「在宅介護」を希望する者が55％と多く，とくに年齢が高くなるほどその傾向が強い（内閣府「国民生活選好度調査」2001年）．

しかし介護は，経済的，身体的，精神的負担が大きく，疲れ果てて家族関係をも損ねる状況が起こっている．また，65歳以上の高齢者と子の同居率が低下し，高齢者の約4割は単独または夫婦のみで生活しており，家族の介護機能はいちじるしく低下している．そして介護は，家族だけが抱え込む問題ではなく，社会全体で取り組むべき大きな課題となった．

国民の熱い期待を受けて「介護保険制度」が2000年4月から導入された．給付と負担の関係が明確な社会保険方式により，身体介護や支援等を必要とする者を社会全体で支えるしくみが創設され，保険・医療・福祉にわたる介護サービスが総合的に利用できる型となった（図10-5）．制度の開始以来，要介護・要支援認定者の数は徐々に増加し，2001年9月には280万人に達した．この内，介護・支援サービスの受給者となった者が約221万人（居宅介護・支援サービス需給者156万人，施設介護サービス受給者66万人）であった．

この介護保険制度は，スタート前から多くの問題点が指摘されていた．要介護認定での審査の公平性や透明度の確保，サービス基盤の整備，専門員の養成・確保や保険料・利用料の検討など，課題は山積みではあったが，まずは歩き始めた初めの一歩であった．2002年からは，見直しがなされた要介護認定

図10-5 介護保険制度のしくみ

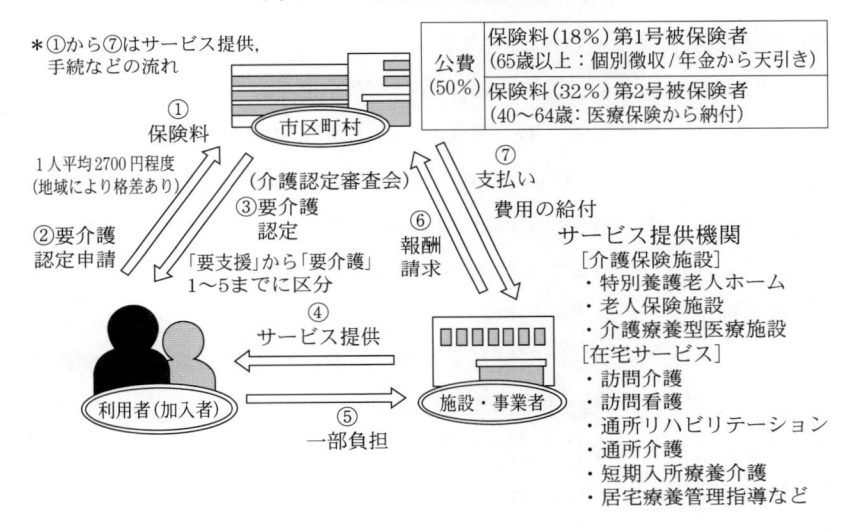

*①から⑦はサービス提供，手続などの流れ

公費(50%)
- 保険料(18%)第1号被保険者（65歳以上：個別徴収/年金から天引き）
- 保険料(32%)第2号被保険者（40～64歳：医療保険から納付）

① 保険料（1人平均2700円程度（地域により格差あり））→ 市区町村
② 要介護認定申請 → （介護認定審査会）
③ 要介護認定　「要支援」から「要介護」1～5までに区分
④ サービス提供
⑤ 一部負担
⑥ 報酬請求
⑦ 支払い　費用の給付

サービス提供機関
[介護保険施設]
・特別養護老人ホーム
・老人保険施設
・介護療養型医療施設
[在宅サービス]
・訪問介護
・訪問看護
・通所リハビリテーション
・通所介護
・短期入所療養介護
・居宅療養管理指導など

利用者（加入者）　施設・事業者

出所）厚生労働省『厚生労働白書（平成13年版）』ぎょうせい　より作成

の第一次判定用ソフトが運用されている．2003年4月からは，65歳以上（第1号被保険者）の介護保険料の改定が行われる．低所得者対策への要望も多い．ケアマネジャーの教育など，サービスの質・量を向上するための取り組みが急がれる．この介護保険制度が，軌道に乗るにはかなりの時間を要するであろう．動きながらでも不備な点を修正し，高いレベルの福祉制度を確立していくことが必要である．

暮らしやすい社会の実現：学ぶことの多い，人に優しい国ぐに

産業構造の変化，女性の社会進出，高齢化，出生率の低下，こうした社会現象は，どの先進国も共通して経験していることである．しかし，世界の実験国家である北欧諸国では，思い切った政策改善の結果，さまざまな制度に支えられ，男も女も働き，子育てや家庭生活を大切にしながら暮らしている．こうした人に優しい国ぐにに学ぶことは多い．

スウェーデンでは，両親休暇法のもと，子どもひとりにつき夫婦で合計480日の育児休業を取得できる．この内60日間は「父親割り当て」で，母親は使えない．休暇の取り方も，週に何日か休むことや半日勤務と分割自在である．また，休業中の所得保障も「親保険」から前年所得の80％が給付される．わが国では，休業前賃金の40％が保障されるまでには前進したが，スウェーデンのような中味の濃い手厚い制度は高根の花であり，妻が出産した男性の4割が育児休業を取得していることは納得できる．また，保育園と幼稚園を一体化した「就学前学校」が拡充されたことも，働きながらの子育てを支えている．

　デンマークでは，職場への復帰と保育が保証されたこと，さらに労働組合の働きかけで週37時間の勤務体制が定着したことで，父親の育児参加が進んだ．オランダでは，20年をかけた法整備によりパートタイム労働者に対する均等待遇が徹底されているため，夫婦で家庭と仕事のバランスを重視しながら暮らしていける．

　また，わが国の女性たちが欲しい数の子どもを産もうとしない，そのもっとも大きな要因として子育ての経済的負担があげられている．子育てを社会全体で支援していくという観点から，児童手当の充実や租税負担の軽減などが検討課題となっている．諸外国の児童手当制度には，所得制限のないもの，年齢上限が高いもの，手当額の対年収比率の高いものが多い（『厚生白書』1998年）．少子化問題で悩むわが国では，人に優しいこうした国ぐにの次世代育成の哲学に目を向けるべき時がきている．

　福祉先進国のような「ゆりかごから墓場まで……」，中身の充実した社会保障制度を支えていくには，国民の負担は大きいものとなる．わが国の実行負担率（世帯収入のうち，税金と社会保険料の占める割合）は先進諸国の中でも比較的低い水準にある．充実した福祉制度か，高い負担率か，どちらを優先するかその選択は厳しい．しかしながら，わが国では可処分所得が多い分，他の国ぐによりもその豊かさを感じているかと聞かれれば，そうであるともいえない．価格の内外格差の解消策なども含め，生活の真の豊かさを実感できる多くの施

策が期待されている．

　さて，制度の立ち後れには「もっと女性の声を」と，政策決定の場に女性を増やすことの必要性が指摘されている．北欧諸国では，国会議員，閣僚の3分の1以上が女性であり，国会内には託児所が設置されている．わが国では，国や地方の審議会での女性委員の割合がやっと二桁の数に達したのが現状であり，国会，地方議員，労働組合の執行委員など，国や自治体の政策づくりや組織での制度づくりに，女性の参画が求められている．また，北欧諸国には，男女雇用平等法に基づく行政官「平等オンブズマン」が置かれている，男女平等のお目付け役である．平等法には罰則規定があるため，企業の対応も違ってくる．トップ・マネジメントの意識改革や新しい制度の導入は，そこに働く人びとの価値観にも影響を与える．そして，社会全体の支援体制も豊かになっていくのである．

　わが国の女性政策のシナリオは，税制・年金制度からはこう読み取れる，「子育て中は育児に専念，手が離れたらパートで働く，介護が必要な老人がでたら退職して在宅介護……」（樋口恵子）．政府好みの女の一生である．しかしながら，このシナリオも書き換えの時期となった．長期化する不況から，安定の時代が過ぎ去り，多くのリスクを背負う時代となった．今と将来のため，またリスク分散のためにも，共に働く時代が来ている．血縁意識の強い社会では，子育てや介護の責任を社会が担うという考え方は馴染みにくい．北欧諸国のような社会変革が早急に実現されることは期待できないであろうが，現状は進んでいる．暮らしやすい社会システムの実現には，新しい男女観，仕事観，家庭観が求められる．そして，企業，行政と，社会全体の支援体制が豊かになっていく．そんな社会が望まれている．

参考文献

内閣府編『男女共同参画白書（平成14年版）』財務省印刷局　2002年
内閣府編『国民生活白書（平成13年版）』ぎょうせい　2002年

厚生労働省監修『厚生労働白書（平成13年版）』ぎょうせい　2001年
労働省女性局編『働く女性の実情（平成13年版）』（財）21世紀職業財団　2001年
大脇雅子ほか編『21世紀の男女平等法』新版　有斐閣選書　1998年
阿藤誠編『先進諸国の人口問題―少子化と家族政策』東京大学出版会　1996年

Part V

地域・政治の場における
男と女

第11章　地域における女と男
――市民的・自発的活動を中心に――

「グランマ」が産後の手伝い

　市民グループ「高齢社会をよくする北九州女性の会」（北九州市）は95年，子育て支援サービス「グランマ」（おばあちゃんの意味）を始めた．
　家事支援付き託児や保育園の送迎，産前産後の手伝いなどを有料で提供．01年には59人のグランマが活動，個人32人，20団体が利用した．「他人だからこそ頼れることもある．人のつながりが希薄になった今，子育てを支える仕組みを地域に作り出し，若い親が苦しまないようにしたい」と代表の冨安兆子さん（69）．学童保育のガイドブックを発行するなど活動は広がる．
　行政からの委託事業に取り組むのは，生活協同組合・東京高齢協の町田地域センター．東京都町田市が昨年夏に始めた産後支援ヘルパー派遣事業で，検診への付き添いなどを行う．センター代表の平塚みのりさん（64）は「産後の大変な時期を支え，少子化対策にも貢献できれば」と話す．

『朝日新聞』2003年5月30日朝刊

キーターム

NPO（Non-Profit Organization）　民間非営利団体の略称であり，企業とはちがって営利を目的にしない市民活動団体をいう．日本でもNPO支援法（特定非営利活動促進法）ができ（1998年12月施行），医療保健など12分野の活動などの充実が期待されている．

ヨコ型社会関係　1980年代後半以降に団塊世代の主婦が主軸となってつくった人格的ネットワークに典型的にみられる社会関係で，個々人の能力の差異や個性を尊重しながら，同じ人間，市民同志の共感と連帯の立場にたった機能的かつ自由で平等な関係．

生活価値の転換　生活の領域が会社や経済の領域に還元されない独自な領域であることを確認し，自己の生存（生命と生活と人生）の場を高め，つくりあう生活様式に価値をおいた生活パターンへの転換をいう．

ボランタリー・コミュニティ　今日では，コミュニティそのものが，生存の場をたしかめ，つくりあう生活様式に価値をおく市民一人ひとりの自発的行為・活動とヨコ型社会関係をぬきにしては形成しえない状況にある．このことを強調するために，用いた概念．

✎ ゆれる地域社会とライブリー・グループ

　オウム真理教によるサリン事件や神戸の少年連続殺傷事件が全国に衝撃をもたらしたことは，まだ記憶に新しい．さらに和歌山毒入りカレー事件・全国的な模倣事件の続出と保険金詐欺疑惑事件．これらは日本人の間にオリのように残っていくだろう．それはなにも，いまでも続くマスコミによる報道合戦によって記憶を補強されるだけでなく，戦後の日本社会や日本人のいきついた地点を如実に示しているからである．

　もちろん，これらの事件は極端なものにちがいないが，そこには生きる目当てや目標を失った，いわば「さまよえる日本人」とそれと表裏の関係にある，金さえあれば……金のためには何をやってもよいという「金権主義の日本人」がおり，老若男女を問わず多くの日本人に共通する状況がみられるのである．1960年代の高度経済成長をへて「経済大国」化が進む中で，大都市部に典型的にみられるように家族や地域社会の人間関係から離れバラバラになった原子化・分散化状況，自己の欲望・欲求が肥大化して守るべき規範や価値を失って自己をコントロールすることができなくなったアノミー（無規制）状況が現出した．その結果，人びとは自己の欲求の表出，自己実現の場や領域を他者や公的・社会的なものから切り離された所・私事に求め，それ以外は無関心となるのである（私事埋没性）．そして，こうした傾向は，一方ではマニア的な呪術的な姿勢を強めると同時にそれを他者にみせて自己の存在をアピールしたり，他方では孤立に耐えられず他者や仲間に過剰に同調していく姿勢を生み出しているのである．

　しかし，こうした状況に対して，80年代から地域において住民の自発的活動とその集団化が生まれており，それはいまや見逃すことのできない流れとなりつつある．こうした住民の集団をライブリー・グループと名づけてよいが，それは第1に，生活のあり方や生活の価値を転換しながら，それにふさわしい全人格的な接触による集団の形成を意味している．いいかえれば，生活に密着しつつ，しかも他者と共に自分をトータルに生かし，新しい自分を実現すると

いうライブリー（生き生き）な集団の形成である．そして第2に，こうしたグループが地域の社会構造に強いインパクトをもたらしているのである．地域の社会構造を成り立たせている主な集団をあげれば，町内会・自治会などの地縁的集団，企業グループ，自営業者などの職能的集団，さらに消防団，青少年教育団体などの行政系列化の団体などがある．これらの地域集団のうち，60年代の全般的都市化の中で，伝統的な丸抱え型の町内会に対して，新住民を中心として自治会や機能的集団，さらに問題によっては住民運動団体がつくられ，地域での集団関係に変化が生じた．しかし，これらの集団をふくめ80年代に入ると，住民を十分に組織できない状況となっていった．ライブリー・グループは，これらの既成集団からこぼれおちる，あるいは形式的にしか参加していない住民たちをもとに成立しているといってよい．そしてライブリー・グループは，こうした諸集団や社会構造にも影響を与えているのである．

住民の自発的共同的活動

　その1つの例をあげてみよう．東京・中野区に通称「オヤジの会」というグループがある．この会は子どもたちのさまざまな教育の問題（いじめや不登校を含む）に端を発してつくられたが，その中心メンバーは学童クラブの父母会であり，共稼ぎや母子家庭の住民たちもいる．「PTAに出た時，いじめの問題で話合いをしたが，親の顔をほとんど知らないし，子どもの顔が見えない．こうした中で話し合いをしてみても，表面的な個人の責任追求みたいなことになってしまうと感じた．……オープンでだれでも入れて，本音の言える話し合いをやったり，ちょっとかわったイベントをやるのはどうですか」（「啓明コムコムクラブかわら版」試作0号　1995年12月）とよびかけて，小学校区の父親たちに広げて，バレーボール，卓球，バンドのチーム結成までしたのである．ここには，父親たちの子どもの教育問題に向きあいながら，地域住民の本音のいえる生き生きとした関係をつくる努力がみられる．と同時にこの会では地域で孤立している母親や子どもの不安定な状態，子育てと仕事の両立の問題さら

に職場の問題などがとりあげられている．つまり単に子どもだけでなく，親たち自身も孤立や孤独から解放されて，生きる力を支えられていくといってよいだろう．そして，この「オヤジの会」は，中野区の「教育委員候補者区民推薦制度」（中野区では1981年から準公選制であった），に積極的に参加することとなったのである－「子どもたちは社会・地域が育てるもので，親が孤立してはいけないと思います．親，大人が生き生きとしたつきあいをすることにより，子どもたちも仲良くのびのびと，育っていくのではないでしょうか」（大和地域教育フォーラム第3弾「ともに考えよう地域の教育」1996年）．こうして「オヤジの会」は「教育委員候補者区民推薦制度」やさらに「住区協議会」（中野区には15の「協議会」とそれに対応した区の機関である「地域センター」がある）に一定の影響を及ぼしつつある．

　もう1つの例をあげてみよう．横浜市港南区にホームヘルプの仕事を組織している「有為」というグループがある．このグループでは，「共に地域の中で暮らし続けられるために」，買い物，食事作り，洗濯，留守番，子どもの世話，掃除，通院介助，簡単な介護などの仕事をしている．「住民相互型」のホームヘルプ・サービスをしているグループだといってよく，主婦を中心にした登録のヘルパー数は約100人にも及ぶ．最近ではこれに定年退職後の男性も加わりはじめている．その代表者は，「最初，ヘルパーをやる人は，かわいそうな人だからやってあげる，という気持ちが多い．だから自分たちよりいい給料もらって，いい家に住んでいるところにいくと，安いカネでやるなんて馬鹿なことと考えてしまう．でもそのうちに，『みんな大変なんだ』とわかってくる」といっている．ここには，住民の自発的共同的活動があり，そうした活動が町内会などの既成集団の力が失われていく中で，地域での安心や安全を担いつつあるといってもよかろう（以上の事例は，横倉節夫『共同と自治の地域社会論』による）．

ボランティア活動とNPO（民間非営利団体）

こうした住民の自発的共同的活動の代表的なものに，ボランティア活動をあげることができるだろう．

図11-1にみられるように，全国社会福祉協議会で把握しているボランティアグループの数だけで，平成13（2001）年4月で9万7,600グループ，またボランティア活動者総数は721万9,000人となっている．昭和55（1980）年の段階と比べると，グループ数で約6.0倍，活動者総数で約4.5倍の伸びである．95年の阪神淡路大震災のさいにボランティア活動がマスコミでとりあげられ，また行政機関も「ボランティア元年」などと号令をかけたが，この図からもわかるように急に増えたわけではなく，継続的に増加しているのである．これには，近年，企業や学校が力を入れはじめた背景もあるが，従来から中心的存在であった女性（主婦）に加えて，男性や若年層の増加が貢献している．いまや質の上でも女性と男性，中高年と若年層という広がりをみせはじめているので

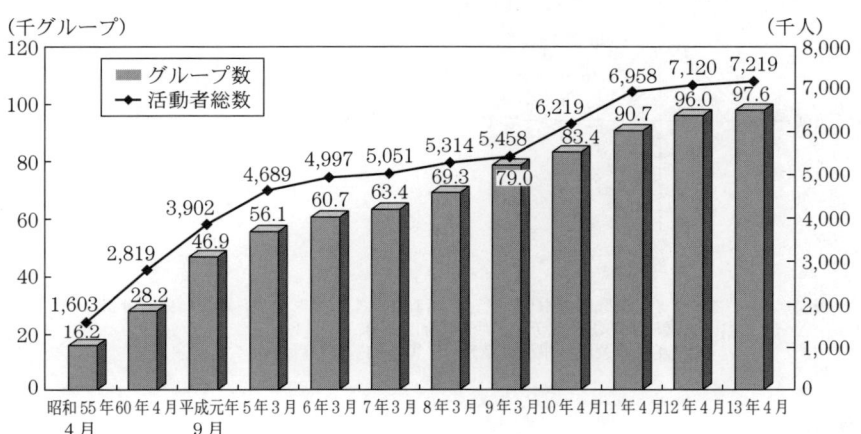

図11-1　ボランティア数およびボランティアグループ数の推移

年月	グループ数（千グループ）	活動者総数（千人）
昭和55年4月	16.2	1,603
昭和60年4月	28.2	2,819
平成元年9月	46.9	3,902
平成5年3月	56.1	4,689
平成6年3月	60.7	4,997
平成7年3月	63.4	5,051
平成8年3月	69.3	5,314
平成9年3月	79.0	5,458
平成10年4月	83.4	6,219
平成11年4月	90.7	6,958
平成12年4月	96.0	7,120
平成13年4月	97.6	7,219

資料：全国社会福祉協議会「平成13年度社会福祉協議会基本調査」，「平成13年度都道府県・指定都市社会福祉協議会ボランティアセンター関係調査」
（注）都道府県・指定都市及び市区町村社会福祉協議会のボランティアセンターが把握している数値である．
出所）総務省『高齢社会白書（平成14年版）』2002年より

図11-2 全国のボランティア団体の会員構成（男女年齢・職業別）

(%)

年齢別		19歳以下	20～29歳	30～39歳	40～49歳	50～54歳	55～59歳	60～64歳	65～69歳	70歳以上	不明
男性 19.2%		11.8	7.4	7.6	9.2	7.0	6.7	9.3	11.0	14.7	15.3
女性 80.8%		4.7 4.2	6.8	13.8		13.8		13.9	13.6	10.4	8.6	10.3

(%)

職業別	有職				無職					不明
	自営業	常勤の被雇用者	非常勤の被雇用者	その他	主婦	中学生・高校生	専門学校・短大・大学生	退職者	その他	
合計	8.9	12.4	8.3	2.6	42.5	3.4	1.7	6.7	5.9	7.6

資料：全国社会福祉協議会「全国ボランティア活動者実態調査（団体・グループ向け調査）」（1996年）
出所）『厚生労働白書（平成13年版）』p.93より

図11-3 参加経験別にみたボランティア活動のイメージ

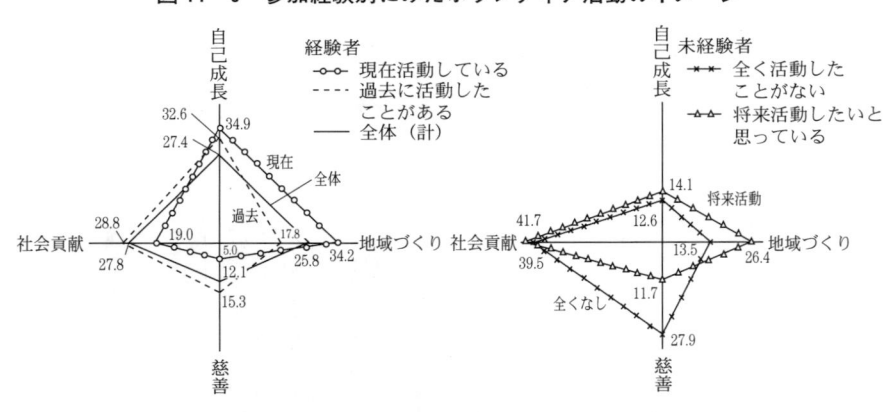

経験者
─○─ 現在活動している
---- 過去に活動したことがある
── 全体（計）

未経験者
─★─ 全く活動したことがない
─△─ 将来活動したいと思っている

資料）ライフデザイン研究所「ボランティア活動に関するアンケート調査」1994年2月調査．全国18歳以上のボランティア活動参加者対象
出所）ライフデザイン研究所『生活意識データ集'98』より作成

ある．

　これと同時に注目してよいのは，ボランティア活動についての新しい考え方が生まれはじめている点である．図11-3にみられるように，「現在活動している」人のイメージが，「自己成長」34.9％，「地域社会づくり」34.2％であ

るのに対して，「全く活動したことがない」人のイメージが「社会貢献」39.5％，「慈善」27.9％となっていて，その対照があざやかにでている．つまり，従来のボランティア活動についての考え方を端的に表現すれば，比較的裕福な階層の中の篤志のある一部の人びとの社会的弱者に対する奉仕活動あるいは抽象的な社会的貢献，といえるだろう．これに対して，すべての人びとの人間的交流，共感，連帯感をもとにした互いに助けあう相互扶助による共に学び育ち生きる共育・共生の活動，という新しい考え方が生れてきている．ここには，ボランティア活動の対象者＝弱者・受け手という固定化された考え方はない．そして，こうした新しい考え方と相互にふれあうかのように，ボランティア活動も保健，医療，福祉の分野だけでなく，環境，平和，育児，教育，人権，消費，災害救助，女性や外国人支援など多様な領域まで広がっており，また国際的にもなってきているのである．

　こうした状況の中で，はじめて市民参加の議員立法で実現した法律であるNPO法（特定非営利活動促進法）が98年3月に成立し，12月1日より施行された．NPOはNon-Profit Organization＝民間非営利団体の略称であり，企業とはちがって営利を目的にしないボランティア・グループなどさまざまな市民活動団体をいう．日本ではこのうち国際的分野で活動する市民団体をNGO（Non-Government Organization 非政府組織）という．日本のNGOの団体数は，1999年現在，387団体（36万人の個人会員，16,600の団体会員）となっており，1980年代，90年代に急増した．その活動対象分野は，開発・環境・人権・平和の4分野であり，とくに教育・子ども・保健医療・職業訓練・ジェンダー・女性・植林などの分野が多い．海外での活動地域は100の国と地域にわたっているが，アジアとアフリカを対象とする団体が多い．

　ちなみに，北東アジア地域を対象とするNGO活動は，中国―34団体（植林，教育，医療など），香港―1団体，台湾6団体（大地震支援），韓国―13団体（医療，慰安婦，公害など），北朝鮮―14団体（食糧支援），ロシア―5団体（環境，医療），である．

このNPO法によって，こうした団体が一定の条件を満たせば，「特定非営利活動法人」という法人格を取得して，法的に保障された契約を結んだり，事務所などの財産をもつことができるようになった（ただし，税制上の優遇措置はないなど問題が多く残されている）．こうした法律によって，今後さらにボランティア活動などの市民活動が充実していくことが期待されている．1998（平成10）年12月1日から2002（平成14）年3月20日までの累計NPO法人数は6,596団体（内閣府国民生活局調べ）である．

　ちなみにNPO活動は市民自らが自発的自立的に自分たちの直面する問題を解決し市民社会を形成していく役割をもつものとして期待されている（NPOをNew-Public-Organizationと言い換える人も出てきているように）．しかしごく少数ではあるが目的や組織運営上の問題も生じ始めており，NPO活動をしている人たちはもとより一般市民も期待が大きいだけに，この点もあわせて注目する必要があるだろう．NPO法がさす活動領域は次の12分野である．保健・医療・福祉，社会教育，まちづくり，文化・芸術・スポーツ，環境保全，災害救助，地域安全，人権・平和，国際協力，男女共同参画社会，子どもの保護育成，これらの団体の運営・活動の連絡，助言・援助等の支援である．

自己発見・自己変革・自己実現

　NPO法人を支えているのもボランティアであるが，ボランティアの中心である女性（主婦）たちは活動を通じて，どのように変化しているのだろうか．

　女性たちの場合，これまでボランティア活動の領域が主に福祉関係ということもあって，食事づくり，洗濯，掃除，子守り，話し相手，入浴，身の回りの世話など家事・育児の延長線上にあることから，一見して何の変化もないようにみえる．けれども，「世間一般でいう三食昼寝つきの専業主婦でも，何かの役に立つなら（以下略）」（「ひとりの歩みからみんなの歩みに－ボランティア活動の実践記録と提言第4集」神奈川県社会福祉協議会・神奈川県ボランティアセンター　1980年）と不安を抱きながらも勇気をだして参加したボランティア活動を

通じて，日常生活の中に埋もれてしまった家事などが，人間の生活にとってどんなに大きな役割をもつことか，またそれが家族などの私的な領域だけでなく社会的なニーズと認知をもって期待されていることをあらためて発見・自覚することになる．つまり，イリイチ (Illich, I.) のいうシャドウ・ワークがいまや影の部分ではなく光の部分として再発見され，浮かび上がってくるといってもよいだろう．そしてたとえば，高齢化が進み，老人介護などのニーズが高まれば高まるほど，シャドウ・ワークは影ではなくまさに正当なワークとなり，女性たちの自己発見も促されるだろう．

　こうした女性たちの自己発見は，葛藤を含みながら自己と周囲の人間たちの変革をも呼びさます．自己変革は，自己の活動が社会的意味と役割をもつという実感・認識や人間の生（生命と生活と人生）への洞察を深め，自己の生き方を見つめ直していくだろう．それはたとえば，障害者援護の場合，人間存在の意味，生命や生きることの意味，人間の可能性，人間にとっての努力・学習・労働・仲間の意味，人間と人間の関係のあり方，人間らしさ・人間的豊かさ等，まさに文化の核心的部分を体得しつつあるのである．

　同時に，とくに家庭をもつ主婦がボランティア活動に従事するとき，夫や子どもなど家族との葛藤がある．場合によっては，家族が不自由，犠牲を強いられることもあり，また妻は家の中にいるべきだという夫のエゴイズムや期待・強制が強い場合もあるからである．そのことが時には激しい対立，葛藤をもたらすこともあるし，またねばり強い説得や対話によって対立をやわらげたり解消する場合もある．いずれにせよ，こうした家族をはじめとする周囲の人間たちにも，自己変革の影響は及ぶことになるのである．

　けれどもそれだけに，女性の場合，ボランティア活動を通じての自己実現の喜びは大きい．ボランティア対象者とボランティア仲間，という二重の社会的回路の獲得と，そのなかでの自己の存在と役割についての実感や能力の開花など，そして何よりも夫や子どもの「付属物」ではない自己の存在と自立（自律）が喜びの源なのである．それは女たちをより豊かな自立と連帯へと歩ませ

るのである．

性別役割分業からの脱却

　これに対して，男性がボランティア活動を通じてその志向を地域と生活に向けるとき，性別役割分業の中で女性の仕事とされていた領域にも男性がたずさわるようになる．そのシンボルが食事づくりや子育てである．たとえば社会福祉協議会やその他が開いた男性たちの料理教室の仲間の例がある．おそらく最初は定年後の自立と趣味とをかねたのであろう．料理ははじめての人が多かったという．すでにこの時点で，伝統的な性別役割の壁を越え食事（料理）づくりへとふみ出している．しかし，それが私的レベルにとどまらず，食事づくりを通したボランティア活動へと発展したのである．明治，大正初期生まれの世代がもっとも強固な性別役割分業と男尊女卑の意識をもっていることを考えれば，高齢－男性という二重の意味で「される側」から「する側」への転換は注目すべきことがらである．ともあれ今では，こうした食事づくりの活動にも男性の参加がみられるようになったのである．

　これと並んで，子育てのボランティア活動にも多くの男性が参加している．子育ての場合，ボランティア活動というよりは，先の事例でみたように学童保育や親子劇場などの地域・教育活動から町内会のスポーツ・クラブ，子ども会にいたるまでの広がりがある．その中で学童保育のように共働き家族で放課後の子どもたちを心配する親たちが，個人的利害から出発しながら連帯し，その運動を通じて，とくに30歳代の父親たちが子どもを取り巻く環境・社会に対して意識的に行動するまでになっている．このことは，かつての家庭のせまい地域での子育てと違って，現代の子育てがマスコミや学歴主義・商業主義・機械主義など広い社会からの影響の中で行われざるをえないことと結びついているからである．けれども同時に，その中で父親たちが子どもたちに関心をもち，

遊びの秘けつや技術を教え，仲間たちとともにするスポーツや行動を通じた人間的情緒的結合は，子どものパーソナリティ・人間性の形成や情緒的安定に大いに役立つのである．また，子育て活動を通じた地域の人間関係の形成も，母親たちと同じように父親自身にとっても，子どもの成長にとっても安定した場を提供することになるのである．

　こうした食事づくりや子育てへの男性の参加は，家事や育児の仕事がいかに大変であるか，大切であるかを確認させる．と同時に，それは女性・妻・母親の理解を深め，家庭における夫と妻の関係，社会における男性と女性の関係のあり方を見直させることにもなる．

肩書きなしの男性と女性たち

　男性が地域と生活に根ざす活動をしている中で注目してよい，いま1つの特徴は「肩書きなしの男たち」の誕生である．肩書き－それは端的にいって社会の中で有効な意味や価値，権威のあるものと思われる地位の表示（看板），にほかならない．したがって，当人も周囲の人間もその地位が意味あるものと思わなければ，肩書きは必要でないし効力を失うのである．当人が意味あると思っても，周囲が思わなければ，かえって軽蔑されるだろう．

　「会社人間」にとって，肩書きは相互に意味ある地位の表示である．それは名刺という形をとる．まず，どのランク＝「格」の企業に勤めているか，その企業の中での地位は何か，が肩書きの内容となる．仕事の中身は問題とされない．この地位と肩書きのヒエラルヒー（序列）の中で会社人間は自らの位置を確認し関係を結ぶ．そして，このヒエラルヒーが社会全体にまで効力を発揮している．しかしこれと並んで，地域社会には地域社会独特の地位と肩書のヒエラルヒーが存在する．それは主に行政権力と結びつくことによって形成されており，連合町内会長，町内会長，民生委員，青少年育成協力委員，消防団長などがそれである．その担い手は地方へ行けば行くほど地域の有力者層である．昔ほどの力はなくなったとはいえ，行政権力とつながる地位と肩書きであるこ

とから，時として無視できない威力を発揮することもある．また，それは草の根保守主義を支える社会的基盤ともなっている．

　しかし，ボランティア活動の中で，こうした会社人間や地域社会独特の地位と肩書きを脱却して，人間関係を結び活動する男性たちが生まれている．そこでは，ボランティア活動に対する関心や認識，経験や知識・技能が関係をむすぶ基盤になっている．会社人間としての地位や肩書きがそのままもちこまれたら，かえって障害をおこすだけである．そこでは肩書きなしの関係が意味ある関係なのである．こうした関係性の形成は，いち早く女性たち（とくに団塊世代）にみられた．多くの女性たちは，もともと会社や地域社会の地位と肩書きの体系から疎外されていたので，それとは異なった関係を結んでいた（いうまでもなく，夫や父親の地位や肩書きに自己を同一化する女性たちもいまなお多く存在している）．したがって，ボランティア活動の主役である主婦との交流，共同作業で，肩書きなしの関係はいわば当然のこととなる．

　こうした関係の中では，肩書きの背後にあるその人のライフ・ヒストリーの総体から表出される経験や知識・技術・技能などの諸能力，そしてその全体性たる人柄（人間性），あるいは存在性が基盤となっている．能力といっても会社人間や父親・夫に吸収，一元化されない諸能力であり，肩書きに左右されない人物本位の評価と関係の形成がみられるのである．

組織的行動と自発性

　ボランティア活動の規模が大きくなったり，さまざまなボランティア活動をコーディネートしていくときに，女性たちにとって苦手なものの1つは組織的行動と思われる．

　組織的行動の中でも，企画（とくに，まちづくりなどのプロジェクト）や役割分担，行動予定表の作成，交渉（とくに，関係諸機関との交渉）など，ボランティア活動を集団的に行っていく場合，多少なりとも必要な作業がある．しかし，これらの作業にこれまで女性（主婦）たちは不慣れであったり，またそ

れを行うチャンスにめぐまれなかった．男性の場合，企業などでそうした作業を日常的に行って訓練されており，さほど苦手ではない．しかし，女性たちの中でも団塊世代の主婦はこの組織能力を身につけている．彼女たちは良くも悪くも純粋戦後派であり，男女共学，高学歴，職場経験，共働き，PTA，生協，スポーツ，趣味のサークル活動，さらにさまざまなカルチャー教室での学習と仲間づくりを経験している．またその中での男性との交流，協同，共働を通じて組織的行動のあり方を学んできている．

同時に，彼女たちは戦後日本社会にあってもっとも個人主義的，民主主義的な考え方と行動力をもった世代である．男性流（つまり企業流）のやり方を直接ボランティア活動にもちこめば，場合によっては一種のノルマ主義，官僚主義となって，本来の自発性がそこなわれてしまうこともでてくる．それはボランティア活動（組織）の原理が企業組織の資本の論理と異なる友愛の論理で動いているといってもよいからであろう．そこから，ボランティア組織の管理運営は，活動の対象者も含めてメンバー全員の自主性・自由と平等を基軸に，結合の要である自発性をアルファでありオメガとして，説得と合意，人間性の論理が優先される（企業は（賃）金と命令・規則と機能・効率・競争の論理の優先）．しかし，そうした点はとくに団塊世代の主婦たちは，女性特有の柔軟性やボランティア活動による自己実現，仲間との交流の楽しさによって，補完しながら運営しているのである．

ヨコ型社会関係の形成とネットワーク

同時に組織的行動にとって必要なリーダーシップとフォロアーシップのあり方にも変化がみられる．集団的結合には，大別して能力・機能に基づく仕事の体系とメンバー間の情緒・人間に基づくつながりとが必要である．女性の場合（男性を含めて年寄りの場合も），これまでとかく井戸端会議的仲良し主義になりがちであり，情緒的つながりの中からリーダーを選出し，それが固定化してしまいがちであった．リーダー選出のこのような傾向は，たしかに面接的関

係・接触の中で暗黙のうちに各人の能力を評価しあい，それがメンバーの合意として形成されていた．この場合はとくにメンバーに対する統合的能力が必要とされるので，その力をもった情緒的な世話役タイプがリーダーに選ばれる．この資質はリーダーにとって必要不可欠かつ重要な資質の1つである．しかし，多少とも組織的行動を伴う場合，それは障害をともなうことが多くある．つまり，女性たちは，能力の相違を能力の差ととり，意見や考え方の対立が人格的対立，人格的優劣の問題と混同され，それが派閥的集団の対立・優劣につながってしまう．そこから人間関係の断絶，集団・組織の分裂・解体をもたらす場合が多くみられるのである．つまり，尊敬する人や権威のある人の意見や行動が常に正しいという〈流出の論理〉（丸山真男）と集団帰属が一体化してしまうからである．このような場合，まさに「リーダーこければ，すべてがこける」という状況になってしまう．ここではリーダーのみならずフォロアーたちの権威主義的，閉鎖主義的な性格も問題となるのである．

　男性の場合，もう1つの要素である能力に基づくリーダー選出のあり方，また同時にフォロアーシップのあり方を職場をはじめ多様な領域で訓練され，身につけている．もちろん，能力といっても多種多様な能力があり，けっして一元的ではない．だから解決すべき問題や課題の質に応じて，ジンメル（Simmel, G.）のいうように同じ集団でも能力ごとのリーダーが生まれてくる可能性がある．現在，ボランティア・グループの中にはリーダーの互換性という形でそれがなされている場合が多くみられるようになってきている．ある時はリーダーあるときはフォロアーという現象は，フォロアーの質の向上を意味する．そのようなグループには，個性の尊重，自由であること，平等であること，公平・公正であること，誠実・親切であることが，暗黙のメンバーシップ，集団原理になっている場合が多いのである．多様で異質な能力や個性との協力・共働がより豊かな自己実現の基盤となり，さらにそれが集団・活動の活性化・継続性・発展の基盤となるのである．その意味でも，ボランティア・グループで行われるさまざまな会議や交流イベントは，女性たちの能力の向上・自己啓発

の場として大きな意味をもっている．応々，リーダーシップ論やリーダー養成また他のグループとの連帯の形成（ネットワーク）が説かれるが，それは同時に「フォロアーシップ，メンバーシップ」でなければならない．なぜなら，リーダーの質を規定するのはフォロアー，メンバーの質だからである．ともあれ，今，ボランティア・グループの中に自由と平等を軸としてヨコ型社会関係の集団構造が育ちつつある．

このような女性たちのボランティア活動を通じての人間的成長は，逆に女性たちが男性の能力を人間として，個性として正しく評価できるようにもする．こうした女性たちは，ボランティア活動のさらなる発展のためにも，自己の能力の開花・自己実現のためにも，男性がボランティア活動へ参加することを積極的に望んでいるのである．

生活価値の転換と「生活世界」の再生

以上，ボランティア活動を中心に地域住民のさまざまな自発的活動の場面での男女の自立と共生の実態についてみてきたが，そこに共通して流れているのは，生活価値の転換と「生活世界」の再生の動きである，といってよい．

生活価値の転換は，「会社人間」や性別役割分業から脱却しつつある男性の場合にあざやかにあらわれているが，それは女性たちにとっても無関係ではない．これまでも生活の豊かさを目標にしてきたとはいえ，その基盤は企業であり，その企業を中心にして，家族，生活，地域社会，国家などが同心円を描いてきた．そして，その豊かさも，物質的豊かさ（都市的生活様式あるいはアメリカ的大量消費生活様式）が中心であった．けれども，人びとがその代償として失ったものの大きさに気づきはじめ，家族，生活，地域にその力点を移動させはじめている．その契機は，大都会での孤立・孤独であり，育児・教育問題であり，老人問題環境問題などであろう．しかし，そうした問題と向きあい，またボランティア活動などを通じて，男も女も企業中心であった生活価値から，いまや自己の「生存の場をたしかめ，つくりあう生活様式」へと転換しはじめ

ている、といってよいだろう．

　そのことは、ハーバーマス（Habermas, J.）のいうように、「生活世界」の企業や経済による植民地化された現実からの脱出、再生を意味しているように思われる．ハーバーマスのいう「生活世界」とは、人びとに物事を共通に解釈する枠組みを提供する文化的伝承、価値と規範によってまとめあげられる集団的連帯と行為の調整、行為する能力を身につけさせ、自分とは何者かを明らかにする人格的同一性からなりたっている．いまや、それがモノ化・貨幣化、デューイ（Dewey, J.）のいう「マネー・カルチャー」化されている状況があり、それの草の根からの異議申し立て、脱出が生起しはじめているのである．しかも、それが単に異議申し立てばかりでなく、みずからの行動、他者との新しい関係性の形成をともなった「生活世界」の再生へとつながっているのである．

　そして、この「生活世界」の再生は、自己の「生存（生命と生活と人生）の場をたしかめ、つくりあう生活様式」の創造を軸にしてなされつつあるといってよいだろう．やや強調していえば、今日のボランティア活動をはじめとする住民の自発的活動は、これまでの日本社会や文化、あるいは現代文明とは異なった新しい原理を生み出しつつあり、また、それに立脚して日常生活のレベルから展開しているのである．たしかに、こうした活動に参加している人たちはいまだ少数である．しかし、そこにはらまれている意味を過小に評価するべきではないし、もしそうすれば時代の基底に流れているものを見失うことになるであろう．

ボランタリー・コミュニティと男女の自立と共生

　そうした「生存の場をたしかめ、つくりあう生活様式」の創造を軸にした「生活世界」の再生は、コミュニティの再生として具体化していくことになる．コミュニティこそもっとも身近な生存の場にほかならないからである．

　しかし、コミュニティの再生も、その編成原理は、いわばボランタリー・コミュニティとして再生しているように思われる．ボランタリー、つまり自分自

身の自由意志と選択による，自発的な行為は，近代社会の原理を端的にあらわす集団類型であるアソシエーションと結びついてきた．地域社会はこの概念の対極としてのコミュニティと結びついてきた．もちろんマッキーバー（MacIver, R. M.）のコミュニティという概念も近代以前の共同体とは違って，近代社会を前提としている以上，そのような要素をふくんでいる．けれども，一般的にボランタリーという言葉がアソシエーションという集団類型といわば対になって使用されてきた経緯を考えるとき，ボランタリー・コミュニティという用語は，一見不自然で混乱した概念のようにみえるかもしれない．しかし，こうした用語は，コミュニティがさまざまな諸個人の自発的な行為・活動とそのネットワーク化をぬきにしては成立しえないという今日的状況をあらわすといってよいだろう．

しかも同時に強調してよいのは，ボランタリー・コミュニティの編成原理の中に，男性と女性の自立と共生の原理がつらぬかれはじめている点である．そこには，すでに家事や育児，介護で指摘してきたように，これまで性別によって強制的に固定化されてきた役割の交換あるいは共同化がある．そしてその根底には人間的共同性がつくられ，その上で性に基づく相違が相互補完性による豊かさを保障することになるといえよう．こうした女性と男性の自立と共生の原理が，家族さらにコミュニティの再生原理の1つとして作動しはじめているのである．

かつてクーリー（Cooley, C. H.）は，対面的な，全人格的接触の場である家族や遊び仲間や近隣集団を「人間性の養成場」といった．そして彼は「真の民主主義は，小集団に当てはめたとき，あまねく正しいと感じられる原理——各人がその能力に応じて奉仕するという共同の精神で動機づけられた自由な協力の原理——を大規模に適用することにほかならない」といった．そうした射程でみるとき，生存（生命と生活と人生）の場をたしかめ，つくりあう生活様式と男女の自立と共生の原理に立つボランタリー・コミュニティの創造は，現代的な意義をもつことになるであろう．

参考文献

横倉節夫『共同と自治の地域社会論』自治体研究社　1998年
奥田道大編著『福祉コミュニティ論』（新シリーズ社会学）学文社　1993年
金子郁容『ボランティア－もうひとつの情報社会』岩波新書　1993年
立木茂雄編著『ボランティアと市民社会－公共性は市民が紡ぎ出す』晃洋書房　1997年
イリイチ,I.著（玉野井芳郎ほか訳）『シャドウ・ワーク－生活のあり方を問う』岩波書店　1990年
森典子「生活価値の転換とライブリー・グループの胎動」安江孝司ほか編著『伝統と新しい波』時潮社　1989年所収
鹿嶋敬『男と女　変わる力学－家庭・企業・社会』岩波新書　1989年
内橋克人『共生の大地』岩波新書　1995年
ドラッガー,P.F.著（上田・田代訳）『非営利組織の経営』ダイヤモンド社　1991年
横浜女性フォーラム編『新版　女のネットワークグループ・全国ガイド』学陽書房　1991年
渋川智明『福祉NPO―地域を支える市民起業―』岩波新書　2001年
山下祐介，菅磨志保『震災ボランティアの社会学―〈ボランティア＝NPO〉社会の可能性』ミネルヴァ書房　2002年
松下圭一，西尾勝，新藤宗幸編『自治体の構想　1課題』岩波書房　2002年

第12章　政治の場における女と男

北京宣言（総理府仮訳）平成7年10月5日

1. 我々，第4回世界女性会議に参加した政府は，〈中略〉確信する．
13. 女性のエンパワーメント及び意思決定の過程への参加及び権力へのアクセス（参入）を含む，社会のあらゆる分野への平等を基礎にした完全な参加は，平等，開発及び平和の達成に対する基本である．
14. 女性の権利は人権である．
15. 男性と女性による平等な権利，機会及び資源へのアクセス，家族的責任の公平な分担及び彼らの間の調和のとれたパートナーシップ（提携）が，彼ら及びその家族の安寧並びに民主主義の強化にとってきわめて重要である．
16. 持続する経済発展，社会開発，環境保護及び社会正義に基づく貧困の根絶は，経済社会開発への女性の関与及び平等な機会並びに人間中心の持続可能な開発の行為者及び受益者双方としての女性及び男性の完全かつ平等な参加を必要とする．
17. すべての女性の健康のあらゆる側面，殊に自らの出産数を管理する権利を明確に認め再確認することは，女性のエンパワーメントの基本である．
18. 地方，国，地域及び世界の平和は達成可能であり，あらゆるレベルにおける指導性，紛争解決及び永続的な平和の促進のための主要な勢力である女性の地位向上と，固く結びついている．
19. あらゆるレベルにおいて女性のエンパワーメント及び地位向上を促進するであろう効果的，効率的，かつ相互に補強しあうジェンダー（社会的，文化的性差）に敏感な開発政策及びプログラムを含む政策及び計画を，女性の完全な参加を得て立案，実施，監視することが必要である．
29. 女性及び少女にたいするあらゆる形態の暴力を阻止し，撤廃する．

キーターム

市場の欠陥・政府の欠陥　市場の欠陥とは，企業が自由放任状態で最大限の利潤を求めるとき，経済の無政府状態が生じたり，また公害や環境破壊をもたらすことをいう．政府の欠陥とは，政治と経済の構造的なゆ着を基盤にして，権力の集中，過度の中央集権制と官僚主義，三権分立などのチェック装置の機能不全とゆ着などをいう．

政治の原始化状況　国の政策に国民の考えや意見が反映されていないと感ずる国民によって，内閣，政党，政治家，行政，官僚，政策，経営者のすべてにわたる「支配の正当性」の根拠そのものが問われている状況をさす．

政策選択型意識　政党や候補者を選択する基準として，政策や主義・主張を考え，さらにその結果や実績を考慮する政治意識である．それは自己決定・自治意識のもとになり，住民投票や住民参加・参画を喚起し，市民の誕生をもたらすものである．

現代的公共性　国民や住民の基本的人権（自由権・平等権・生存権・女性の権利・生活権・労働権・プライバシー権・アメニティ権・環境権など）や平和，資源と環境の保全・回復，貧困の克服と経済的不公正の是正などを発展させること．男女共同参画社会の実現もその基本である．

第 12 章　政治の場における女と男　219

低い公的分野への女性の参画

　ジェンダー・エンパワーメント測定（GEM）という言葉がある．これは女性が経済や政治の場で意思決定に参加できるかどうかを測るものであり，女性が獲得した能力を実際に活用できるかどうかに焦点をあてたものだといってよいだろう．それは具体的にいえば，女性の稼働所得割合や専門職・技術職に占める女性の割合，行政職・管理職に占める女性の割合や国会議員に占める女性の割合を使って算出される．図 12-1 は，GEM 値が測定可能な 64 か国を順に 10 か国ごとにグループ化し，それぞれの平均と日本（第 31 位）を比べてみたものである．日本は，GEM 上位国に比べて，「国会の議席数に占める女性割合」や「行政職及び管理職に占める割合」がいちじるしく低い．とくに「行政職及び管理職に占める割合」の低さは，61～64 位の最下位グループと同程度で際立っている．上位 10 か国はどれもバランスよく女性の参画が進んでいるといえよう．日本は，北欧諸国はむろんのこと先進諸国の中でもイタリア（第 29 位）とともに，群を抜いて低いのである．ちなみに上位 10 か国と身近

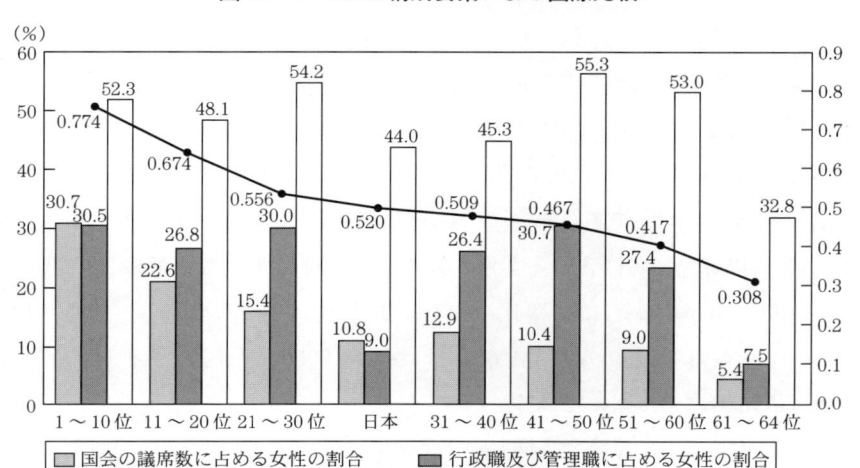

図 12-1　GEM 構成要素による国際比較

順位	国会の議席数に占める女性の割合	行政職及び管理職に占める女性の割合	専門職及び技術職に占める女性の割合	GEM 値
1～10 位	30.7	30.5	52.3	0.774
11～20 位	22.6	26.8	48.1	0.674
21～30 位	15.4	30.0	54.2	0.556
日本	10.8	9.0	44.0	0.520
31～40 位	12.9	26.4	45.3	0.509
41～50 位	10.4	30.7	55.3	0.467
51～60 位	9.0	27.4	53.0	0.417
61～64 位	5.4	7.5	32.8	0.308

資料：UNDP「人間開発報告書」（2001 年）
出所）内閣府編『男女共同参画白書（平成 14 年版）』

な国を挙げておこう（順位の記号を①のようにあらわしておく）．

　　①ノルウェー　②アイスランド　③スウェーデン　④フィンランド
　　⑤カナダ　⑥ニュージーランド　⑦オランダ　⑧ドイツ
　　⑨オーストラリア　⑩アメリカ…　⑭イギリス，…フランスは未記載．

議会や行政機関での女性の参画状況

　こうした状況を，もう少し具体的にみることにしよう．

　まず衆議院・参議院をあわせた国会議員における女性議員の割合は，2002年3月現在，10.2％（74人）である．戦後からずっと3％台を推移してきたが，大きな変化が目に見えてきたのは90年代に入ってからである．89（平成1）年参院選で，5％台に初めてのり，2001（平成13）年の衆院選でやっと1割台を確保したのである（79人，10.8％）．それはまだきわめて低いものといってよいだろう．とくに衆議院では低く，2002年3月現在7.5％（36人）にすぎず，これに対して参議院では同じく2002年3月現在15.4％（38人）である．

　その歴史的推移をみると新しい変化の波が起こっていることがわかる．まず衆議院をみてみることにしよう（図12-2参照）．

　日本の女性がはじめて参政権をえて（1945年12月17日）それを行使したのは，敗戦直後の1946（昭和21）年4月10日の第22回衆院選であった．女性立候補者83人，女性投票率67％の結果，女性39人が当選，当選者に占める女性の割合は8.4％であった（この記録は未だ抜けず）．これを例外として戦後，47年以降衆議院に占める女性議員の割合はほぼ1％台で推移してきた．それが動き出したのは1990年代，とくに90年代後半からである．1996（平成8）年12人から23人になり，4.6％に，さらに2000（平成12）年，7.3％とはじめて7％台にのったのである．

　これに対して，参議院でも同じ傾向がみられる（図12-3参照）．戦後，女性参議員の割合は，1947（昭和22）年第1回参院選の4％以降，緩やかな増加傾向をしめし，70年代には5～7％台になった．動きが出てくるのは1980年代

第12章 政治の場における女と男　221

図12-2　衆議院女性議員数及び女性割合の推移

図12-3　参議院女性議員数及び女性割合の推移

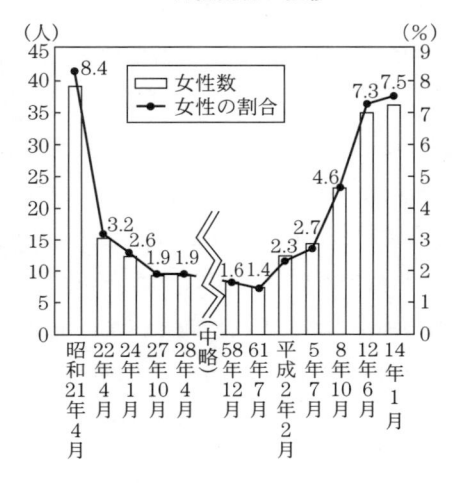

注：(1) 各選挙直後の議員数及び平成14年1月31日現在の衆議院議員数
　　(2) 定数に対する女性議員数の割合
資料：総務省，衆議院調べ

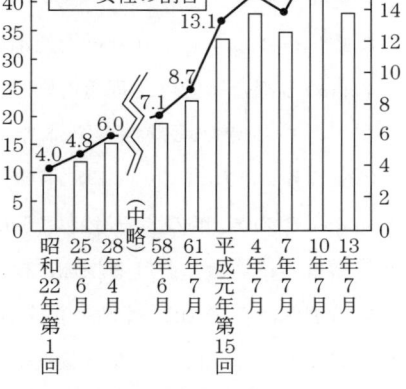

注：(1) 各選挙直後の議員数
　　(2) 定数に対する女性議員数の割合
資料：総務省，参議院調べ

出所）内閣府『男女共同参画白書』（平成14年版）より作成

後半からである．1986年7月の参院選8.7％へ，さらに首相，元首相から政財官さらに新聞社，マスコミ界まで巻き込んだ未公開株贈収賄のリクルート事件，消費税導入，宇野首相の女性スキャンダルへの怒り，初の女性党首土井社会党委員長誕生を追い風に1989年の選挙では一挙に22人増の33人，13.1％へと大躍進した．当時マスコミは「マドンナブーム」といったが，それは単なる一過性のブームではない．1998年選挙では13人増で43人，17.1％までにいたったのである．

　ここで注目すべきは，女性議員が増えたというだけでなく，その背後に正比例して多くの女性が立候補しているということである．2000（平成12）年6月の衆院選における女性立候補者の全立候補者に占める割合は14.4％である．参院選の女性立候補者率は1983年6月の選挙時点で大幅に増加して12.8％に，

そして2001（平成13）年7月現在では27.6%にまでになっている．参政権は投票するだけでなく，される側に立つ，政治家になる被選挙権もあるのである．女性たちの政治参画への新たなチャレンジは，80年代前半から始まりだしたといえよう．

　国政レベルよりもより身近な政治の場といわれている地方議会でも，女性議員の占める割合は低い．都道府県議会，市議会，町村議会，特別区議会（東京23区）をあわせた地方議会全体で，1976（昭和51）年には735人，たったの1.0%であり，2001（平成13）年の段階でも4,147人，6.8%にすぎない．もちろん，この25年の間ではほぼ5.6倍の増加をみており，国政レベル以上に女性議員の絶対数における増加には注目してよいだろう．こうした傾向は，とくに特別区議会の20%や政令指定都市議会15%，つまり大都市部で顕著であり，先にみた参議院での女性議員の増加と連動していると考えられる．

　このようにその比率はまだ極めて少ないとはいえ，1990年代以降，とくに後半以降の地殻変動ともいえる女性の地方議会への進出は，大都市圏部に初の女性市長を誕生させている．1991年兵庫県芦屋市北村市長をかわきりに，92年神奈川県逗子市沢市長（米軍弾薬跡地返還運動リーダーの1人），そして98年埼玉県蓮田市，99年東京都国立市，そして2000年代に入ると，02年3月東京都多摩市，そして11月兵庫県尼崎市（連立与党公明党幹事長のお膝元）に与野党オール相乗り男性候補を破って共産党推薦の女性候補白井氏が当選，最年少の市長が誕生した．このような力が2000年初の女性知事を大阪府（太田知事，通産省キャリア，岡山県副知事歴任）に，さらに熊本県（潮谷知事，副知事歴任，福祉関係）に，そして2001年には「保守大国」といわれた千葉県に各政党の推薦候補に競り勝って「市民派無所属」堂本暁子知事を誕生させたのである（当時オーバーではあるが「革命」ともいわせた結果だったのである）．しかし伝統や慣習の強い郡部，農村部の町村議会での女性議員率は4.8%，利権や権力が大きくなる都道府県議会は5.7%ときわめて低い．市議会は10.5%である．

　ところで，国政にしても地方政治にしても，選挙とは別に，国民あるいは住

第12章 政治の場における女と男　223

民は政策決定，意思決定の場面に直接参加することができる．国民や住民が要求や政策をかかげて自発的に運動をおこす場合は別にして，各種の審議会などへの参加がこれにあたるといってよい．国の審議会などでの女性委員の割合は，1975（昭和50）年の133人，2.4％から2001（平成13）年9月の424人，24.7％と増加をみている．また地方の審議会などでの女性委員の割合も，都道府県で2001年22.3％，政令指定都市で24.6％となっている．とくに審議会は，2000年8月の男女共同参画推進本部の決定目標「2005年度末までに30％達成」をめざして，積極的差別是正措置（ポジティブ・アクション）の1種である目標達成制（ゴール アンド タイムテーブル）を地方にいたるまで積極的に推し進めている．

　積極的差別是正措置（ポジティブ・アクション）は暫定的特別措置（アファーマティブ・アクション）ともいうが，過去における社会的構造的差別によって現在不利益をこうむっている集団（女性や少数派の人種，民族など）にたいし，一定の範囲で特別な機会を提供することによって，実質的な機会均等の実現を目的とした措置である．

　一定の割り当て枠を与えるクォータ制もこの手法の1つである．

　現在，参画推進本部は人事院を通じて，行政のみならず司法，地方にいたるまでもそれぞれの目標を定め，その実施を促している．とくに，1995年の第4回世界女性会議や97年の男女共同参画審議会の総理府設置以後，増加をみているといってよいだろう．

　以上の，政治とくに意思決定の場面での女性の参画状況に対して，行政の場面での状況を，行政機関で働く女性たちを通じてみてみることにする．国家公務員のうち，行政職（一），つまり大づかみないい方をすると事務系では，女性の割合は，本省係長級（4級から6級）では10％台，本省課長補佐級（7級から8級）2〜7％台，本省課長・準課長相当級（9級から11級）1％台程度となっている．定型的な業務を行う職務である1級に占める女性の割合が34.3％であることと対比すると，意思決定の場面で働く女性がきわめて低い

ことがわかるだろう．もちろん，国家公務員の採用時における試験区分であるⅠ種（いわゆるキャリア組），Ⅱ種，Ⅲ種のうち，Ⅰ種における受験者や採用者が少ないということと関連していることは，考慮しなければならない（2002年度採用者のうち女性の割合は 15.8％ である）．これに対して，地方公務員における管理職（課長級以上）のうち女性の占める割合は，国家公務員よりやや高い程度にすぎない．すなわち，都道府県では 2001 年現在 4.3％，指定都市では 5.4％，という状況になっている．地方公務員の場合も，国家公務員の場合と同様に，行政機関における意思決定の場面で働く女性の割合は低いといってよい．このことは，これまで女性が副知事になったのは，1991 年に東京都に誕生したのが初めてであり，以後 1998 年 4 月 1 日現在 11 人にすぎないということにもあらわれている．

　1950 年代までの女性の投票率は男性のそれを 5〜14 ポイント下回っていた．60 年代に入って徐々に差を縮め，1967 年地方選，68 年参院選，69 年衆院選で，女性の投票率が男性のそれを上回るようになった．そのことや，また女性の有権者数が男性のそれを上回っていることなどによって，女性の政治や行政の場における参画の有無やその質が，大きな意味をもつようになったといってよい．そして実際，まだまだ国会や地方議会において絶対数や割合が低いとはいえ，ここ 10 年の間に女性議員の増加などが目立つようになったことは確かであり，そこには注目すべき変化が顕在化しつつあるのである．

🔑 「会社人間」と国家を結ぶ政治構造

　その変化の意味をさぐろうとすると，第 2 次世界大戦後の日本の政治体制・政治構造や，それが今日さまざまな要因によって崩壊過程にある中で，今後どのような政治をつくりあげていくのか，という問題をぬくことはできない．そこでまず，戦後 50 年間の政治体制・政治構造をみることにしよう．

　もちろん，戦後 50 年間と一口にいっても，あまりにも急激な社会変化の連続で，一色にぬりつぶすようなことはできない．政治の場合もまた同様である．

しかし，戦後つくりあげられてきた政治体制・政治構造にはやはり中心的な原理・特質というものがある．それが「会社人間」と国家とを結ぶ政治構造なのである．男性のみならず女性も，老いも若きも，多少のちがいはあるが，われわれはそこに組み込まれて生きてきたのである．

 「会社人間」を典型的な形で表現すれば，一生に一度の就職（実際は就社）試験を突破して入社した企業に対して，その企業のシェア（市場占有率）や利益の拡大とその中での賃金の上昇や出世による地位の上昇という個人的な利益が一致し，そこから企業の拡大と自己利益との拡大とを同一視して心身ともに企業に尽すという信条をもって，一所懸命働き生活する人間（男性）たちである．それを制度面から支えたのが，学歴別年功序列賃金体系と終身雇用制であった．もちろん，それが現実的に保障されるのは大企業であって，中小零細企業では賃金や福利厚生制度などで格差があり，また雇用面でも景気の変動をうけやすい．だから，中小零細企業では，より良い労働条件を求めて企業（職場）を移る労働移動率が高かったのである．そして，そうした現実のために，一流大学，一流企業への就職というコースが，妻や母親そして子どもたちをまきこんで，価値の高いものとされたのである．このような大企業（系列・関連企業）そしてそれを支えた「会社人間」が，業界ごと企業ごとに国家の保護や援助を求めて「政治的行動」をくりひろげていったのである．それは具体的にいえば，公共事業の拡大や発注，工業団地・港湾・道路・工業用水などの産業基盤整備，技術開発や設備投資の支援，税金面での優遇などである．こうした国家と大企業との保護－被保護の関係やゆ着関係は，明治以来の「上からの資本主義化」といわれている伝統をひきつぐものであり，また先進諸国でも多かれ少なかれそうした面をもっている．しかしそれにもかかわらず，この関係は構造的な特質にまでなっており，諸外国から「日本株式会社」とまでいわれていたのである．

 しかしこのような関係・特質は，大企業そして「会社人間」と国家の間にあるだけではない．中小零細企業もまたさまざまな業種別団体を通じて，農民や

漁民も農協や漁協を通じて，国家との間にこのような関係をつくりあげているのである．だから，大企業と「会社人間」をさらに拡大すれば，職域・職能団体とそこに包摂された国民たちといいかえることもできる．労働組合ですら，日本では企業別組合となって自己の属する企業の拡大，利益拡大に協調的な姿勢をとって，こうした関係に組み込まれていたのである．それは，水俣病などの公害問題が深刻になった時ですら，被害者に敵対的行動あるいは無関心を示してきたことにもあらわれている（妻たちも同様である）．このような関係は労働組合と組合員との関係にも同様にあらわれ，会社の不当労働行為に対して組合が個々の組合員を守るというよりも企業の第二労務管理部としての機能を果たし，組合員を会社側の要求に屈服させる役割を担いさえしたのである．

　以上の大企業やそれを支える「会社人間」をはじめとする職能・職域団体と国家との保護－被保護の関係やゆ着構造は，政界・官界・業（財）界の「鉄の三角同盟」とさえよばれている．それはまた，政党の観点からみて1955年に保守合同によって誕生した自民党が長く政権を保持したことから「55年体制」ともよばれる（もう1つの政党である社会党は常に自民党の半分の議席しかとれなかったため，1と$\frac{1}{2}$政党制ともいわれる）．業（財）界は，一方では政党とくに政権党とそれに属する政治家に対して企業（団体）献金をして財政的に支えると同時に，選挙の時には企業ぐるみ，業界ぐるみで票をわたし，他方で高級官僚を中心に「天下り」を受け入れ，これらによって経済的利益をうるのである．官界は，一方で政党や政治家に政策立案や予算編成，執行をめぐって恩をきせ（政治家の選挙区や支援企業・業種への便宜），他方では業界に利益を与えて自己の支配下，勢力下におき，ときには政治家への転進の準備ともする．政界とくに政権党は，一方で業界と官界の潤滑油・橋わたしやにらみ役を演じながら，他方で政治権力の独占をはかることになる．だから，この「鉄の三角同盟」は端的にいって，経済的利益（金）と権力をめぐる独占的ゆ着同盟であるといってよいであろう．これは国家レベルだけでなく地方レベルにおいても同じであり，また官界においては中央と地方の間にさえ生まれる．

戦前の場合にも，たしかにこのようなことがみられた．しかし，戦前では「富国強兵」と「天皇制イデオロギー」を仲立ちにして，忠誠の対象が天皇（制国家）であったため，それらは隠微に追求されていた（本音と建前の分離，たとえば夏目漱石の『それから』にはそのことが書かれている）．戦後は天皇制国家が崩壊したことによって，それらがあからさまに追求されることになったのである．そしてこのような企業拡大，利益第一主義の目標の下に，企業ぐるみ，業界ぐるみ，国家ぐるみ，そして家族ぐるみのすざましい膨張主義的行動が展開されてきたのである．政・官・業（財）界の「鉄の三角同盟」とよばれる政治体制・政治構造は，国民の行動や価値，さらに国全体でいえば高度経済成長を促進し保障する政治的役割を果たしたといってよいだろう．

　もちろん，戦後の経済発展やそれを支える政治構造の根底には，戦前において最大の社会問題であり，敗戦直後の飢餓，貧困からの脱出という国民全体の願望と国家不信があったことは見逃してはならない．国家から企業へ，政治から経済へのシフトによって国民は，"豊かさ"を実現するためにひたすら勤勉に働き，その成果として住宅やテレビなどの家電製品，自動車などを所有し，子どもを進学させるなど生活水準の向上を実感し，そこにある種の喜びと幸福を見い出したといってよかろう．「一億総中流」といわれた中流意識のまん延はそのことを示しているといえよう．こうした国民の"ささやかな幸福"と「55年体制」とよばれる政治構造との間に微妙なズレがあることは否定できないけれども，またそこに連続性をみることができるといえよう．

　このような中で，一方では平和，生活，環境をめぐる国民の運動が展開していったことも見逃してならない．これらの運動の目標が今日ますます大きな意味をもつ点でも，またその担い手が女性（母親）さらに幅広い勤労市民など，これまで社会の表舞台に登場してこなかった人びとを中心にしている点でも注目に値するのである．こうして女性たちが切り開いていった道が直線的ではないがやがて男性にも影響を与え，ともども〈住民〉として60年代後半から70年代前半にかけて「革新自治体」を成立させ，そして自治体の先導的な福祉政

策や環境政策が「55年体制」に福祉国家的な性格を加えることになったのである．

「55年体制」の崩壊と政治の原始化状況

しかし，福祉国家的な側面を補完的に加えて成立していた「55年体制」は，90年代に入って急激な崩壊過程に入っているといってよい．

それは第1に，政治の場面とくに国政レベルで，半永久的な政権党といわれていた自民党が政権の座からすべり落ち，以後，さまざまな連立内閣が成立したものの短期間しかもたなかったり，政党の分裂や新党の成立と解党が続いたり，きわめて不安定な流動的な政治状況となっている点にあらわれている．すなわち，自民党の国政レベルにおける得票数，得票率は70年代の終りごろから減少しはじめていたが，消費税とリクルート事件に怒った国民，とくに女性によって，自民党は1989年の参議院選で大敗し過半数をわりこみ，ついで93年の衆院選でも敗北した．その結果，「非自民」の細川連立内閣が成立したが1年とつづかず，自民党と「非自民」の一部政党との村山連立内閣の成立，さらに自民党単独政権の成立と1998年7月の参院選での自民党の敗北と密室総裁（≒首相）選びがつづいた．さらに2001年には，地方一般党員の圧倒的支持により，最大派閥の長（元首相）に総裁選で勝った小泉政権が誕生した．参院選で自民党が勝利したが，ひき続き公明党などとの連立を組んでいる．そしてこの間に，政党自体が，自民党の分裂，新進党の結成と解党，社会党の分裂，民主党の誕生など，めまぐるしく変っているのである．「55年体制」を支えていた自民党を中心とする政党・内閣の固定的な枠組みが崩壊したといってよい．

しかし第2に，こうした政治変動の根底に経済や産業をめぐる変動があることは，見逃してはならない．2度にわたるオイル・ショックをのりこえた日本の経済は，80年代には「ジャパン・アズ・ナンバーワン」といわれるほどの「経済大国」になった．実際，巨大企業はこの間に海外に生産や販売などの拠点をもつ「多国籍企業」へと成長し，国家もまたこうした経済力を背景に国際

政治でより一層の力をもつ「国際国家」を目指したといえよう．そして，このような構図の下に，日本の多国籍企業と国家は高度な技術開発力と資本力をのばすために，国内の産業・経済構造をハイテク産業と金融資本主導のためにドラスチックに転換させて，他の国ぐにや地域をその影響下あるいは支配下におこうとしたといってよかろう．しかし，巨大企業さらに中小企業の海外進出は国内に産業空洞化をもたらし，しかも発展途上国からの輸入は日本の製造業とくに中小企業や農林漁業に打撃を与えた（日本農業の供給熱量による食料自給率は 1999 年現在 40％．ちなみに，米 127，英 71，独 97，仏 136，伊 78）．さらに金融市場の拡大による内外からの投機と不動産への投機がなされたが，いわゆる「バブル経済」の崩壊によって，厖大な不良債権が残された．その結果，大企業においても終身雇用制や学歴別年功序列賃金体系は解体させられ，倒産，リストラ失業の増大やパート，アルバイト等の不安定雇用の増加，所得の減少をもたらしているのである．こうした状況は，中小企業，さらに農業，漁業，商業では一段と深刻となっている．いいかえれば経済の分野で，「55 年体制」を基底で支えていた「会社人間」と企業の関係，さらに拡大していえば職域・職能団体とそこで職や所得を得ている国民との関連に，いまや大きな断層が生じたといってよい．

　こうした経済さらに政治状況の中で，国の政策に国民の考えや意見が反映されていないと感じている国民は増大している．2002 年 9 月の朝日新聞社の世論調査（朝日新聞総合研究本部編集・発行『朝日総研リポート』2002.12）によると，「反映されてない」とするもの（「あまり」と「全く」との合計）の割合は，全体で 89％（「あまり」52％＋「全く」37％）に達し，男女の差はまったくない．政治不信の極みといってよい．90 年代を通して「反映されてない」とする者は増加の一途をたどって今日にいたっている．この層の女性は男性を常に上回っており，その差は 95 年（阪神淡路大震災，サリン事件の年）にピークとなった．90 年代前半では男性の多くがまだバブルの余韻を引きずっていたといえよう．しかし 90 年代後半にはいると，男性が急増し，女性との差が縮ま

り，2002年9月調査時点で男女が同じになった．

　この「反映されてない」と強く思う層の社会的特徴は，30歳代（95%），40歳代（93%），50歳代（92%）という職場でも家庭でももっとも忙しい年齢層とセンシティヴな，就職難の20歳代前半の若者（93%）で，政令指定都市か有権者数10万人以下の少都市（ともに91%）の住民で，不況とリストラの直撃を受けて苛酷な労働条件に身を置く製造・サービス従事者（93%），事務・技術職（92%）の人たちと自民党の支持基盤である自営業者層（91%）で，政党支持では，「支持政党なし」（93%），社民，民主（ともに92%），共産（91%）である．

　一方，「反映されてない」と感じるのが弱い層の社会的特徴は，70歳以上の高齢者層（それでも74%）で，農林漁業従事者（それでも78%）そして，その他・無職（81%）で，町村部に住み（なんと87%），政党支持では，公明（なんと68%），自由（85%），政権党の自民（なんと87%）である．

　平均像は60歳代（88%），20歳代後半（90%），主婦（88%），有権者10万人以上の市（88%），そしてその他の政党（90%）である．

　驚くべきは，自民党支持者でさえ87%の人たちが「反映されていない」と感じていることと，その中で連立与党の公明党の支持者がどの指標の比率と比べてもずば抜けて低い68%であるということである．すでに述べたような今日の経済，政治状況が反映されていると考えてよいだろう．そして，このような今日の政治に対する国民の「不信」は，内閣・政党・政治家・行政・官僚・政策・経営者のすべてにわたる「支配の正統性」の根拠そのものが問われていること，つまり「政治の原始化」を示しているのである．

✆ 「生活者」と「市民」による自治の形成――住民投票と代理人運動――

　こうした政治の原始化状況の中で，国民あるいは住民1人ひとりがどのような意識や行動を形成しつつあるかが問題となるのである．

　その典型的な例を示すものとして，新潟県巻町の原子力発電所建設に反対運

動を起こし，1996年8月に「住民投票」を行った住民たちの動きをみることにしよう．

巻町ではもう30年も前から原子力発電所建設の話があったが，90年代に入ると町当局や議会が積極的な姿勢を示し，にわかに現実味をおびることになった．しかしこれに対して，保育園や親子劇場などを通して結びついていた30歳代の母親たちの中から，「原発はいらない」という反対の声がわきあがり，「青い海と緑の会」を結成して，94年8月の町長選にその代表（男性）を立候補させた．この選挙で敗けたものの，予想を超える反対票が投票されたことや，また選挙時に保守地盤が強く男性も女性も自分の意見を表に出すことができなかった地域に，200名を超える女性たちが実名を付して反対意見を公表したことなどが，大きな衝撃を地域に与えたのである．

こうした状況を受けて，「巻原発・住民投票を実現する会」が結成され，住民1人ひとりの意見を問う「住民投票」へ向けて運動が開始された．その「趣意書」の一部を引用してみる．

「巻原発が建設されるか否かは，巻町にとって，又巻町住民にとって，将来，決定的に重大な事柄であります．このような重大な事柄に関しては，民主主義の原点に立ち返り，主権者である住民の意見を確認すべく，住民投票を行う必要があります」（平成6年10月19日）．

そして，これに基づいて同会では95年1月に自主管理による住民投票を実行し，さらに95年6月の議会で住民投票条例の制定などをへて，日本で初めての住民投票（合併問題でのそれをのぞく）が96年8月に実施され（投票率88.3%，反対12,478票），巻町住民は「原発反対」の意見を表明したのである（以上の事例は，横倉節夫『共同と自治の地域社会論』による）．

こうした巻町の例にみられるような，一定の地域に住む住民の生活を左右する重要な問題に対して，住民自身が直接意思表示を行う住民投票の動きが，産業廃棄物処理場問題の岐阜県御獄町，米軍基地問題の沖縄県名護市などで広がっている．住民投票は2002年9月までに計17地域となっている（2002年3月

からの4件は合併問題である）．もう一方では，住民と議会―議員の関係で注目すべき変化が生じている．これは大都市部であらわれており，その典型として女性たちの「ネットワーク運動」の「代理人運動」があげられる．

　この運動では議員を自分たち，ふつうの市民の「代表者」ではなく，あくまでも「代理人」として位置づけており，そこには住民（有権者）と議員との関係の変化が集中的にあらわれている．従来の「代表者」はいったん当選すると住民の意思や意見から遊離して，独自の政治権力の一部をもち，議会では意思決定の主体者としてあらわれるのに対して，「代理人」ではあくまでも意思決定の主体を住民（主権在民）におき，議員は常にその忠実な代理者としての役割を果たす，というものである．もちろん，「代表者」の概念の中に「代理人」の役割も本来含まれていると考えられるが，しかし，議員がいつのまにか「エライさん」（権力者，統治者）になり，住民の上に立つという逆転現象が固定化する中で，そうした「代理人」の役割をより強調し実現していくことが意識的に行われているといってよい．このことは，大きくいえば，議会制民主主義のあり方と結びつくだろう．いうまでもなく議会制度は間接民主制（議会制民主主義）の中心的な制度であるが，その議会―議員が住民（有権者）から遊離し形骸化するのではなく，あくまでも「主権者」「意思決定者」が住民であり，議員はその忠実な「代理人」にほかならない点を強調することで，間接民主主義あるいは議会制民主主義を直接民主制の側から常に活性化，再生させることになるからである．以上の考え方や行動様式は，男女，都市・農村，階級・階層を問わず拡がっている．

　こうした「生活者」として問題と向き合い，「当事者」として解決あるいは新しい生活や制度をつくり出そうとするとき，住民は「市民」になるといってよかろう．「人民（People）の，人民による，人民のための政治」というリンカーンの有名な言葉があるが，それはofとforはbyの意志と行動と努力と責任がなければ成し遂げられないことを意味している．そしてまた，そのPeopleの一人ひとりが自分たちの身の回りや国や自治体などの公共団体の運営に

責任をもって参加していく時,それを「市民(Citizen)」とよんでよいのであろう.こうした「市民」の誕生が,住民投票や住民参加さらに非営利団体(NPO)やボランティア活動などさまざまな形を通じてみられる.そして,それが今日の政治変動をもたらしている1つの大きな柱となっているのである.

☎ "地元利益"から"政策選択型"へ

こうした「市民」の誕生が,今日の政治変動のもう1つの大きな柱である政府や政党の状況に影響を与えているが,とくにその政治意識の特徴を「政策選択型」とよべるだろう.これをそれまでの"地元利益"という特徴と比べてみれば,その変化ははっきりとみてとれる.

「地元利益」意識が典型的にあらわれるのは農村地域であり,そこでは地元つまり部落ごと,選挙区ごとのさまざまな利益=実利を優先させるという意識である.そこには,住民の大多数が農業という同一の職業に従事しており,しかも変化をしながらもなおイエ・ムラに代表される伝統的な社会関係と秩序=「集団丸抱え」の構造がある.だから,そこでは政治家とはなによりもこの地元利益の代表であり,主義・主張・政策が問題となるわけではない.こうした原理は町村市議会議員からはじまって県会議員さらに国会議員にまでつらぬかれており,これらの議員はいかに予算や補助金,また公共事業や地域開発・企業誘地を地元にもたらすかが問われることになるわけである.これに応えられるのは,政権党とそれに属する議員であり,いまでも議員が国や政権党と直接結びついて地元利益を誘導すること=中央直結・パイプ論が有効に効いているのである.こうした事情を議員の側からみると,"三バン"という言葉が浮かび上がってくる.つまり選挙に勝つためには,ヂバン,地盤=「集団丸抱え」の地元をもち,カンバン=中央政界や政権党内で高い地位や肩書きをもって,カバン=地元を維持し,活動するための資金をもって,地元に利益をもたらすことが必要ということである.そして,地元民が同一の議員にくり返しくり返し票を投ずることを「固定票」といい,この「固定票」「地盤」は議員の子ど

もや妻などにも引きつがれることになり，「世襲議員」を生むことになるのである．

こうしたメカニズムは，地方都市や大都市の下町的地域でも働いている．すなわち，一方では農協や中小の商工自営業者たちの業界団体などの経済・職域団体を通じて，また他方では行政系列の役職つまり町内会長，民生委員，防犯協会，PTAなどを通じて，組織されるのである．実は，かつての社会党ですら，労働組合における一党支持という「集団丸抱え」の構造に依存していたのである．

これに対して，「政策選択型」という政治意識の特徴は，まず政党や候補者を選択する基準として政策や主義・主張を考える点にある．もちろん，ここではさまざまな利益が無視されるわけではない．そうではなくて，ある利益や要求を実現する上でどのような主義や主張（政治姿勢といってもよい）が正当なのか，ということが基準になっているのであり，これに基づいて政党や候補者が比較されるのである．またもう1つの基準として，政策や主義・主張の結果や実績が考慮されることになる．つまり，政策や主張がどのくらい有効であったのか，どのくらい実績をもったのかが問題とされるのである．その結果として，選挙のたびごとに政党や候補者が選択されることになる．たとえ同一の政党や候補者に投票される場合でも，それは選択によって再び投票されることになるのである．こうした政策選択型の意識に基づいた投票行動は，固定票の中にも，また浮動票の中にも混じっていて形の上ではわからない．しかし，政策選択型に基づく投票行動が，大都市や地方都市で増大しつつあり（そのあらわれが「支持政党なし」（無党派）層であるといえよう），政党政治に大きなインパクトを及ぼしているといってよいだろう．そればかりでなく，政策選択型意識は自分たちの地域のことは自分たちで決めるという自己決定・自治意識のもととなっており，住民投票や住民参加をもたらしているのである．こうして，政策選択型意識－自己決定・自治意識－市民の誕生というように，これらは1つの連関を形成しつつあると考えられるのである．

政党活動の機能不全

　以上のような国民，住民側の雇用や所得などを中心とした生活上の変動と政治意識・政治行動の新しい変化に対して，政党は十分に応えきれてない．日本ではもともと，政党は理念や政策をかかげて国民1人ひとりを組織化して国民的基盤を広げていく政党活動は弱く，既存の社会集団を自己の系列化に組み込むことで足りていた．保守政党たとえば自民党は企業や同業組合や部落・町内会を，また旧社会党系は労働組合を系列化においていたし，それに組み込まれた集団内では集団丸抱えの構造であった．しかしいまや，そうした構造は解体しつつあり，しかも日本の経済・社会構造の変動の中で，政党自身が分裂や新党結成をくり返しており，揺れているといってよいだろう．やや強調していえば，こうした状況だからこそ，政党は独自の政党活動を行って国民的支持・基盤を広げる必要があるが，現状ではそうなっていない．

　その一例として，各政党ごとの女性議員の割合をみると次の通りである．先に述べたように議員に占める女性の割合は低いのだが，政党別女性地方議員の割合は（自治省調べ2000年12月31日現在），全体で6.6％，諸派43.8％，共産党29.5％，公明党21.7％，社民党11.7％，民主党8.8％，無所属3.8％，自由党2.6％，自民党1.6％となっている．また衆議院（2002年10月31日現在）においては，社民他50.0％，共産20.0％，保守14.3％，公明9.7％，無所属6.7％，民主他4.8％，自民3.7％となっている．そして，参議院においては（2002年11月27日現在）共産他45.0％，社民他40.0％，無所属全派28.6％，公明16.7％，民主他13.3％，国会改革連合13.3％，自民・保守9.6％となっている．

　ここで政党別女性議員の割合をみたのは，有権者の半数を女性が占めていること，またその女性たちが固定的な性別役割分業や夫や子どもとの関係性という問題状況，社会的連帯的支援体制の不備の中で政治家として政治活動をする困難性が示されていることだけをいいたいからではない．それは福祉・教育・環境・平和などの生活上不可欠な領域の充実を目指して住民運動や「代理人」

運動など新しい政治意識，政治行動を示しているのが女性であることから，こうした新しい動きを政党がどの程度政党活動の中に反映しているかが如実にあらわれていると考えられるからである．こうした点で，日本の政党活動は国民・住民の新しい変化に十分に対応しきれていないとみられる．そして，そのことが，国民や住民と政党の距離を広げ，ひいては「支持政党なし層」を大量に生み出し，投票率をいちじるしく減少させるのである．現代においては，政治は国民・住民の側の努力と政党の側の努力とがあいまってなされていく必要があるが，政党の側の努力，独自の活動の弱さが大きな問題となっているといってよいだろう．そうしたことが，政治不信や政治の「原始化」状況を深めているのである．

現代的公共性の構築と男女共同参画社会

　今日の日本は，戦後つくりあげてきた制度やシステム，さらに価値観や行動様式のすべてにわたって大きな転換をむかえているといってよいだろう．そこには，さまざまな「ネジレ」や矛盾が存在しており，それらを1つひとつときほぐしながら，新しい社会や個人のあり方を展望していく必要があるだろう．

　そのさい考えるべき第1のこととして，「市場の欠陥」をあげることができる．旧ソ連など多くの社会主義国の崩壊によって，資本主義経済，市場経済が唯一で最高の経済とされ，「規制緩和」などより一層の市場経済化を進める新自由主義政策（新保守主義ともいう）が，日本をも含む先進諸国で進められている．だから，こうした状況の中で「市場の欠陥」をいうことは古くさいようにみえる．しかしそれにもかかわらず，「市場の欠陥」は，一方では公害や自然破壊に典型的にみられるように，社会全体に損失を引きおこし，しかも企業はそれを社会的費用として第三者や社会に負担させて，自らのコスト責任をはたさない．またそれは，他方で，企業が教育にしても生産基盤の整備や地価の上昇にしても，その利益や効果を取得するにもかかわらず，その費用は負担しない．だから，このような「市場の欠陥」を放置したまま一層の市場化を進め

第12章　政治の場における女と男　237

れば社会全体に大きな損失をもたらしたり，また社会の分裂や矛盾を拡大していくことになるだろう．

　第2は，「政府の欠陥」であり，それはとくに2つの面に典型的にあらわれている．すなわち「鉄の三角同盟」にみられたように，政治と経済の構造的なゆ着を基盤にして権力の集中，過度の中央集権制と官僚主義，三権分立などのチェック装置の機能不全とゆ着などである．このような欠陥は国家や地方自治体の財政や法律・政策などを巨大企業や圧力団体に有利に運用しうるだけでなく，国民生活に必要な医療・福祉・教育などの分野においても，行政・官僚機構の支配下においたり，非効率不正な運営を行ったりするもととなる．

　こうしたことが典型的にあらわれた事例が，必要のないしかも環境まで破壊してつくるダムや道路，干拓地などの公共事業，第2の公共事業と化しているODAや，薬害エイズ，狂牛病，食品偽装表示，原子力発電所などの事故隠し等々の問題などであろう．

　そして第3に，男女の不平等の問題である．すでに井上實が指摘しているが，総括的に男女平等に関する幾多の世論調査をみると，男性より女性の方が，また年齢が若くなるほど不平等感が強いということに，改めて気づかされる．図12-4にみられるように（この図では，年齢などのデータを表示していないが）「教育の分野」については，男女ともに平等感がもっとも高い．「家庭生活」のような私的な領域についても，平等感を抱いている者が比較的多い．「法律や制度」の上では，平等であると認めている男性は半数近い割合であるのに対し，女性は3割程度である．男女ともに不平等感が強いのは，「社会通念や慣習」「職場」そして「政治の場」である．とりわけ，男性がヘゲモニーを握っている「政治の世界」における平等の実現がおくれていると思う者が多数を占めている．平等になっていないと考えている男性は7割弱にのぼる．女性の場合は8割近くに達している（詳しくは図12-5参照）．

　これらの「ネジレ」や矛盾を解決しながら，新しい社会や個人のあり方を展望していくとき，「公共性」の再構築を考える必要がある．伝統的な「公共性」

図 12 − 4　社会全体および各分野の男女の地位の平等感

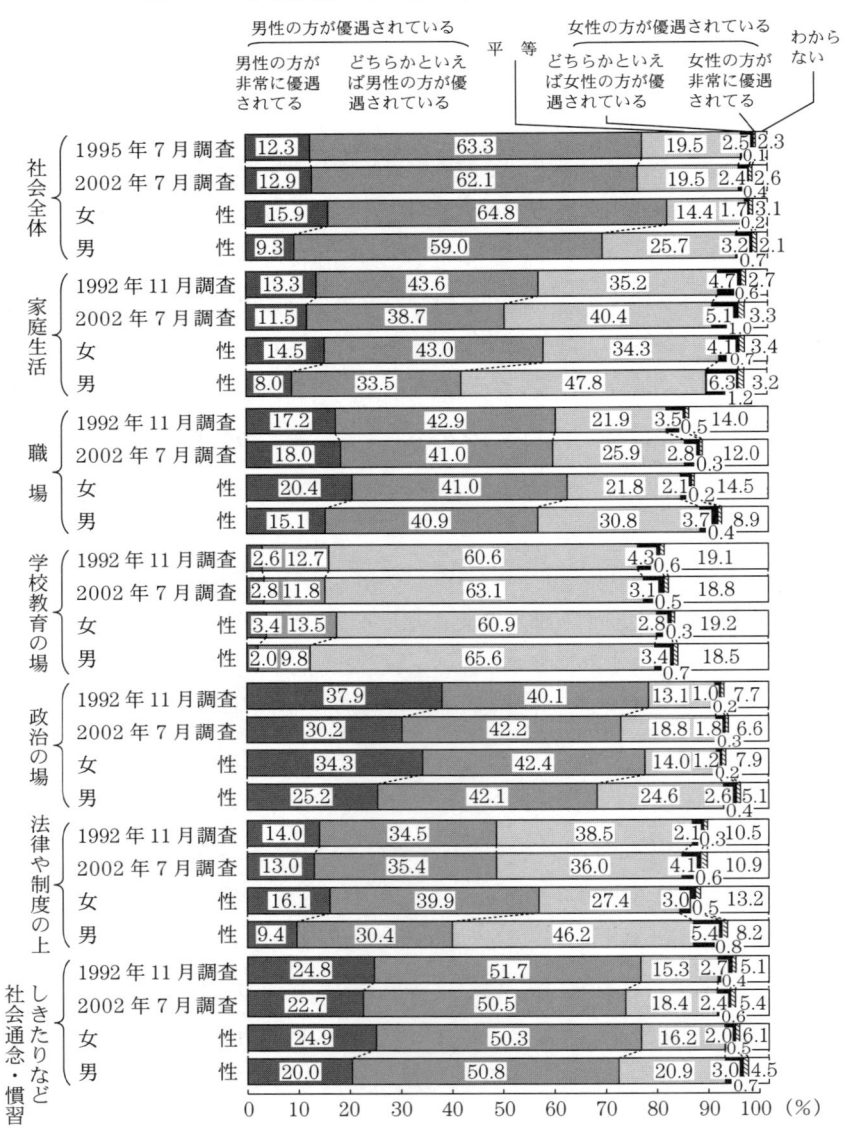

分野	調査	男性の方が非常に優遇されてる	どちらかといえば男性の方が優遇されている	平等	どちらかといえば女性の方が優遇されている	女性の方が非常に優遇されてる	わからない
社会全体	1995年7月調査	12.3	63.3	19.5	2.5	0.1	2.3
社会全体	2002年7月調査	12.9	62.1	19.5	2.4	—	2.6
社会全体	女性	15.9	64.8	14.4	1.7	0.1	3.1
社会全体	男性	9.3	59.0	25.7	3.2	0.7	2.1
家庭生活	1992年11月調査	13.3	43.6	35.2	4.7	0.6	2.7
家庭生活	2002年7月調査	11.5	38.7	40.4	5.1	—	3.3
家庭生活	女性	14.5	43.0	34.3	4.1	0.7	3.4
家庭生活	男性	8.0	33.5	47.8	6.3	1.2	3.2
職場	1992年11月調査	17.2	42.9	21.9	3.5	0.5	14.0
職場	2002年7月調査	18.0	41.0	25.9	2.8	0.3	12.0
職場	女性	20.4	41.0	21.8	2.1	0.2	14.5
職場	男性	15.1	40.9	30.8	3.7	0.4	8.9
学校教育の場	1992年11月調査	2.6	12.7	60.6	4.3	0.6	19.1
学校教育の場	2002年7月調査	2.8	11.8	63.1	3.1	0.5	18.8
学校教育の場	女性	3.4	13.5	60.9	2.8	0.3	19.2
学校教育の場	男性	2.0	9.8	65.6	3.4	0.7	18.5
政治の場	1992年11月調査	37.9	40.1	13.1	1.0	0.2	7.7
政治の場	2002年7月調査	30.2	42.2	18.8	1.8	0.4	6.6
政治の場	女性	34.3	42.4	14.0	1.2	0.2	7.9
政治の場	男性	25.2	42.1	24.6	2.6	0.4	5.1
法律や制度の上	1992年11月調査	14.0	34.5	38.5	2.1	0.3	10.5
法律や制度の上	2002年7月調査	13.0	35.4	36.0	4.1	0.6	10.9
法律や制度の上	女性	16.1	39.9	27.4	3.0	0.5	13.2
法律や制度の上	男性	9.4	30.4	46.2	5.4	0.8	8.2
社会通念・しきたりなど慣習	1992年11月調査	24.8	51.7	15.3	2.7	0.4	5.1
社会通念・しきたりなど慣習	2002年7月調査	22.7	50.5	18.4	2.4	0.6	5.4
社会通念・しきたりなど慣習	女性	24.9	50.3	16.2	2.0	0.5	6.1
社会通念・しきたりなど慣習	男性	20.0	50.8	20.9	3.0	0.7	4.5

出所）内閣府大臣官房政府広報室編『月刊世論調査平成14年12月号男女共同参画社会』財務省印刷局より作成

第 12 章　政治の場における女と男　239

図 12-5　政治の場における男女の地位の平等感

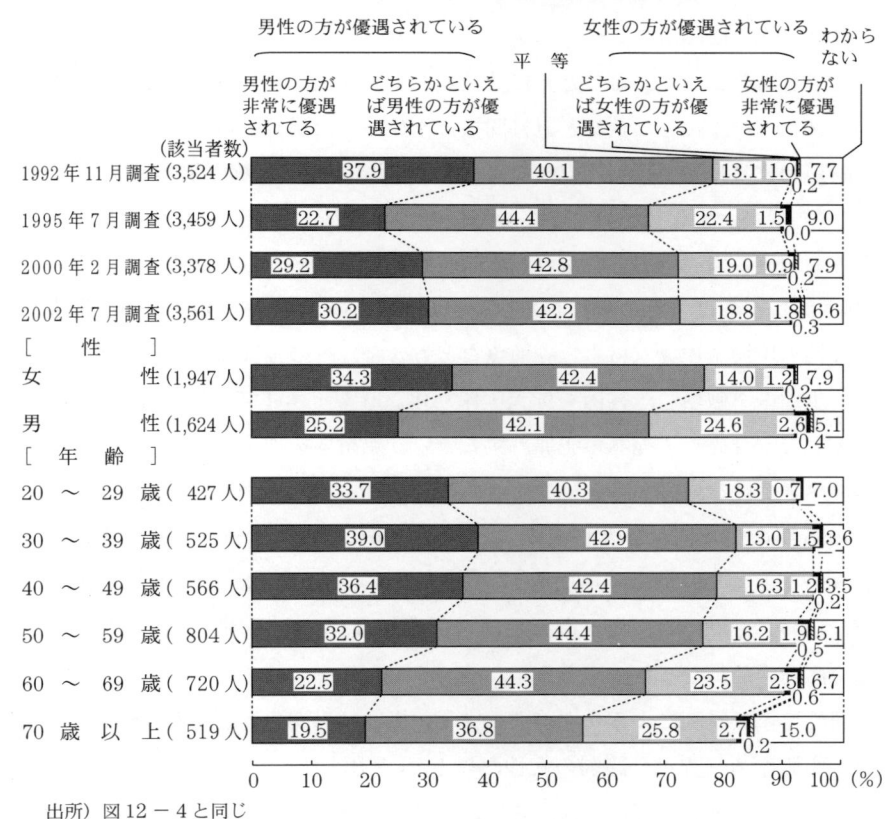

	男性の方が非常に優遇されてる	どちらかといえば男性の方が優遇されている	平等	どちらかといえば女性の方が優遇されている	女性の方が非常に優遇されてる	わからない
1992年11月調査 (3,524人)	37.9	40.1	13.1	1.0 / 0.2		7.7
1995年 7月調査 (3,459人)	22.7	44.4	22.4	1.5		9.0
2000年 2月調査 (3,378人)	29.2	42.8	19.0	0.9 / 0.2		7.9
2002年 7月調査 (3,561人)	30.2	42.2	18.8	1.8 / 0.3		6.6
[性]						
女性 (1,947人)	34.3	42.4	14.0	1.2 / 0.2		7.9
男性 (1,624人)	25.2	42.1	24.6	2.6 / 0.4		5.1
[年齢]						
20 ～ 29歳 (427人)	33.7	40.3	18.3	0.7		7.0
30 ～ 39歳 (525人)	39.0	42.9	13.0	1.5		3.6
40 ～ 49歳 (566人)	36.4	42.4	16.3	1.2 / 0.2		3.5
50 ～ 59歳 (804人)	32.0	44.4	16.2	1.9 / 0.5		5.1
60 ～ 69歳 (720人)	22.5	44.3	23.5	2.5 / 0.6		6.7
70歳以上 (519人)	19.5	36.8	25.8	2.7 / 0.2		15.0

出所）図 12-4 と同じ

は政府あるいは国家の行為に「公共性」をみていたが，新しいあるいは現代的な「公共性」は，国民や住民の基本的人権（自由権，平等権や生存権，女性の権利，生活権，環境権など），平和，資源と環境の保全・回復，貧困の克服と経済的不公正の是正などを発展させることにあるといってよいだろう．そして，このような現代的「公共性」の構築のために，一方では先にみた「市場の欠陥」が，また他方では「政府の欠陥」が是正される必要があるのである．しかし，その主体は国民，住民 1 人ひとりなのであり，「市民」への成長なくしてはありえないだろう．そしてそれは，政府や国家・自治体を国民や住民の共同

の自治的組織へとかえていくことをも意味するのである．もちろん，現代的公共性は，とくに経済のレベルのグローバリゼーションが進む中では，地球的な規模でも必要なのである．とくに「発展途上」諸国における「開発」，「援助」が，グローバル化した企業と直接間接に結びついた現地の特権的富裕階級と身分階層的家父長制の専制的支配によって，経済的社会的文化的にかえって「貧困」（貧困の女性化）を拡大している．政治・経済・社会・文化の中枢のあらゆる領域から周辺に追いやられた底辺の農民・漁民層さらに周辺化された女性（無教育）たちは自然に依拠した自給自足的生活をしているのである．開発援助は輸出用換金作物（材木・養殖魚なども含む）への強制転換を促してその自然，生態系を破壊し，貧困を拡大・深刻化（麻薬・エイズ・人口爆発・飢餓・子どもの人身売買・売春・犯罪）するという悪循環を加速化していることを見逃すべきではない．

1995年の第4回世界女性会議（政府間会議には190か国，国連機関，地域委員会などの100機関，参加者17,000人，NGOフォーラム参加者30,000人（日本から5,000人），史上最大規模の国際会議）で，「開発」と「貧困」は激しい議論の的になったのである．

男性，家父長制による女性差別・支配の撤廃，男女平等こそが女性問題の根幹と主張する「先進」諸国の女性たちと，「貧困」と「開発」が根本問題と主張する「発展途上」国の女性たちとが，激しい議論を展開した．そして同会議では，「貧困」と「開発」のあり方が重要な課題となり，「サスティナブル（自然の維持可能）な開発」と「女性のエンパワーメント（能力開発）」による「貧困」の克服，「平等，開発・平和へ」の『行動綱領』を採択した．このようにして，途上国の現状に対する改革方策として，「サスティナブルな開発」とジェンダー視点が結びつけられたのである．これは今後，世界的な自然破壊と人口爆発，食糧不足，水不足の深刻化が予測される中で，「水」（地下水，深層水の汲み上げ）と「食糧」（バイオテクノロジーによる遺伝子組み替え種子などの特許）の支配を図っている多国籍企業のあり方と自然破壊，女性蔑視の家

父長制に対する批判を土台にしたものである．

この点でインドの環境科学者・社会運動家であるヴァンダナ・シヴァ（Vandana Shiva）などの運動とその中で熟成された考え方は，注目に値する．唯一生命を再生することのできる自然（女性の身体もふくむ）への畏敬と感謝と大切さを基調に（それは自然を断片化し，モノ化し，管理支配することを進歩と考える近代西欧科学技術思想への鋭い批判でもあった），自然と共生する有機農業による自給自足の各地域に適合した内発的発展と自立・自治・連帯の組織化による男女共生の「サブシステンス（生命・生存）のシステム」の構築を目指すものである．そこには，「生存の場をたしかめつくりあう生活様式」にもとづいた日本の草の根の女性（主婦）たちの自発的・市民的活動と通じあうものがある．そのさい，今日の日本（人）が開発と援助の名のもとに同じことを行っていることをチェック アンド イノベーションすると同時に，日本人は過去の戦争によってとくにアジア諸国の人びとに多大な被害をもたらした責任を自覚して，それに応えていく必要を忘れてはならない．

男女共同参画社会の実現も，以上の現代的公共性の構築の基本としてあり，またそうした目標をもつ必要があるのである．そうでなければ，男女共同参画社会は，国会や地方議会，また各種の審議会や行政などの機関で，女性が半数を占めるだけになり——そのこと自体，現代的公共性構築の一環であり，かつ女性の基本的人権でもあり，きわめて重要な意味をもつものであるが——形式的なものとなる可能性もあるだろう．また，男女間に対立や敵対関係をもたらすものとなりやすいであろう．しかし，すでにさまざまな住民運動や日常的な参加を通じて，現代的公共性の構築のために男女共同の参画がはじまっており，現実的な基盤をもちはじめている．それが，自然と共生する，他の国ぐにの多様な人びとと生き生きと共生する男女共生社会へつながるみちであろう．そうした流れをさらに大きくし，確実なものにしていくことこそ，大事なのである．

📖 **参考文献**

井上實編『おもしろ男女共生の社会学』学文社　1994年
イングルハート,R.著（三宅一郎ほか訳）『静かなる革命』東洋経済新報社　1977年
横倉節夫『逗子の市民自治と生活ルネッサンス』自治体研究社　1991年
松下圭一『日本の自治・分権』岩波新書　1996年
小林良彰『日本人の投票行動と政治意識』木鐸社　1997年
宮本憲一『公共政策のすすめ－現代的公共性とは何か』有斐閣　1998年
丸山真男『日本の思想』岩波新書　1961年
藤田省三『全体主義の時代経験』著作集6　みすず書房　1997年
内閣府編『男女共同参画白書（平成14年版）－男女共同参画の現状と施策』
伊藤るり「〈グローバル・フェミニズム〉と途上国女性の運動」阪本義和編『世界政治の構造変動4 市民運動』岩波書店　1995年所収

年　表

年号	社会の動き	ジェンダー関連の事柄	文献
1945	8.日本無条件降伏　第2次世界大戦終結 10.国連発足（国連憲章採択）	8.18 内務省，占領軍向けの慰安設置を地方長官に命令（46.3 GHQ廃止） 11.新日本婦人同盟結成（市川房江ら，50年日本婦人有権者同盟に） 12.文部省　大学・専門学校の男女共学認可	バージェス，E. W. &ロック，H. J.『家族：制度から友愛へ』American Book Company
1946	10. 第二次農地改革，地主制度根本的に解体 11.日本国憲法公布（施行47.5.3）	4.初の女性参政権行使 6.国連「婦人の地位委員会」発足	
1947	3.教育基本法及び学校教育法公布 4.地方自治法公布 12.民法改正公布 12.労働組合法公布 12.児童福祉法公布	4.「男女同一賃金」「母性保護規定」を盛り込んだ労働基準法公布 4.小・中学校に「家庭科」登場 10.姦通罪廃止	
1948	1.米陸軍長官「日本を反共の防壁に」演説	7.優生保護法公布 9.主婦連合会結成	『キンゼー報告——男性の性行動』
1949	4.新制大学発足 少年・少女の人身売買事件続出（'52，人数ピーク） 10.中華人民共和国成立	4.第1回婦人週間「もっと高めましょう，私たちの力を，地位を，自覚を」 6.児童福祉法改正（人身売買防止のための営利目的での児童養育あっせん禁止）	ボーヴォワール，S. de『第二の性』（生島遼一訳，1959，全5巻，新潮文庫） ミード，M.『男性と女性』（田中寿美子ほか訳，1961，上・下，東京創元社）
1950	4.1ドル=360円固定相場 エンゲル係数57.4 朝鮮戦争勃発（'53.7休戦） 5.国土総合開発法公布 6.第一次産業人口48.5％ 7.総評発足	4.短期大学発足 5.生活保護法公布 11.新日本婦人同盟改称・婦人有権者同盟 高校進学率男子48.0％，女子36.7％	

年号	社会の動き	ジェンダー関連の事柄	文献
1951	1.日教組「教え子を戦場に送るな」(婦人部運動成果) 5.ユネスコ児童憲章制定 「逆コース」流行語に	6.ILO「同一価値労働についての男女同一報酬条約」採択 6.住民登録法(世帯単位)公布	
1952	4.対日講和, 日米安保条約発効 "ヤンキーゴーホーム" "恐妻"流行語に	6.ILO総会「母性保護に関する条約」採択 7.全国地域婦人団体連絡協議会(地婦連)結成 10.日本PTA結成大会	
1953	2.NHKテレビ放送開始 8.ソ連水爆実験成功 "電化元年"	7.戦後初の共同保育所(ゆりかご保育園)発足 11.衆参婦人議員団発足	『キンゼー報告―女性の性行動』
1954	3.米国水爆実験, 第五福竜丸乗組員被爆 5.原水爆禁止署名運動	3.婦団連など第一回婦人月間「戦争反対, 平和憲法擁護」 6.「働く母の会」発足	
1955	8.森永ヒ素ミルク事件 10.社会党結成 11.自由民主党結成 "三種の神器"流行語に 人生60年時代へ	2.第1次主婦論争始まる 6.第1回日本母親大会 7.「産休補助教員設置法」成立 7.「売春白書」公娼50万人	石垣綾子「主婦という第二職業論」『婦人公論』2月号
1956	「水俣病」問題化 6.新教育委員会法公布へ(公選制から任命制) 7.『経済白書』「もはや戦後ではない」と宣言 12.日本, 国連加盟	5.売春防止法公布 8.第2回母親大会「生命を生みだす母親は, 生命を育て, 生命をまもることをのぞみます」をスローガンに	パーソンズ, T. & ベイルズ, R. F.『家族:核家族と子どもの社会化』(橋爪貞雄ほか訳, 1970-71, 黎明書房)
1957	8.東海村初の原子力研究所 10.ソ連, 人口衛生第1号打ち上げ成功	5.国連婦人の地位委員会の委員国に日本初当選	
1958	6.「雇用及び職業の差別待遇に関する条約採択」(日本批准は67年) "団地族"流行語に	7.中学校教育課程の差異化(男子は技術科, 格技, サッカー。女子は家庭科, ダンス)	

年　表　245

年号	社会の動き	ジェンダー関連の事柄	文献
1959	1.国民皆保険制度施行 4.国民年金法公布 マイカー時代幕明け	4.母子寡婦年金，母子福祉年金制度創設	
1960	安保批准阻止運動，三井三池鉱闘争敗北 池田内閣，所得税倍増計画 人生70年時代へ	4.第2次主婦論争が始まる	
1961	テレビ普及率49.5% 一次供給エネルギー石油が石炭をぬく	「配偶者控除制度」発足 11.生理用品・アンネナプキン発売	
1962	公害問題表面化 2.東京都人口1,000万人超 10.池田内閣，国土総合開発計画（全総）閣議決定	女子大生亡国論議発生 (財)婦選会館（現市川房江記念会）設立	
1963	7.老人福祉法公布，初の原子力発電所運転 名神高速道路，部分開通		フリーダン，B.『新しい女性の創造』（三浦富美子訳，1970，大和書房）
1964	10.東京オリンピック開催，新幹線東京-新大阪間開通 11.佐藤内閣成立，長期政権化 公明党結成	8.「ポストの数ほど保育所を」運動（母親大会） 公民権法により雇用における男女平等立法化（米）	神島二郎『日本人の結婚観』筑摩書房
1965	4.ベ平連発足 11.中国，文化革命始まる ミニスカート，パンスト流行 預金オンライン，電気料金銀行口座振替払い制度	3.電電公社（現NTT）日本初の育児休業制度導入 8.母子保健法公布 女性雇用者48.6%はじめて家族従業者をぬく 東京都世田谷区で牛乳共同購入主婦グループ活動開始	
1966	欧米でウーマンリブ運動 10.ベトナム反戦統一スト 12.国連国際人権条約採択	9.サルトル，ボーヴォワール来日 12.東京地裁，女性のみの結婚退職制に初の違憲判決	

年号	社会の動き	ジェンダー関連の事柄	文献
1967	4.東京都革新知事誕生 12.佐藤首相「非核3原則」言明	11.国連「婦人に対する差別撤廃宣言」成立	
1968	全国116大学紛争	7.参院選挙で女性投票率初めて男性を上回る（衆院選は'69年12月）	
1969	5.佐藤内閣「新全総」閣議決定（広域圏構想） "エコノミックアニマル" 6.GNP世界第二位発表	7.東京地裁「東急機関工業事件」で女性30歳定年制無効判決	石牟礼道子『苦海浄土』講談社
1970	コインロッカー嬰児放置事件続出 3.赤軍派「よど号」ハイジャック 8.光化学スモッグと公害追放集会	文部省「家庭一般」女子のみ必修と明記 "カギッ子"増加 11.日本で初のウーマンリブ討論会	ミレット,K.『性の政治学』（藤枝澪子ほか訳, 1973, 自由国民社, 1984, ドメス出版社） ボーヴォワール, S. de.『老い』（朝吹三吉訳, 1972, 人文書院）
1971	5.児童手当法公布 8.ニクソンショック 12.中国国連復帰	2.名古屋地裁，生理休暇の賃金カット無効判決 11.有権者同盟など女性団体「理想選挙推進・市民の会」結成	ザレツキイ編『資本主義, 家族, 個人生活』（グループ7221訳, 1980, 亜紀書房）
1972	2.連合赤軍浅間山荘事件 4.交通ゼネスト敗北 5.沖縄県本土復帰 6.田中角栄「日本列島改造論」 6.ストックホルム国連人間環境会議開催にNGO参加の道を拓く 7.田中角栄内閣成立	4.第3次主婦論争が始まる 武田京子「主婦こそ解放された人間像」『婦人公論』 5.第1回ウーマンリブ大会（のべ1,900人参加） "草の根"消費者運動，各地に発生	有吉佐和子『恍惚の人』新潮社

年号	社会の動き	ジェンダー関連の事柄	文献
1973	3.新全総法案閣議決定 10.第4次中東戦争 10.第1次オイル・ショック	6.第1回国際フェミニスト会議 6.日本男性集団買春ツアー(『タイム』紙報道) 12.キーセン観光反対抗議行動	ローバトム, M.『女の意識・男の世界』(三宅義子訳, 1977, ドメス出版) 水田珠枝『女性の解放思想の歩み』岩波新書
1974	国連「世界人口年」 5.日本消費者連盟結成 日本企業のアジア諸国への進出拡大 合成洗剤追放運動拡大 "狂乱物価" コンビニ第1号出店	1.市川房江ら「家庭科の男女共修をすすめる会」発足 2.厚生省, ピル使用認めず 7.最高裁, 主婦の家事労働を女子労働者の平均賃金に換算すべきと判決 米・国際開発局にWLD(開発における女性)事務局創設	オークレー, A.『主婦の誕生』(岡島茅花訳, 1986, 三省堂) ミッチェル, J.『精神分析と女の解放』(上田昊訳, 1977, 合同出版) オークレー, A.『家事の社会学』(佐藤和枝ほか訳, 1980, 松籟社) ドゥーデン, B., ヴェールホフ, C. v.『家事労働と資本主義』(丸山真人編訳, 1986, 岩波書店) ダラ=コスタ, M.『家事労働に賃金を』(伊田久美子ほか訳, 1986, インパクト出版会)
1975	「国際婦人年」 11.初のサミット開催 ・テレビ広告費が新聞広告費をはじめて抜く ・高校進学率はじめて90%を超える(女93%, 男91%) ・核家族64%	・女子の大学率はじめて1割を超える(12.5%, 短大は19.9%) 6.国際婦人年日本大会での「家庭科の男女共修」決議 6.初の世界女性会議開催(メキシコ) 「男も女も仕事と家庭」理念の明確化 10.CM「私作る人, 僕食べる人」が抗議を受け中止に	田中寿美子『女性解放の思想と行動』時事通信社 シクスー, E.『メデューサの笑い』(松本伊瑳子ほか編訳, 1993, 紀伊國屋書店) 婦団連『婦人白書』創刊 労働省『婦人労働の実情』創刊 吉田昇ほか編『現代女性の意識と生活』日本放送出版協会 『PLAYBOY日本版』創刊(集英社)

年号	社会の動き	ジェンダー関連の事柄	文献
1976	国連女性の10年始まる 7. ロッキード事件で田中角栄逮捕 "偏差値"流行語に	4.「婦人問題企画推進会議」での男女共修家庭科の提案	ジュリスト『現代の女性―状況と展望』有斐閣
1977	2.「婦人の10年行動計画」発表 10. 全国初サラ金被害者の会結成（大阪） 10. 親に暴力をふるう有名進学高校生を父が殺す 11. 福田内閣「三全総」決議（テクノポリスなど） "ニューファミリー""翔んでいる女"流行語に	4. 東京都婦人相談センター（夫の暴力から逃れる公営シェルター）開設 ニューファミリー（団塊世代の友達夫婦的家族） 7. 第11回参院選（女性立候補36人最多） 10. 国立婦人教育会館（嵐山）オープン	サーダウィ, N.『イヴの隠れた顔』（村上真弓訳, 1988, 1999, 未来社） イリガライ, L.『ひとつではない女の性』（棚沢直子ほか訳, 1987, 勁草書房） ハイト, S.『ハイト・リポート』（中尾千鶴監訳, 1982, 中央公論社）
1978	1. 高校生，祖母殺害事件 5. 新東京国際空港開港	男の子育てを考える会発足 7. 世界初の試験管ベビー誕生（英），遺伝子組み換え実験解禁	黒川俊雄ほか編『講座 現代の婦人労働』労働旬報社． チョドロウ, N.『母親業の再生産』（大塚光子ほか訳, 1981, 新曜社）
1979	1. イラン革命，第2次石油ショック 3. 米，スリーマイル島原発放射能漏れ事故 3.（独）緑の党結成 4. 革新都政終幕 5. サッチャー, M., イギリス首相に	映画「クレイマー・クレイマー」 2.「女子差別撤廃条約」国連総会採択（日本は85年6月批准）	大工原秀子『老年期の性』ミネルヴァ書房
1980	ベビーホテル急増 1. 初の共通一次試験 5. 韓国，光州事件 5. 民法一部改正公布（配偶者の相続分1/2 寄与分新設） 交通遺児育英基金制度スタート（あしながおじさん） 9. イラン・イラク戦争 11. レーガン大統領当選	育時連（男も女も育児時間を！連絡会）結成 1. 労働省「男女平等問題専門家会議」発足 6. 市川房江参院全国区トップ当選（衆参同日選挙），日本女性学会設立総会 7. 第二回世界女性会議開催（コペンハーゲン） 9. 富士見産婦人科病院乱診	久徳重盛『母原病』サンマーク出版 バダンテール, E.『母性という神話』（鈴木晶訳, 1991, 筑摩書房） スペンダー, D.『ことばは男が支配する』（れいのるず＝秋葉かつえ訳, 1987, 勁草書房） 雑誌『モア』女性の性にか

年　表　249

年号	社会の動き	ジェンダー関連の事柄	文献
	11.「金属バット殺人事件」家庭内暴力問題化 12.校内暴力問題化	9.富士見産婦人科病院乱診,子宮無断摘出事件	かわるアンケート調査実施（～81）
1981	3.第2臨調初会合民営化路線 3.中国残留孤児47人来日	ILO「家族的責任条約」採択（日本は1995年4月批准） 3.最高裁,男女定年差別無効判決	目黒依子『女役割』垣内出版 大森和子ほか『家事労働』光生館 女性社会学研究会編『女性社会学をめざして』垣内出版
1982	10.神奈川県,都道府県初の情報公開条例制定 11.逗子「池子米軍住宅に反対して自然と子どもを守る会」結成 11.ワーカーズ・コレクティブ第1号「にんじん」	オランダ,ワッセナーの合意によりオランダモデルへの取り組みが始まる 7.ファミリー・サービス・クラブ制度（会員間の家事育児相互援助）発足 女子大生就職難（上場企業8割採用なし）	イリイチ,I.『シャドウ・ワーク』（玉野井芳郎ほか訳,1990,岩波書店） 上野千鶴子編『主婦論争を読む　全資料』勁草書房 斉藤茂男『妻たちの思秋期』共同通信社
1983	1.中曽根首相「日本列島は浮沈空母」発言 2.隣人訴訟問題化 TVゲームの時代到来	3.日本初の体外受精・着床成功（10.出産）	木村栄他編『講座　主婦』汐文社 『モア・リポート』集英社
1984	7.男女ともに日本の平均寿命が世界一になる	5.国籍法,戸籍法改正,父母両系主義採用など 厚生省初の「離婚白書」	岩男寿美子ほか編『働く母親の時代』日本放送出版協会 イリイチ,I.『ジェンダー』（玉野井芳郎訳,1998,岩波書店） デルフィ,C.『なにが女性の主要な敵なのか』（井上たか子ほか訳,1996,勁草書房）
1985	第3号被保険者年金制度創設 NTT発足	6.「男女雇用機会均等法」公布 6.「労働者派遣法」公布	嶋津千利世ほか編『男女平等教育』青木書店 上野千鶴子『資本制と家事

年号	社会の動き	ジェンダー関連の事柄	文献
		7.第3回世界女性会議開催（ナイロビ） 女性差別撤廃条約の批准	労働』海鳴社 林郁『家庭内離婚』筑摩書房 河合隼雄ほか『恋愛・結婚』岩波書店
1986	2.中野富士見中いじめ自殺事件 4.ソ連チェルノブイリ原子力発電所事件 5.東京サミット	専業主婦が国民年金の第三号被保険者になる 夫婦別姓導入運動本格化 "亭主元気で留守がいい"流行語に	永島利明『性差別の撤廃と教育』筑波書房 海老坂武『シングル・ライフ』中央公論社
1987	3.脳死を個体死と認める 4.バブル経済本格化, 地価急上昇 5.政府「2000年に向けての新国内行動計画」発表 6.「四全総」閣議決定（国際情報中核都市東京構想） 10.ニューヨーク株価大暴落（ブラックマンデー）	5.「反核・軍縮・地球を守る女たちの集会」 6.広島高裁, 夫婦間の強姦罪認める 7.アグネス論争 9.最高裁, 有責配偶者からの離婚請求認める "DINKS" "マスオさん現象" "濡れ落ち葉" "オバタリアン" "お局さま" など流行語に	目黒依子『個人化する家族』勁草書房 マッキノン, C. A.『フェミニズムと表現の自由』（奥田暁子ほか訳, 1993, 明石書店） ドウォーキン, A.『インターコース』（寺沢みずほ訳, 1989, 青土社） 鎌田とし子編『転機に立つ女性労働』学文社 池亀卯女『子育ての輪』ユック舎 吉廣紀代子『非婚時代』三省堂
1988	6.リクルート事件発覚 7.中2生, 両親祖母殺人「目黒十中事件」 12.消費税法公布 国連「子どもの権利条約」採択 "セクシュアル・ハラスメント" "過労死"流行語に	8.離婚調停申し立て, 7割以上は妻側から 10.配偶者特別控除導入 11.結婚後の旧姓使用を求める訴訟 11.大阪地下鉄御堂筋線事件を契機に強姦容疑者逮捕 性暴力反対行動各地で始まる	佐藤慶幸編『女性たちの生活ネットワーク』文眞堂 ミース, M., ヴェールホフ, C. v., トムゼン, V. B.『世界システムと女性』（古田睦美ほか訳, 1995, 藤原書店） ウォーリング, M.『新フェミニスト経済学』（篠塚英子訳, 1994, 東洋経済）

年表

年号	社会の動き	ジェンダー関連の事柄	文献
1989	1.昭和天皇死去，元号「平成」 2.女子高生強姦監禁殺人コンクリートづめ事件 6.天安門事件 　美空ひばり死去 7.第15回参院選，自民大敗，マドンナ旋風 8.幼女連続誘拐殺人事件容疑者逮捕 11.ベルリンの壁崩壊 11.総評解散連合発足，全労連発足	2.高校の家庭科男女必修，中学の技術・家庭科男女同一教育 8.女子の大学（短大含む）進学率，男子上回る 12.最高裁，産休・生理休暇による賃金カットに違憲判決 "セクハラ" "濡れ落ち葉" 流行語に	江原由美子ほか『ジェンダーの社会学』新曜社 ハラウェイ，D.『霊長類的ヴィジョン』Routledge 鹿嶋敬『男と女変わる力学』岩波書店 竹中恵美子『戦後女子労働史論』有斐閣 落合恵美子『近代家族とフェミニズム』勁草書房 直井道子『家事の社会学』サイエンス社 育時連編『男と女で「半分こ」イズム』学陽書房 ホックシールド，A.『セカンド・シフト』（田中和子訳，1990，朝日新聞社）
1990	10.東西ドイツ統一 11.韓国女性8団体，「従軍慰安婦」問題で日本政府に公開質問送付 11.フィリピン政府，女性の日本への「出稼ぎ」規制 前年の合計特殊出生率　史上最低の1.57人と発表（1.57ショック）	3.性暴力とたたかう女性たちのネットワーク「ストーン'90」発足 11.大卒女子就職率男子と並び81％ "アッシー" "メッシー" "ミツグ君" "成田離婚" "オヤジギャル" など流行語に	行動する女たちの会・教育分科会編『さようならボーイファースト』行動する女たちの会・教育分科会 上野千鶴子『家父長制と資本制』岩波書店 東京・強姦救援センター編『レイプ・クライシス』学陽書房 谷村志穂『結婚しないかもしれない症候群』主婦の友社 近藤知子ほか編『おんな・核・エコロジー』オリジン出版センター

年号	社会の動き	ジェンダー関連の事柄	文献
1991	1. 湾岸戦争勃発 3. バブル経済崩壊 7. 川崎市議会，初のオンブズマン制度条例案可決 9. 南北朝鮮同時国連加盟 10. 労働省「コース別雇用管理の望ましいあり方」策定 12. ソ連邦崩壊	精神科医が「セックスレス」を造語 レディス・ハローワーク開設 5. 「育児休業法」公布（男性も含む）	大脇雅子ほか編『教科書の中の男女差別』明石書店 ハラウェイ，D.『猿と女とサイボーグ』（高橋さきの訳，2000，青土社） 勝浦クック『日本の子育て・アメリカの子育て』サイエンス社 働くことと性差別を考える三多摩の会編『セクシュアル・ハラスメント1万人アンケート調査報告』 加藤春恵子ほか編『女性とメディア』世界思想社
1992	1. 政府「従軍慰安婦」問題で韓国に公式謝罪 6. 環境と開発に関する国連会議 6. PKO法公布 陸上自衛隊カンボジア派兵	2. 全国フェミニスト議員連盟結成 4. 福岡地裁，日本初のセクシュアルハラスメント裁判 7. 日本産婦人科学会，高齢出産の定義，30歳から35歳に	大日向雅美『母性は女の勲章ですか』扶桑社 船橋恵子ほか『母性の社会学』サイエンス社 大田陸『男も育児休職』新評論 マーチャント，C.『ラディカルエコロジー』（川本隆史ほか訳，1994，産業図書）
1993	1. EC統合市場発足 6. 「パートタイム労働法」公布 6. 最高裁，非嫡出子の相続格差について違憲判決 6. 世界人権会議「ウィーン宣言」採択 8. 細川連立内閣成立，55年体制崩壊 携帯電話発売	4. 高校での家庭科男女共修 4. 「夫（恋人）からの暴力」調査研究会，全国調査中間報告発表 12. 国連総会で「女性に対する暴力撤廃宣言」採択	伊藤公雄『＜男らしさ＞のゆくえ』新曜社 大橋照枝『未婚化の社会学』日本放送協会 鹿嶋敬『男の座標軸』岩波書店 モーザー，C.O.N.『ジェンダー・開発・NGO』（久保田賢一ほか訳，1996，新曜社） ミース，M，シヴァ，V.『エコ・フェミニズム』（後藤浩子ほか訳，2002，新曜社）

年　表　253

年号	社会の動き	ジェンダー関連の事柄	文献
			瀬地山角ほか編『フェミニズム・コレクション』勁草書房
			フリーダン, B.『老いの泉』(山本博子ほか訳, 1995, 西村書店)
			矢澤澄子『都市と女性の社会学』サイエンス社
1994	3.小選挙区比例代表並立制, 政党助成金など, 政治改革関連法公布 4.子どもの権利条約批准 6.戸籍法第一部改正, 住民基本台帳法一部改正 6.ILO「パートタイム労働に関する条約」採択（日本は批准せず） 国連「国際家族年」	3.女性の人権アジア法廷開催（東京） 6-7.日本政府；男女共同参画推進本部　男女共同参画室, 及び審議会の設置 7.法制審議会が民法改正要項試案で選択的夫婦別姓採用を打ち出す 12.「エンゼルプラン」策定	汐見稔幸ほか『父子手帖』大月書店 (財)市川房江記念会『女性と政治』(財)市川房江記念会出版部 山田昌弘『近代家族のゆくえ』新曜社 中島道子ほか『男女同一賃金』有斐閣選書 落合恵美子『21世紀家族へ』有斐閣(新版　1997年) デービス, M.編『世界の女性と暴力』(鈴木研一訳, 1998, 明石書店)
1995	1.阪神淡路大震災 1.WTO発足 3.地下鉄サリン事件 3.第1回国連社会開発世界サミット 4.家族的責任条約批准 6.育児・介護休業法公布	2.農水省「家族経営協定」の推進を通達 9.第4回世界女性会議開催（北京） 10.日本初のメンズセンター（大阪）開設 女子学生の就職「超氷河期」	井上實編『おもしろ男女共生の社会学』学文社 坂本義和編『世界政治の構造変動と市民運動』岩波書店 佐藤慶幸ほか編『女性たちの生活者運動』マルジュ社 高齢化社会をよくする女性の会編『女・老いにのぞむ』ミネルヴァ書房 育時連編『育児で会社を休むような男たち』ユック舎 井上俊ほか編『ジェンダーの社会学』岩波書店

年号	社会の動き	ジェンダー関連の事柄	文献
1996	1.いじめ防止緊急アピール 社会党を「社会民主党」と変更 5.パート労働者「コミュニティユニオン」初の全国集会 8.新潟県巻町，初の住民条例による住民投票で原発建設反対可決 9.沖縄基地縮小と日米地位協定見直し，住民投票可決 9.国連，全面核実験禁止条約 CTBT 採択.	1.横浜市女性協会，初の「民間女性シェルター報告書」発表 2.国連人権委員会「慰安婦」問題の法的責任 3.東京高裁，婚姻外子差別初の違憲判決 4.国連人権委員会「女性に対する暴力根絶」決議採択 8.女子の4大進学者が短大進学者を上回る 12.政府「男女共同参画2000年プラン」策定	牧野カツコほか編『子どもの発達と父親の役割』ミネルヴァ書房 斉藤学『男らしさと暴力』ヘルスワーク協会 関啓子ほか編『ジェンダーから世界を読む』明石書店 山本直英『セクシュアル・ライツ』明石書店 大越愛子『フェミニズム入門』筑摩書房
1997	5.経企庁，無償労働の貨幣評価発表 5.神戸「酒鬼薔薇聖斗」事件 12.介護保険法公布	高校家庭科教科書検定4点不合格 6.男女雇用機会均等法改正公布 援助交際，ストーカーが問題化	中村彰ほか『男が見えてくる自分探しの本棚』かもがわ出版 矢澤澄子監修『女性問題キーワード』ドメス出版 渡辺和子編『キャンパス・セクシュアル・ハラスメント』啓文社 森田成也『資本主義と性差別』青木書店 ヤンソン柳沢由実子『リプロダクティブ・ヘルス/ライツ』国土社 子ども性虐待防止市民ネットワーク・大阪編『子ども性虐待白書』松香堂 蓮見音彦ほか『現代都市と地域形成』東大出版会
1998	7.和歌山ヒ素混入カレー事件	6.少子社会を考える『厚生白書』(平成10年版) で問題提起「三歳児神話」否定 9.労働基準法改正公布（女	伊田広行『21世紀労働論』青木書店 女のスペース・おん編『男たちはなぜ暴力をふるうのか』女のスペース・お

年　表

年号	社会の動き	ジェンダー関連の事柄	文献
		子保護規定撤廃) 10.埼玉医大，性同一性障害の女性に初の性転換手術 林道義「主婦の復権」に批判殺到	ん・ブックレット 柏木恵子編『結婚・家族の心理学』ミネルヴァ書房
1999	6.労働者派遣法改正法成立 8.国旗・国歌法公布 9.東海村核燃料工場 JOL で，初の臨界事故発生	厚生省ポスター&TVCM「育児をしない男を，父とは呼ばない」 2.男性による「DV防止プログラム」発足 5.児童買春，児童ポルノ禁止法成立 6.女性候補者支援の募金ネットワーク「WINWIN」結成 6.男女共同参画社会基本法公布 育児・介護休業制度施行	橋本紀子ほか編『両性の平等と学校教育』東研出版 木村涼子『学校文化とジェンダー』勁草書房 末益恵子『援助交際という名の売春関係』東山書房 リンL.L.『セックス「産業」』日本労働研究機構 行動する会記録集編集委員会編『行動する女たちが拓いた道』未来社 伊藤康子『闘う女性の20世紀』吉川弘文館 鎌田とし子ほか編『ジェンダー』東京大学出版会 (財)市川房枝記念会出版部『日米女性フォーラム』 山田昌弘『パラサイト・シングルの時代』ちくま新書
2000	4.介護保険制度スタート 児童虐待防止法成立 6.国連女性2000年会議開催(ニューヨーク) 9.国連人口基金，2000年の世界人口白書「男女共生と見えない格差/変革の時」発表 11.IT基本法成立	12.政府，男女共同参画基本計画策定 1.仏，各政党の議員候補者を男女同数にする世界初のパリテ法可決 2.韓国，政党法改正で，全国比例代表区と市・区議会の候補者の30/100以上は女性との規定	亀田温子ほか『学校をジェンダーフリーに』 中井久夫ほか『差別の構造』法蔵館 善積京子『結婚とパートナー関係』ミネルヴァ書房 川崎賢子ほか編『アンペイド・ワークとは何か』藤原書店 長坂寿久『オランダモデ

年号	社会の動き	ジェンダー関連の事柄	文献
			ル』日本経済新聞社 大谷恭子ほか『セクシュアル・ハラスメントのない世界へ』有斐閣 VAWW-NET Japan編『慰安婦・戦時性暴力の実態Ⅰ・Ⅱ』緑風出版
2001	4.情報公開法公布（市民立法の草分け） 4.雇用対策法改正公布，年齢制限が原則撤廃 9.11 米国同時多発テロ 12.「新エンゼルプラン」策定	3.東京地裁，免失利益の男女平均値採用 DV防止法公布 最高裁，昇格差別是正訴訟で全員課長職へ 11.育児・介護休業法改正公布 12.大阪高裁，女性差別是正訴訟で和解 12.「保健婦助産婦看護婦法」改正成立「保健師」「助産師」「看護師」呼称変更	竹中恵美子ほか監修『労働とジェンダー』明石書店 水谷英夫『セクシュアル・ハラスメントの実態と法理』信山社 角田由紀子『性差別と暴力』有斐閣 日本社会教育学会年報編集委員会編『ジェンダーと社会教育』 江原由美子『ジェンダー秩序』勁草書房
2002	待機児ゼロ作戦	厚生労働省「少子化対策プラスワン」で育児休業取得率の数値目標作成 配偶者特別控除再検討	安川悦子ほか『高齢者神話の打破』御茶の水書房 江原由美子ほか編『フェミニズムの名著50』平凡社 大沢真理編『21世紀の女性政策と男女共同参画社会基本法』ぎょうせい 井上輝子ほか『岩波女性学事典』岩波書店
2003	イラク戦争 SARS世界蔓延 有事法制成立	バック・ラッシュ本格化	内閣府男女共同参画局編『配偶者等からの暴力に関する調査』国立印刷局

索　引

あ　行

ILO 156 号条約　173, 177
アイキャッチャー　60
新しい働き方　151
アダルトビデオ　11, 71
アンペイド・ワーク　139
イエ，家　14, 53, 82, 112, 119
育児・介護休業制度　177
育児，子育て　64, 86, 91, 102, 110, 120,
　133, 141, 149, 171, 181, 201, 206, 208
育児休業，育児休暇　134, 145, 182, 184
育児休業・介護休業法　155, 183
育児の社会化　127
育児不安　118
一億総中流　227
エイジズム　25
NPO　199
(女性の)エンパワーメント　240
エンプティ・ネスト　100, 113
送り手・受け手　62, 66, 68, 72
男の子育て　118
男らしさ・女らしさ　11, 52, 54, 77, 131
親役割　113
オランダ・モデル　155

か　行

介護　30, 149, 181, 192
介護休業　184
介護保険制度　177
会社人間　171, 225
核家族化　87
隠れたカリキュラム　43
隠れた結婚戦略　54
(夫の)家事分担　104
家事，家事労働　29, 39, 64, 86, 91, 102,
　104, 110, 146, 154, 171, 181, 188, 206
家族的責任条約 (ILO 156 号条約)　173,
　177
家族の脱制度化　100

家族のライフスタイル化　100
(子への)価値期待　132
家庭科　44
家父長制　15, 48, 240
過労死，過労自殺　19, 167
疑似パート　158
企業戦士に銃後の妻　169
教育基本法　44
麒麟型カーブ　180
均等待遇の原則　173, 175
クォータ　223
結婚　54, 81, 102, 106
結婚の機能　84
兼業主婦　160, 169, 171
現代的公共性　218
憲法　44
合計特殊出生率　177
高度経済成長　86, 160
国際婦人年　44
個人化現象　116
コース別人事　158
戸主　14
55 年体制　226
子育て観　120
子どもの社会化　128
コマーシャリズム　60
婚前交渉　85
コンパラブル・ワース　158

さ　行

再雇用　182, 188
再就職　26, 146, 171, 181, 187
再生産　43
サクセスフル・エイジング　25
サブシステンス　241
3 歳児神話　118
産前産後休暇，出産休暇　145, 190
ジェンダー　3, 26, 45, 63, 131, 140
ジェンダー・エンパワーメント測定
　(GEM)　180, 219

ジェンダー・フリー教育　43
自己尊厳　49
事実婚　81
市場の欠陥・政府の欠陥　218
自然的生物学的性（セックス）　3, 73
児童虐待　118
児童虐待防止法　122
市民　232, 234
社会的ネットワーク　111
社会的文化的刻印（特性）　11, 20
社会問題　4
シャドウ・ワーク　207
就業継続　181, 187
住民投票　231
熟年離婚　31, 114
主婦の聖域　30
少子化，少子高齢化　129, 178
職業教育　45
職住分離　103
女子差別撤廃条約　17, 44, 163
女子労働力率のＭ字型　139
女性誌・男性誌　63, 68
女性の人権　49, 68, 241
自立と共生の原理　215
親族　85, 101
身体，（理想の）身体　60, 69, 77
進路　51
性意識　8
生活価値の転換　199
生活世界　213
正規労働者　162
政策選択型意識　218
性差別，セクシズム，男女差別　37, 47, 115, 240
政治不信　229
政治の原始化状況　218
政治変動　233
生殖家族　101, 133
性的対象物　64
性的同一性　11
生得的地位　25
性による職業分離　139
性の商品化　20

性別役割，性別役割分業，性別役割分担　3, 35, 48, 64, 86, 102, 131, 142, 151, 167, 188, 208
　──新・性別役割分業　25
性暴力　4
性ホルモン　9
性欲　10
世界女性会議　14, 17, 68, 240
セクシュアリティ　60
セクシュアル・ハラスメント　19, 49, 166
専業主婦　26, 86, 146, 149, 152, 160, 171, 180
潜在的労働力率　179
（男女の）相互依存関係　53
総合職，一般職，特別職　164
属性原理　165

た　行

第１次性徴，第２次性徴　8
対抗的な読み　60
第３号被保険者　188
代理人運動　232
男子優先名簿　46
男女共学　16
男女共生社会　3, 20, 241
男女共同参画社会基本法　56, 177
男女雇用機会均等法　17, 163, 166, 182, 188
男女混合名簿　46
男女（性別）特性論　34, 53
男尊女卑　14, 208
父親不在傾向　130
直接民主制　232
賃金格差　103, 169
定位家族　133
デート　85, 110
同居，隣居，近居，別居　38, 101, 112, 114
特性教育論　43
ドメスティック・バイオレンス（DV）　19, 109

な 行

内職　33
日本株式会社　225
日本的雇用慣行　169
日本的人事労務管理　158
人間性　13, 21

は 行

配偶者控除，配偶者特別控除　188
配偶者選択　88
売春・買春　19
派遣労働者　145, 162
破綻主義　102
パートタイム労働者，パートタイマー（パート）　33, 146, 155, 162, 171, 188
パートタイム労働に関する条約　174
パートタイム労働法　188
パートナー，パートナーシップ　19, 111, 119, 122, 135
母親役割　125
バブル経済　229
パラサイトシングル　81
晩婚化　92, 179
伴侶性　100
非正規労働者，非正規雇用，非正社員　18, 139, 143, 145, 162, 165
平等オンブズマン　195
ファミリー・サポート・センター　127
ファミリー・フレンドリー企業　187
夫婦家族　87, 102
夫婦の勢力関係　106
夫婦の平等化　106
フェミニズム　5, 17, 63
婦人欄・家庭欄　63
フルタイマー　155, 173
北京宣言　17, 217
ヘテロ・セクシュアル，ホモ・セクシュアル　73
保育所　189
法律婚主義　83
ポジティブ・アクション　43, 52, 223
母性愛　57, 109, 124

母性神話　118
母性剝奪の理論　126
母性保護規定　18
ホーム・ヘルプ・サービス　202
ボランタリー・コミュニティ　199, 214
ボランティア　151, 203
ポルノグラフィ　72, 76

ま 行

見合い結婚　81, 109
密室保育　127
民法　15, 84, 102, 112
無償労働の貨幣評価　148
メディア・リテラシー　20, 68

や 行

役割移行　25
役割期待　106, 110
友愛の論理　211
有償ボランティア　151
有償労働・無償労働（アンペイド・ワーク）　150
ヨコ型社会関係　199
嫁　82

ら 行

ライブリー・グループ　200
らしさ固定　64
離婚　83, 102, 109
リーダーの互換性　212
良妻賢母　16, 44, 53, 125
両親休暇法　194
リプロダクティブ・ヘルス/ライツ　18
恋愛結婚　81, 109
労働　18, 139, 160, 180
労働基準法　18
労働力の女性化　158
ロマンティック・ラブ　109, 119

わ

ワーカーズ・コレクティブ　152
ワークシェアリング　18, 155

男女共生の社会学

2003年 9月10日	第一版第一刷発行
2006年 9月30日	第一版第三刷発行

編著者　森　　　　典　子
　　　　上　松　由紀子
　　　　秋　山　憲　治
発行所　㈱学　文　社
発行者　田　中　千津子
　　　東京都目黒区下目黒3-6-1〒153-0064
　　　電話 03(3715)1501 振替00130-9-98842
　　　落丁，乱丁本は，本社にてお取替えします。
　　　定価は売上カード，カバーに表示してあります。
　　　ISBN4-7620-1256-4・印刷／中央印刷㈱
　　　　　　　　　　　　　　　　　・検印省略